〔巴西〕恩佐·格雷西
〔美〕约翰·丹纳赫 著　周潇 | 译

巴柔精进

格雷西柔术通识教科书

Mastering JUJITSU

北京科学技术出版社

Mastering jujitsu

Copyright © 2003 by Renzo Gracie and John Danaher

Published by Human Kinetics

www.HumanKinetics.com

Translation Copyright © 2025 by Beijing Science and Technology Publishing Co., Ltd.

All rights reserved.

著作权合同登记号　图字：01-2019-1891

图书在版编目（CIP）数据

巴柔精进 /（巴西）恩佐·格雷西,（美）约翰·丹

纳赫著；周潇译. -- 北京：北京科学技术出版社,

2025. -- ISBN 978-7-5714-4202-6

Ⅰ. G857.77

中国国家版本馆CIP数据核字第2024UP5724号

策划编辑：苑博洋	电　　话：0086-10-66135495（总编室）		
责任编辑：苑博洋	0086-10-66113227（发行部）		
责任校对：贾　荣	网　　址：www.bkydw.cn		
装帧设计：何　瑛	印　　刷：北京华联印刷有限公司		
版式制作：北京锋尚制版有限公司	开　　本：787 mm×1092 mm　1/16		
责任印制：吕　越	字　　数：280千字		
出 版 人：曾庆宇	印　　张：16.75		
出版发行：北京科学技术出版社	版　　次：2025年1月第1版		
社　　址：北京西直门南大街16号	印　　次：2025年1月第1次印刷		
邮政编码：100035			
ISBN 978-7-5714-4202-6			

定　　价：128.00元

致中国读者

能看到《巴柔精进》的中文版图书出版，我深感荣幸。数千年来，中国在世界武术的历史发展中扮演着举足轻重的角色。如今，现代柔术方兴未艾，我坚信，中国的训练者只要投身其中，就必能脱颖而出。近年来，中国运动员在奥运会和世界锦标赛等赛事中的出色表现，奠定了中国在国际体坛的强国地位。我深信，凭借特有的勤奋与专注，中国人同样能在柔术领域取得惊人的成就。

在本书中，我根据恩佐·格雷西（Renzo Gracie）老师所传授的内容，系统阐述了柔术的基本理论。希望这本书能为中国的学习者提供一份指南，帮助他们开启对柔术的认知之旅，引领他们走上柔术的卓越之路。

约翰·丹纳赫

序

　　柔术在全世界受到的关注度正在爆炸性地增长，这使我们家族感到非常欣慰。我们家族最核心的格斗理念是，"缠斗是决定战斗——尤其是地面战斗胜负的关键"。这一理念已经被越来越多的武术家所接受。现在我们需要更深入地讲解以缠斗为基础的柔术理论和策略，使学生的理解能够达到更高的水平。我的侄子恩佐和他的朋友兼学生约翰·丹纳赫没有只用"所有的战斗都将转为地面战斗"这样草率的结论来解释一切，而是一起对战斗的各个方面进行了分析。他们希望展示各种格斗技巧如何使对手脱离他所擅长的领域，从而使他暴露出更多弱点。

　　作为恩佐的主要老师之一，我非常高兴地看着他一步步成为我们家族中最重要的成员，尤其是看到他基于自身作为职业格斗选手的经验，慢慢发展形成了自己的格斗风格。现在，全世界的武术家都可以研究这种全新的现代格斗方法。我很高兴能向武术界乃至公众推荐这本讲述现代柔术的书。

小卡洛斯·格雷西

前言

在这个世界上，几乎每一种文化、每个社会群体都有尚武的传统，和贯串于各自的文化之中且与之相适应的武术流派，这就是为什么世界上存在着多种多样的武术类型。每一种武术都在教人如何用它独特的方法战胜敌人。在习武之人中，有一个问题永远存在：在众多流派中，哪家最强？换句话说，到底哪种武术才是最能打的？

要回答这个长期以来困扰无数人的问题是极为困难的，但在20世纪90年代，综合格斗（mixed martial arts，MMA）赛事在北美举办时，我们就离这个答案更近一步了。在这些比赛中，选手用不同的武术在几乎没有规则的情况下对决。令许多人感到惊讶的是，那些很多武术家心中颠扑不破的真理被无情的现实击碎了。人们往往认为，块头最大、力量最强、拳腿最硬的人能够获胜，但事实上，这些比赛的冠军却几乎都被精通缠斗的选手，尤其是柔术选手夺得。尽管这些缠斗者几乎每场比赛都要面对比自己强壮的对手，但他们并不依靠击打和力量来取胜，而是用缠抱将对手困住，然后将战斗带入地面。在地面上，他们的对手无法进行有力的击打，变得手足无措，而缠斗者们则可以使出高效的降服技术，在不致使对手头破血流的情况下赢得胜利。

这些柔术选手在早期综合格斗比赛中取得了如此辉煌却又令人意外的成功，引起了大众对柔术的极大兴趣。人们很快意识到，柔术的技术和训练理念是其能在真实的格斗中取得成功的关键。柔术在综合格斗比赛中独领风骚，而缠斗技术作为柔术的核心，几十年来却一直被武术界忽视。现在，武术圈的每一个人都无比惊讶地发现，"缠斗革命"已经来了！尽管大众对柔术知识已然求知若渴，但奇怪的是，却很少有人为之著述。柔术视频多如牛毛，柔术公开课也常常座无虚席，然而，讲述柔术这种武术是如何日新月异地发展变化的图书却很少见。

本书旨在满足大众对高质量柔术教学图书的热切需求。与以往的柔术类图书不同，本书分析了柔术的最新变化，并为这种历史悠久的武术指出了新的发展方向。大多数武术家已经认识到，在真正的战斗中，缠斗是至关重要的一环。综合格斗赛事也不断地证明着，缠斗技术可能是决定战斗胜负最重要的因素。在本书中，我们向读者清晰明了地介绍了柔术这种久经综合格斗比赛考验的高效缠斗技术。

缠斗的流行影响着每个武术家，即使是那些坚决反对在防身术中运用缠斗的人也不得不学习缠斗，否则他们就无法在缠斗者的攻击下自保。所以，一方面，那些将缠斗技术用于防身的人需要一本现代柔术书来学习缠斗；另一方面，那些不接受缠斗的人也应该好好学习本书的内容，以免在受到缠斗者攻击的时候手足无措。

在任何活动中，掌握基本原理都是成功的关键。与此同时，柔术的学习者也需要更高层次的技术指导，以使他们在比赛和现实打斗中获得优势。本书旨在为柔术教学开辟新天地，因此，许多内容必须从初级开始逐级向上详细介绍。新一代柔术的核心囊括了一些基本概念，通过对这些基本概念的详细解释，初学者可以快速进阶，理解本书真正想传达的重点内容。因此，我们希望初学者和进阶者都能通过阅读本书而受益。好的教学体现在对技术的详尽描述和深入分析上，因此，我们在本书中对技术细节的展示和讲解达到了前所未有的程度，以便任何读者都能理解。

想做好柔术教学的一个问题是：柔术是一种涵盖范围极广的武术，柔术中不仅包括了各种击打方式，还包括了摔投、防摔、反摔、关节技、绞杀、位置压制和转换、扫技等，其中任何一个分类都值得写一本专著，想要在一本书中涵盖全部是不现实的。所以我们在撰写本书时，将柔术分成了两个阶段：站立姿态和地面缠斗。我们相信，用这种方式进行分类既能代表现代柔术的发展方向，也可以很好地处理柔术的复杂性和广泛性。这两个阶段又进一步细分为若干步骤，这样我们就可以尽可能多地覆盖柔术的主题。

格斗选手，尤其是杰出的柔术选手在综合格斗比赛中获得了很多来之不易的经验和知识——现在可以借此书提供给读者。这是我们目前所能获得的最好的知识，对武术家、安全专家、执法人员和普通人来说，这也是迄今为止人们所知道的最高效的格斗技术和策略。此外，如果你是格斗运动员，想要在降服式缠斗、运动柔术，或者柔道、桑搏等日渐风靡的运动中获得竞技优势，那么本书可以为你提供这些领域最前沿的发展动态。

本书的独特之处在于，它试图避免重复已出版的柔术图书中的陈词滥调。我们会用近现代经过实战验证的信息来取代对历史的简单复述。本书传达了当代柔术缠斗领军人物的最清晰、最完整的知识和见解，这将改变人们学习、研究柔术这种古老但仍不断进化的艺术的方式。

致谢

致我的家人、我的爱人、我的孩子：

至于证据——谁能打这个包票？

确定性是人类无法掌控的。

但无论如何，荣耀总是会降临在行动者的身上，

踌躇不定、瞻前顾后只会一无所获。

不入虎穴，焉得虎子？

（摘自古希腊作家、历史学家希罗多德所著的《历史》第七卷）

——恩佐·格雷西

致我亲爱的兄弟汤姆和我所有了不起的家人：

你们是我的光芒、我的灵感、我的挚友、我的血亲。

若长夜永恒、凛冬无尽，

我是否还能继续活着、爱着、坚持着，

让你的微笑更加明朗？

——约翰·丹纳赫

非常感谢恩佐·格雷西优秀的学生们帮助撰写此书：马特·塞拉，恩佐·格雷西所授美国首位巴西柔术黑带，巴西柔术世界冠军，也是一名非常杰出的综合格斗选手；尼克·塞拉，马特·塞拉的兄弟，也是一名巴西柔术黑带；肖恩·威廉斯，恩佐·格雷西所授巴西柔术黑带；保罗·克赖顿，一名杰出的综合格斗选手。

目录

概述

　　第二次世界大战后，从亚洲传至西方的大部分知名武术流派都曾十分流行。在20世纪50年代，柔道是最知名的亚洲武术，随后空手道、肯波空手道、中国功夫、跆拳道和忍术也曾在不同时期红极一时。然而，一直以来，最古老的亚洲武术之一——柔术却鲜为人知，这种情况直到20世纪90年代综合格斗被引入北美之后才发生了翻天覆地的变化。

　　综合格斗赛事最初的想法是把不同的格斗流派、搏击方式和武术哲学放在一起，让不同流派的选手在极少的规则限制下互相战斗，看谁能取得最后的胜利。令人意想不到的是，柔术这种长期被忽视的格斗流派成了一匹黑马，在综合格斗比赛中获得了巨大的成功。这些成功为柔术带来了广泛的关注，一夜之间，柔术这种在大众眼中过时且无用的武术成为强大和实用的代名词。与此同时，为了能在综合格斗比赛中表现更好，格斗家们也纷纷投入到柔术的训练中。在很短的时间内，北美几乎所有的格斗馆都开始提供"缠斗和地面技术"课程和训练项目。这一切都是因为柔术作为一种高效的缠斗技术——尤其是地面缠斗——在综合格斗比赛中获得的巨大成功。

　　虽然柔术迅速蹿红令人欣慰，但这也带来了一个问题，那就是柔术内部开始出现分歧。为柔术带来巨大关注度的格斗家们几乎全部来自柔术的一个特定分支——巴西柔术。这一分支起源于日本，但随着时间的推移，逐渐演化为一种无论是技术本身，还是格斗思想、策略和训练方式都与传统柔术截然不同的独特武术。在那些频繁参加综合格斗赛事并获胜的巴西格斗家和名不见经传的传统柔术习练者之间存在着巨大的差异。实际上，在很多传统柔术家看来，那些踢馆挑战和参加综合格斗赛事的格斗者违背了柔术练习者本应遵从的武术精神。另外一些人则认为巴西柔术这种侧重于地面缠斗的打斗方式也许能够在综合格斗赛事中获胜，却无法应用于街头打斗和防身自卫。这一切导致了巴西柔术的爱好者们与那些传统柔术信徒们的分裂。两种对柔术的不同理解形成了两个不同的团体，但分歧使两类柔术丧失了相互促进的机会。

　　传统柔术是一种追求所谓战斗全面性的武术，它包含了各种打击技术、摔投、锁技、绞技和压制，甚至还包含了夺刀、保镖护卫、捆绑对手以及很多其他技术。而相比之下，现代柔术更专注于地面缠斗，这样的侧重点使得柔术家可以在早期的综合格斗比赛中轻松碾压对手，从而把柔术带到大众的视野中。随着时间的推移，对手们也慢慢学会了如何在地面缠斗时反击柔术中的地面技术，所以当代的综合格斗比赛倾向于全面较量而不仅仅是地面技术的较量，选手们必须掌握多种格斗技能，如击打、缠抱和地面缠斗，因此，传统柔术非常重视的"战斗全面性"概念又再次流行。

　　现代柔术和传统柔术都可以向对方提供自己的优势：传统柔术的全能斗士理念可以为现代柔术提供积极的影响，现代柔术也可以为传统柔术提供极为有效的地面缠斗技术和现代化的训练方法论——正是这样的方法论把柔术带上了综合格斗技术世界的巅峰。

第一章

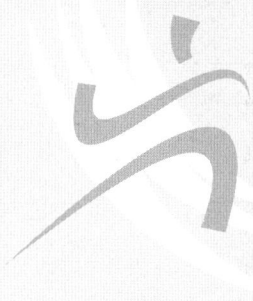

经典柔术：
理论和历史

要了解柔术的本质，有两个关键的部分是必须知道的。其一是柔术的理论，也就是这种武术的哲学思想、整体目标以及为了达到目标而采取的策略。其二是柔术的历史，包括其发展变化的轨迹。要对柔术这种武术有清晰的了解，我们必须从以上两个部分入手分析。

柔术的理论基础

拆分"jujitsu"（柔术）这个单词，我们可以从字面上理解这种武术。从字面意义上看，"ju"的意思是温和的、柔软的，也可以表示灵活的。"jitsu"在大多数时候被翻译为"术"或"技"。"温柔的技术"这样的描述似乎并不能帮我们更好地理解柔术，其实，把柔术称为"温柔的技术"是极为讽刺的，因为柔术的某些技术实际上相当凶狠。显然，我们需要对这个词进行更深入的分析。柔术理论的核心正是对于"ju"的充分理解。为了理解柔术中"温柔"和"灵活"的含义，我们必须考虑"ju"是相对谁来说的。一般来说，人们会把"力量"跟格斗威力联系在一起，比如我们会认为一个强壮的人在任何情况下都能在格斗中占据优势，而"温柔"则刚好站在了力量的对立面上。

从这个角度来看，柔术的基础理论就变得清晰多了。"ju"背后的指导思想是通过使用合适的技术（jitsu）而非蛮力，相对弱小（温柔）的力量也能战胜强大的力量。柔术的核心是用智力和技巧来压制蛮力和侵略性行为。结合这样的语境，我们就能理解这里的"温柔"并不是指软弱和无力，也能因此理解为何要用"温柔"来形容这样一种威力十足的武术。力量在柔术中是有用的——强壮的身体在柔术中能发挥显著的作用，但柔术能让人更智慧、更理性地使用力量，通过高效的技术，让力量成为整体战术的一部分。与纯粹的力量对抗相比，柔术主张用高效的技术和战术来对抗力量，这样相对弱小的一方才能获得胜利。在实际运用中，这意味着你可以调动全身更多的力量来压制对手局部的力量。

我们可以通过一个例子来理解这个理论。假设一个身体素质相对较弱的人用降服技术锁住了对手的咽喉，他用的是他全身的力量来对付对手局部的力量（脖子）。所以如果一个身体较弱的人能用对手无法防御的力量去攻击对手身体的薄弱部位（如脖子和关节），尽管他整体力量不如对手，但从实际效果上来说他才是力量更大的。这就是柔术中"柔"的理论基础。技术更好的格斗选手能更有效率地使用自己拥有的力量，从而击倒对手，终结战斗。

要理解隐藏于"柔"之后的含义，还有一种方法是分析短语"ju yoku sei go"，翻译过来是"以柔克刚"。这句话试图传达的意思是，相对弱小的力量通过在一开始顺从或屈服于强大的力量来获得最终的胜利。因此，能战胜力量的并不是更大的力量，而是策略和技巧。

武术历史的价值

传统武术总是带有厚重的历史感。尽管其中一些并没有牢靠的证据，但大部分传统武术都还是能讲出自己的起源和传承。通常我们认为，通过观察一种格斗方式的历史，我们可以揭示有关其本质的重要事实，从而使研习者能更好地抓住它的基本目标和特质，再通过评估历史背后的社会、政治和现实因素，我们就能进一步了解它的核心目标。每种武术的崛起和发展都是为了解决某个或某一系列问题。研究武术的历史，我们可以清晰地看到它在面对问题时是如何发展变化的。

武术历史的理论依据

要想从历史角度来解释武术或某种特定的武术门类，我们必须先设定一些关键问题，能否为这些问题提供充分有效的答案将成为检验一种历史解释是否合理的重要标准。第一个问题是关于格斗流派。如果一个人对全世界各种武术系统做过广泛的调查，他肯定会惊讶于一系列显而易见的特征。尽管不同的格斗流派可能诞生于相距甚远的不同地区，甚至跨越不同的历史时期，但它们之间却存在着很多相似的技术。比如几乎所有的击打流派中都存在基本腿法的相似变形，前踢、侧踢和转身踢；几乎所有缠斗技术都有抱双腿摔和背负投的变形。

我们的第一个问题就是：为什么不同的格斗流派都拥有大量相似的技术？换言之，这些不同的格斗流派是如何走上相似的进化之路的？

第二个问题则是第一个问题的反面：这些不同的格斗流派是如何演化出令人无法忽视的不同之处的？我们可以看到，就算是同一个国家或地区产生的不同格斗流派也有着天壤之别。例如，日本空手道和韩国跆拳道之间有很多共通的技术，而它们却成了两种不同的格斗流派，是两种不同的武术。

第三个问题是：武术流派是如何随着时间的推移而变化发展的？这里的武术流派既可以指某个特定流派，也可以指所有流派。在过去的一个世纪里，很多流派都曾在某个时期大放异彩，直到另一个流派后来居上，如此一波又一波地登上历史舞台。即使在某个流派内部，也有可能发生巨大的变革，例如，我们现在在奥运会上看到的柔道和第二次世界大战之前的柔道就有很大的差别。

我们会尝试寻找关于武术历史的理论依据，而该理论必须能解决以上三个问题。

集中起源理论

解释武术的起源问题通常有五种理论。第一种常被称为集中起源理论。这种理论认为某种武术——或者说所有武术——起源于一个人或一小群人，我们后来看到的全世界各地不同时期的武术形态都来自这种武术的不同分支。人们经常听到的传说有6世纪的传奇人物菩提达摩，他从印度来到中国，并把他的武术传授给了少林寺的僧人们。

自起源地开始，不同的分支开始出现并随着时间传播开来。毫无疑问，这种武术历史的理论被各种武术流派用于解释它们的起源。这其实是有一点奇怪的，因为几乎没有确凿的证据或可信的记载来证明确实是一个人或一小群人建立了该武术的原始根基。

这样的理论存在很多严重的问题。第一个问题就是，确凿的历史证据显示，在某武术流派所认为的集中起源时间之前，就已经存在着另一种相似的武术流派了。例如，少林寺认为其对于日本武术的影响发生在14世纪晚期。然而，记录日本早期历史的编年史《日本书纪》（*Nihongi*）中提到，早在公元前23年，在天皇面前就曾进行过一场两位当地冠军（野见宿祢和当麻蹴速）的徒手对决，在一轮缠斗之后，这场对决以一方死于踢击而结束。显而易见的是，这件事情发生的时间早于任何其他武术可能对其产生影响之前。在公元前几百年之前，远在西方的古希腊诞生了一种非常成熟的武术形式——潘克拉辛。令人震惊的是，潘克拉辛中的缠斗与现代柔术极为相似。

显然，在一种武术流派所认为的起源之前，往往存在着其他相似并已经发展成熟的武术。具体到柔术上，有一个叫作陈元赟的人常常被认为是起源的核心人物。陈元赟擅长文学、诗歌、建筑和武术，在多个领域都有很高的造诣。尽管这个人真实存在，并且确实在17世纪（1619年）从中国旅行至日本，但他不太可能对他所旅居地区的柔术流派产生根本性的影响。

少年时在少林寺习武的陈元赟遇见了对武术有很大兴趣的福野正胜。看起来是陈元赟把他的拳法教给了一个体格不大但兴趣十足的学生，从而成为柔术起源的核心人物。但这并不是事实，因为很多文献显示在1626年陈元赟遇到福野正胜以前就存在很多"流"（柔术学校）了。这也证明，武术集中起源理论存在着各种无法自圆其说的问题。

集中起源理论的第二个问题在于其与常识的冲突。如果说在全世界范围内，只有某一个人或某一小群人对武术有着独一无二且超越所有人的先进见解，这大概是一件很离奇的事情。另外，战争也许促进了武术的诞生，但战争并不只在历史上的某一时段某一地出现，现实中充满冲突的世界自然会引发各个地方的人产生创造武术的灵感，而创造这样一个系统并没有困难到需要举世无双的天才。所以，武术会自然而然地产生，不需要等到某个武术之神的降临。

集中起源理论的第三个问题是它无法解释不同地区和时期的武术为什么会出现那么多明显的差别。如果武术确实起源于同一个点，并且这个起源还具有远超他者的优越性，那为什么我们还能看到如此多的变种呢？仅仅用人们在武术后续的发展中做出了改进来解释是无法令人信服的。既然武术在发展过程中的变化如此稀松平常，那我们很自然地会质疑它们是不是都发源于同一个点。类似这样从基础上就站不住脚的问题大大降低了集中起源理论的可信度，这也促使我们从其他角度来寻求关于武术历史的合理解释。

共享条件理论

关于武术的历史，另一种被广泛接受的理论称为共享条件理论。这种理论的主要思想是，催生武术的条件（比如战争、人际冲突和犯罪）几乎在任何时代和文化中都存在，而且无论何时何地，运用武术的基础载体——人类的身体并没有太大的差异。因此，不同时期、不同地区、不同的人需要解决的是同样的问题。既然不同地区、不同时期的人在生理上的差异并不大，他们针对这些问题给出差不多的答案也就不足为奇了。讲道馆柔道七段小泉军治曾对共享条件理论做出了非常好的表述：

> 关于柔术的起源有几种观点，但这些观点仅仅基于某些道馆创立时的叙述或古代手稿中的记录和插画。不止在日本，在中国、德国和埃及也有类似的观点。没有记载可以明确地确定柔术的起源。然而我们可以理性地假设，为了生存和延续，人类自诞生起就发展出使用自己的肢体来战斗的技能。在此过程中，因生存和部落环境的不同，发展的路径也会有所差异。但鉴于人类的身体构造是相同的，其结果并不会有很大差异。可以确信的是，这就是在世界各地都能找到和柔术相似的格斗技巧的原因……（Sterling Publishing，1960）

我们可以找到确凿的历史证据来支持这一理论。一些教学书册、插画和艺术作品展示了世界各地不同时期与柔术非常相似的武术，然而这些武术不可能和日本乃至整个远东地区的柔术有任何关系。显而易见的是，不同地区的武术会根据其具体需求发展进化出各自的流派。相似的条件在不同的地区和时期都会出现，而人体结构并不存在太大差异，因此，通过各种格斗技术，任何人都会被擒锁、拳击、踢击、摔投、绊倒或扫倒。所以毫不意外地，每一群人面对同样的难题都给出了相似的答案。没有任何一种文化能够独占人类的创造力，因而我们有充足的理由猜测每种文化都独自发展出了各自的武术流派，这些来自不同文化的武术流派之间又存在着很多相似之处。

然而，尽管我们知道不同时期、不同地区的武术存在显而易见的相似性，但它们之间的不同之处同样是无法忽视的。共享条件理论的主要问题在于它并不能很好地解释为什么不同武术流派之间存在很大差异，对于格斗技术的单项和整体上随时间发生的变化和革新也缺乏足够的理论支持。有些武术流派重视远距离的踢击（韩国跆拳道），有些更偏爱如体操般有节奏的技术（非裔巴西人的卡波耶拉），有些喜欢直线击打（空手道），还有些擅长缠抱和内围战斗（泰拳和缅甸拳）。武术流派五花八门，每种流派都带有自己的强烈风格。除了"各地的具体情况会对武术发展方向造成影响"这一浮于表面的说法，共享条件理论不能更深入地解释造成这些差别的原因。更何况，每种武术还存在变化和革新的现象。

为什么流派会随着时间变化发展？为什么有的流派昙花一现即被后起之秀所取代？要更好地回答这些问题，我们必须把目光转向有关武术历史的另一种理论。

"大宗师"理论

武术历史中的"大宗师"理论坚称：武术的历史本质上是大宗师的历史，他们通过自身技能、创新能力、个人魅力、教学能力和成就，在各自的地区和时代脱颖而出。这些人依靠类似决斗或者踢馆这样只有他们才能做到的事情来获得关注。如果他们能招募并留住足够多的学生，并把他们的技能教给学生，他们就能以此发展出新的风格和流派。通常情况下，这些人在开始的时候遵循一个已有流派，随着他们的知识和经验不断增长，灵感和创意产生了，他们或增添新的元素，或强化已有的元素，从而改变了人们看待武术训练和理论的角度。

对武术的历史来说，"大宗师"理论是个非常好的切入点。一项调查显示，以柔术为代表的整个武术界，都曾有一群真正沉迷于此的人为武术训练进行过激进的方向调整。"大宗师"理论最大的优势在于它可以很好地解释柔术历史中发生过的重大方向转变。才华横溢的师父创造出新的技术体系和训练方式并将其教给学生，从而使学生能在实战中脱颖而出。这样的成功便逐渐催生出了新的风格和流派。

近些年来，巴西的格雷西家族就是一个很好的例子，这群天赋异禀的人通过赢得格斗赛事取得了接连不断的成功。这群柔术的代表人物信奉一套理论，即在真实的格斗中，缠斗（尤其是地面缠斗）技术是决定胜负的核心因素。这套理论在当时充满争议，并不被大众认可。他们通过在综合格斗比赛中取得空前的成功，把这一理论推向了从一开始就持怀疑态度的公众。人们被由格雷西家族训练出来的格斗选手所折服，这些选手虽然看起来体格小，并不强壮，却能轻松地战胜那些块头大、攻击猛的对手。

分清"大宗师"理论和集中起源理论之间的区别是非常重要的。如前文所述，后者是非常站不住脚的。集中起源理论假定在一开始由某个人或某群人奠定了整个武术的基础，所以后续的一切都是由这个基础发展而来的。由于这里的起源一定来自某个在武术历史上非常伟大的人物，所以看起来和"大宗师"理论很像。然而它们之间的不同之处在于：集中起源理论将武术的所有声誉和不凡之处都归功于其发源者，其他所有人都处于次要地位，甚至有时候还会被认为起到了影响原始体系纯粹性的负面作用；"大宗师"理论则认为流派的开创者只是此种武术的历史长河中一系列大宗师的其中之一而已，因而并不存在对年代和传统的崇拜。当我们把目光聚焦于日本柔术的历史时，我们可以看到众多大宗师所扮演的关键角色，如嘉纳治五郎、前田光世等。

政治-历史条件理论

在分析柔术历史的严肃理论中，还有另一个关键的分支——政治-历史条件理论。每一个文明都有其复杂的政治和文化传统，武术便诞生于其中。通常，随着不同历史势力的登场，这些政治和文化传统也随之发生变化。与之类似，政治和文化的变迁往往也会造成武术的变化和发展。日本封建时代的政治环境随着历届政权的更迭而发生了巨大变化，无论是长期的战争还是长期的和平，都对柔术的后续发展产生了显著而深远的影响。最终，这些影响使得柔术远离了最初的战场辅助角色，成为平民用于个人安全防卫的技术。

社会阶层理论

终于，我们讲到了社会阶层理论。这种理论基于每种文化都有一套分类机制，该机制根据收入、职业、血统等条件把居民划分为不同的群体。封建时期的日本就是这种等级制度的极端范例，不同的社会阶层担任着不同的社会角色，也有着不同的练武方法，例如，农民和高级武士在进行柔术训练时就有着不同的标准。这样的社会学因素在柔术技术的后续发展中扮演了非常重要的角色。

为了了解武术——尤其是柔术——是如何发展的，我们需要综合运用不同的理论。每种理论都有其优势和劣势，柔术历史中必定包含了这些理论的元素（除了集中起源理论）。在介绍完这些不同的武术历史理论后，我们终于可以开始纵览柔术的发展过程，从中我们可以看到每种理论所扮演的角色。

日本武术的历史基础

如果我们能够把日本历史按照政治秩序分为不同的阶段，那么这对研究柔术的历史会非常有帮助。每个阶段的名字一般与当时统治日本的政权所处的地理位置相关。这种方法的一大优势是，它可以清楚地证明政治和历史因素在日本武术发展过程中的强大影响力（政治-历史条件理论），当时的政治环境与武术的发展方向之间通常存在直接联系。

飞鸟时代以前（710年以前）

在政治和历史方面，大和国统一各部是日本古代时期开始的重要标志。天皇制的形成也为日本建立中央集权制度创造了条件。实际上，日本的许多历史都与统治者追求集权统治息息相关，然而，对国家实施全面控制往往是很难的。

在日本历史的早期，角力是日本武术的雏形，也是现代相扑的先驱。 这是一种更加粗粝、更具战斗性的全能摔跤，很可能是野见宿祢在公元前23年（前文提到过，这是日本武术的起点）那场史诗般的死斗中所运用的技术。 由于缺乏有力的历史证据，再加上神话传说的盛行，角力的真正起源已经很难考证。相比之下，最有可能解释其起源的理论是共享条件理论。格斗者们为了在格斗中更轻松地获取胜利而寻找适合的技术，而人体结构和当地条件的相似性不可避免地导致不同的人对他们面临的问题提出了相似的答案。

奈良时代（710—784年）

关于这个时代的武术系统的发展，人们谈论得相对较少，但是我们可以放心地推测。总体上来说，这个时期流行的武术已经从战斗性较强的角力慢慢转变成运动性和宗教性更强的相扑。平安时代初期，仁明天皇（833—850年）曾经颁布了一项法令，要求恢复更具战斗性的军体摔跤流派。由此我们可以推断，角力在当时已经发展成为一种观赏性运动。

平安时代（794—1192年）

平安时代的重大成就之一是角力和相扑的蓬勃发展，它们成为一种军体缠斗流派，在日语中被称为kumiuchi或yori-kumiuchi。到平安时代末期，这已经基本上成为社会地位不断上升的武士阶级的标准化培训内容。武德殿是日本历史上最重要的军事机构之一，是根据皇室命令在当时的日本首都平安京（今京都市）建立的。桓武天皇发出法令，要求精通战斗技术的人到武德殿来展示自己的战斗力，这一举措使武德殿成了一个得到皇室全方位支持的武术技术研发中心，而这要比传统武馆的兴起还要早。

镰仓时代（1192—1333年）

通常，强大的军阀（大名）聚集了足够的军事力量就会夺取地方权力，并进一步争取对国家进行有效的政治控制。这种方式可以在使皇室保持顺从的同时，以军事独裁（幕府）的形式建立有效的政治控制。有时，这些有权势的氏族和军阀必须用武力争夺统治地位，在这些因权力斗争而产生的内战和军事冲突中，武士阶级和日本古典武术逐渐形成。很多时候，皇室无法完全控制农村地区，这便意味着军阀在当地的控制力会越发强大，控制范围也越来越广，直到他们成为整个国家的实际控制者。在日本民众的意识中，天皇的统治权已经根深蒂固，这些军阀（幕府将军）虽然拥有实际控制权，但他们依然不得不以天皇的名义进行统治。

在日本历史中，镰仓时代和室町时代是日本内部不断进行政治斗争的时期。政治上的混乱导致了持续的战争，并促成了职业战士——武士的诞生。因此，兵器技术方面的教学和专业知识变得不可或缺。为了满足这种需求，经典的武术学校武芸（kakuto bugei）和武芸流派（bujutsu ryuha）便应运而生了。由于这些学校培训武士的目的是让他们在战场上作战，所以培训的重点是武器技术，现代意义上的纯徒手格斗技术在训练中所占比例很低，并不作为独立的项目进行训练，仅仅将其作为在武器损坏或丢失的情况下万不得已的手段。在战场上的搏杀中，徒手作战技术只是其中的很小一部分。

室町时代（1338—1573年）

随着日本内部持续的政治动荡以及由此产生的旷日持久的战争状态，武士已成为一个越来越重要的社会群体。随着时间的推移，武士逐渐成为封建领主的效忠者。狂热的忠心是武士的重要特征，而战场则是展现忠心的最好场景，由此也导致了武士对军事训练的极大需求。在室町时代，武芸的数量大大增加。此外，武器技术的发展创造了新的军事技术，1543年，火药武器的引进催生了炮术。这个时期的一个普遍趋势是，大部分武术流派开始分化出不同的支派，每个支派专注于几种特定的武器或技术，而这些武器或技术也会因某个特定的流派而出名。

武器和装甲成本高昂，以及日益严峻的社会制约因素导致平民被禁止拥有武器，武术开始围绕军事贵族而发展，日渐远离了日本社会较低的阶层。室町时代即将结束时，日本有记载的第一所柔术学校——竹内流于1532年成立。这一流派拥有大量的空手技术，被认为是日本现代防身风格柔术的杰出先驱。

安土桃山时代（1573—1598年）

从社会角度来讲，1588年民间刀剑被清缴，平民与武士之间的阶级差异进一步加大。平民被禁止携带甚至拥有刀剑，有刃武器的所有者仅限于武士。这就需要为平民提供单独的柔术（shomin yawara），这种柔术不涉及武器训练，这为民用徒手格斗的发展奠定了基础。 在通常被称为"战国时期"的年代，日本政治纷争接连不断、此起彼伏。这些纷争最终导致了1600年的关原之战，以及日本唯一的政治权力中心——德川幕府的建立。

江户时代（1603—1867年）

毫无疑问，我们认为江户时代是传统柔术发展最重要的时期，这一观点的背后有许多因素。首先，德川幕府试图通过实施一系列严厉的社会控制措施来巩固其来之不易的权力基础，这些控制措施切断了日本与世界其他地区的联系。1635年，日本的船只不允许离开日本，所有外国人（除了在长崎的荷兰人）都在1639年被驱逐出境。本国人的流动也受到限制，他们需要许可证才能离开自己居住的区域。宗教压迫是常态，对教育、公共舆论和社会流动性实行严格控制。这样，以闭关锁国和社会压迫为代价，内乱和战争消失了。几个世纪以来，日本第一次实现了长期和平。然而，武士阶级的受重视程度也因此下降了。

和平削弱了武士在军事战争中作为地方统治者侍从的传统角色，武士的身份更近似于官僚，统治者不再需要他们施展武力。 这个时代的一大特征是武术和武芸的衰落，武士阶级原本必不可少的勇武特质逐渐被教化削弱。随着战场武术的日薄西山，平民的格斗技巧成为主流。许多流派完全放弃了武器训练，进而出现了专注于徒手格斗的新流派。

正是在江户时代，绝大多数古流柔术（koryu jujitsu）开始兴起，并逐渐与更早的武芸流派分道扬镳。毫无疑问，日本某些地区的柔术受到中国人陈元赟的影响。他精通拳法，很有可能将其传授给了当地的一些柔术训练者。陈元赟更擅长击打技术而非典型的日本缠斗技术。有人推测是陈元赟把柔术带到了日本，但显而易见的是，早在陈元赟出生之前，日本武术就有悠久的历史了。

德川幕府统治了两个半世纪。在那段时间里，古流柔术学校的数量（有记载的有700多个流派）和技术深度都大大扩展了。但到了江户时代末期，古流柔术就日渐式微了。江户时代的长期和平从根本上改变了武士阶级，并大大降低了人们对格斗技艺的兴趣。而且，随着时间的流逝，德川幕府在锁国政策的路上越走越远，因此变得越发不受欢迎，而柔术则被人们认为是旧日本的产物。太多的流派因争夺学生而发生争斗，他们常常用残酷的挑战赛来证明自己的流派优于其他流派。因此，在当时，柔术被视为斗殴者和暴徒才会练习的武术，其形象一落千丈，从而导致了古流柔术的衰落。江户时代就这样见证了古流柔术从兴起、鼎盛到衰落的过程。

明治时代（1868—1912年）

锁国政策使得统治阶级内部的不满情绪日渐增长，再加上美国海军准将佩里在1854年的炮舰外交中所造成的尴尬，人们开始推翻实施高压统治的德川幕府。通过一场由知识分子发起的革命，明治天皇兵不血刃地控制了国家，并试图尽快使日本迈入近代。由于日本当时急于采用西方的思想和技术，日本传统的观念和活动（例如柔术）常常被贬低，并被认为是落后的。在新思想浪潮的冲击之下，柔术面临着彻底消失的危险。在明治时代，曾经是柔术训练者中坚力量的武士阶级被完全否定并清除，武士的象征——武士刀也于1877年被认定为非法武器。

许多柔术大师被迫寻找其他生计。正是在此期间，嘉纳治五郎开始研究柔术。20多岁时，他在他所研习的两种柔术流派中名声大振。但是嘉纳对传统柔术的许多关键之处都不甚满意，于是他发展讲道馆柔道，并在1882年开宗立派，意图重振日本武术。在很短的时间内，他聚集了一大批有才华的学生，并通过全新的训练方法提高他们的技术水平。 讲道馆与传统的柔术学校进行了多次挑战比赛，其声望在1886年的东京警察比赛中达到巅峰。年轻的嘉纳和他的学校在这场比赛中战胜了传统的柔术，取得了巨大胜利，从此名扬四方。从这一时期开始，柔道就成为日本最主要的格斗流派，而古流柔术则一蹶不振。

了解日本的各个历史时期有助于我们充分了解柔术在日本兴盛的背景。我们现在需要进一步研究传统柔术的兴衰史。

柔术的起源

人们至今也没有找到柔术的确凿无疑的起源。中国、印度、古希腊都经常被认为是柔术的发源地。但所有这些观点都是猜测，并没有确凿的证据。确实，我们早已发现，寻找柔术（或与此有关的任何其他武术）的确定起源本身就不可行，战斗技巧在每个文明的发展中都不可或缺，而身体条件、创造力和战斗条件在不同的文明、种族和时期并不会有很大区别。因此，将各地的战斗方式视为独立产生而非起源于某些中心就更有说服力，而这正是我们从日本的柔术历史中观察到的。

共享条件理论是最好的解释日本柔术起源的理论。和其他社会一样，早期的日本社会也同样有对战斗技术的需求——社会冲突需要战斗技术来解决。面对这种需求，不同地区的不同的人都构建了使他们在战斗中占据优势的技术体系。由于战斗的主体都是人，因此不同地区和时代的武术在技术上有相当大的重叠也就不足为奇了。

最早的格斗形式被赋予许多不同的名称和头衔，这也反映了这些对于格斗的最初尝试本质上是很不系统的。事实上，"柔术"一词在日本出现的时间较晚，在此之前，格斗被称为yori-kumiuchi、体术、寝技和wajutsu。这些早期的格斗方式缺乏系统化解决问题的方法，既没有正式的学习地点，也没有职业化的研究或成体系的教学，因此就需要一种专业的方法来研究、整理和传播关于格斗的知识。

流系统的建立

在710年之前的史料中，我们找不到关于柔术的最早创始人的记载，却可以清晰地看到那些遍布各地的对当地格斗技巧进行研习和实践的人，其中最为著名的就是《日本书纪》中所记录的公元前23年当麻蹴速与野见宿祢之间的战斗。除了对打斗和格斗比赛的一些零星记载之外，几乎没有历史文献显示在当时有任何人或机构对格斗技术进行系统化研究。

在日本历史的早期阶段，武术似乎并没有系统的教学方式，而是由个人和小团体尽其所能地进行技术研发。然而，在这种条件下，格斗流派不可能有太大的发展。即使是最热情的爱好者也无法投入大量时间和收集必要的资源，从零开始建立一套完整的武术体系。独立的实践者可以自己摸索出一些专业技术，但如果这些技术没有传给学生，那这些实践者开发出的任何技术都可能无法传承下去。在这种情况下，日本早期的武术无法取得太大的进步。这种现象与世界其他地区的武术发展情况形成了鲜明的对比。

在古希腊，一系列不同于日本的社会条件使当地的武术得到了极大的发展和完善。各城邦赞助建造和维护了很多体育场馆，人们可以在这些体育馆里练习摔跤、拳击和潘克拉辛，还有专业教练为运动员们授课，其中许多人参加了奥运会等大规模的体育赛事。

谁能在这些技艺的竞技中获得成功，谁就能获得显赫的声名。因此，大量的资金和资源被分配给他们。于是，和现代体育项目一样，系统的训练、技术开发和教学方法慢慢出现了。技术水平和技术熟练度开始大幅提高，简直领先于其他国家上百年。这种专业和系统的格斗训练方法很久以后才在日本出现，且具有很多与古希腊武术类似的特点。

要想形成系统和完整的格斗方式，首先需要的是格斗技术。政治或社会不稳定会促使格斗技术发展。日本早期的历史（一直到封建时代）毫无疑问出现过大量的社会和政治冲突，在这种环境下，人们肯定对格斗技术有明确的需求。其次，必须有专门的场所，让一群练习者能够聚集在一起，通过不断的试验和练习来发明和完善技术。这些人在格斗项目上投入越多的时间和资源，效果就越好。最后，这些技术的发明和完善必须被系统地归纳和传承，这样，随着时间的推移，它们就可以被进一步改进，进而形成有成长性的知识库。

从本质上讲，格斗学校是不可或缺的。在当年，流（学校）系统在日本出现了。各种柔术流派应运而生，专业教师（sensei）不断发展和完善他们从老师那里学到的格斗技巧。在不稳定的社会和政治环境中，这种学校蓬勃发展并获得了良好的声誉。这种需求也为大量潜在的学生开辟了职业道路，学生则提供了资源来维持和发展流和它所传授的格斗系统。

这些流派的财政支持通常来自当地的管理者，即大名。在日本封建时代，这些地方军阀对其领地拥有完全的掌控权。一旦发生冲突，他们就会被要求向与他们结盟的其他军阀提供武士，因此，他们必须拥有一支训练有素的部队。而训练这支部队则是当地的流的任务。起初，这些流的课程相对来说比较广泛，但随着时间的推移，课程越来越偏向某个专精领域，一些流在某些技术领域获得了巨大的名望。一个流往往是由一个"流士"开始的，他以实际训练、理论、书面笔记和图画的形式将他的知识传授给学生。"流士"会将这些教学指引交给新一代的老师，这些老师也会成为流派的继承人，继续发展和传播该流派的知识。通过这样的方法，流得以维持和传承。

战场缠斗技术的崛起

到镰仓时代时，日本出现了一种独特的战斗方式，其产生与战场冲突息息相关，这种技术名为缠斗，在日文中称为"组讨"。在战场搏杀中，士兵们为了应对武器损坏和丢失的情况，往往需要掌握一系列的徒手格斗技术和徒手对武器的作战技能。

在这段时期的战事中，士兵们常常身着重甲。这些重甲的保护使得击打类的技术变得毫无作用（想想就知道，拳击或踢击不会伤害到一个全身着重甲的士兵），因此近身格斗往往以缠斗为主。这些技术中的大部分都是为了对付穿着全套铠甲的士兵，士兵用这些技术使敌人失去平衡而倒地，再使用短刀将其杀死，或绑起来作为俘虏。随着士兵的铠甲变得越来越轻便，缠斗的技术也发生了变化，移动变得更为灵活，缠斗技术的动作幅度也越来越大。

政治动荡引起的军事对抗对武术的发展有很大影响。徒手格斗技术在诸多战斗技能中占据了一席之地（但并不是其中最重要的技能，毕竟在战场搏杀中持械技术更重要）。

日本封建社会战争频发直接导致了职业军人的诞生。他们对从战场凯旋的渴望，激发了他们对武术专业知识和指导的需求。武芸流的发展成为传统柔术流派的前奏，这些武术学校大多会教授多种武器的使用技术，也有专精于某种特定武器的，如剑术、枪术等。

应该明确的是，早在武芸流建立之前，日本就有尚武的传统。例如，桓武天皇为了鼓励武术发展，在平安时代初期就建立了武德殿。但直到室町时代，真正武芸流的建立才使战斗技术能以更系统化的方式传播开来。

柔术就是诞生在这样战斗技术风靡的时代。由于武器损坏、丢失或者因被俘而失去武器的情况很难完全避免，所以毫无疑问，武士阶级对徒手格斗技术的需求是存在的。因此，尽管对身着铠甲的战士来说，徒手格斗仅仅是一项次要技术，但依然出现在武芸流中，而这些技术正是为日后全面的徒手格斗技术撒下的种子。

古流柔术的崛起

1600年关原之战后，随着日本战乱的逐步平息，格斗教学的重心由战场搏杀转向平民的安全防卫，更注重为普通人提供在日常生活中面临肢体冲突时能够自我保护的技术。因此，随着社会环境的变化，柔术的本质也发生了改变。我们通常认为，柔术流诞生于日本封建社会的末期。不同于武芸流，柔术流并不局限于战场技术。

竹内流创立于1532年。它传授了许多军用武器技术，同时也传授了相当多传承于"铠组讨"（着甲缠斗术）的徒手格斗技术。随着时间的推移，竹内流慢慢将整个重心转移到了徒手格斗技术方面，这种技术在和平的江户时代变得越来越强大。竹内流的技术只传给家庭成员，经过两代人的传承，几乎所有技术都成了非军用的。之所以会产生这样的转变，主要原因在于创始人竹内久森本人希望如此。他在追随军阀时有一些很不愉快的经历，因而公开声明他的儿子们不应该效忠于任何军阀。这也意味着学校的学生（来自各种不同的社会阶级）中的大多数人既不属于武士阶级，也不允许使用武器。自然而然地，平民的日常自卫技术就成了教学的重点。

竹内流对日本的许多流派都产生了巨大的影响。随着江户时代的和平的延续，以及战场格斗技术的日渐衰落，竹内流成为古流柔术的标杆。正是在这个时候，我们如今所认为的传统柔术发展成一种独立的、以徒手技术为主的自卫系统。早期武芸流的根在武士阶级中，而古流柔术则根植于平民之中。平民不允许携带武器，所以对于徒手格斗的需求更大。这种"平民柔术"在江户时代开始流行，民间甚至还出现了关于技术演示的手册，其目的是使平民在日常生活中遇到危险或冲突时拥有保护自己的技能。资料显示，到江户中期为止，至少存在170所古流柔术学校，这充分展现了它们取代传统军用格斗技术是一件多受欢迎的事情。

社会变化和传统柔术的衰落

具有讽刺意味的是，社会的稳定与和平为古流柔术提供了崛起的土壤，同时也为其埋下了衰落的因子。德川幕府的极端锁国政策意味着日本被封锁在封建时代，而与此同时，世界其他地区则经历了科技进步和工业革命，这使得日本在科技、经济、工业和军事力量方面和欧洲之间形成了巨大的差距。当美国海军准将佩里将他的现代炮舰驶入日本水域并要求进入日本港口时，这样的差距终于引发了剧变。

日本在政治和军事上的弱点显而易见，废除旧秩序变得势在必行。保守派希望日本保留旧的封建制度，而日益壮大的知识分子阶级则在呼唤变革。1868年，旧秩序土崩瓦解，明治天皇上台，随之而来的是对欧洲思想的疯狂追逐，试图弥补与欧洲长达300年的发展差距。明治维新之后，武士阶级、他们的封建领主和领主们统治的领地迅速成为牺牲品。随着武士阶级和他们所运用的战斗技能被逐渐淘汰，古流柔术学校也失去了存在的意义。对学习柔术需求的急剧下降直接导致古流柔术的学习人数和技术质量都急剧下降。更重要的是，柔术与日本的旧秩序有着密切的联系，而正是旧秩序使得日本落后于世界其他地区，因此，柔术也被一起视为过时且没有价值的东西。

就这样，古流柔术的流行性大为降低。此外，由于封地制度的崩溃、旅行限制的解除及工业的迅速发展，许多日本人——包括那些不再由军阀提供经济支持的柔术老师——都搬迁到了城市。学生变少了，市场竞争却更激烈了，结果就是引发了大量血腥的挑战和踢馆，每个流派都希望借此证明自己是最强的，从而吸引更多的追随者。但也由于这些近乎地痞斗殴的行为，柔术的声誉持续遭到损害，这又进一步削弱了公众的兴趣。这一切最终导致古流柔术滑落至生死存亡的边缘，大多数老师只能另谋生计。

嘉纳治五郎和柔道的崛起

嘉纳治五郎在19世纪70年代后期开始学习柔术时，柔术整体正处于非常糟糕的状况，以至于他甚至很难找到道馆去学习。他指出，公众之所以对柔术的看法不佳，是因为柔术是逝去时代的暴力且过时的遗物。尽管如此，嘉纳仍把柔术看作日本传统的重要组成部分。他致力于对其进行改良，希望这种格斗的艺术重新受到教育界的青睐。嘉纳在儿童和青少年时期曾长期遭受霸凌，于是他试图通过柔术来增强自己的身体素质。由于他的父亲当时对柔术的看法相当负面，他这样的做法显然违背了父亲的意愿。在东京大学读书期间，嘉纳在福田八之助的指导下，开始了为期2年的天神真杨流柔术的学习。福田八之助于1879年去世，于是嘉纳改投到矶又右卫门的门下继续学习。1881年，矶又右卫门去世，嘉纳不得不又转向工藤恒敏学习起倒流柔术。在此期间，嘉纳强化了自己的摔投技术，这也是后来柔道中摔投技术的来源。前前后后，嘉纳一共学习了4年柔术，在这段时间里，嘉纳表现得极为专注且富有灵性。作为奖励，他获得了天神真杨流柔术的标志物——一个记载着该流派历史和技术的卷轴。

然而，嘉纳的愿景远不止于继承一种古老的传统。在学习柔术时，他记录下那些他认为的古流柔术的基础性弱点，并决心加以改善。这些弱点值得玩味。

首先，柔术一直无法撇清自身和流氓斗殴的关系，导致它长期受到社会的质疑。而嘉纳来自一个受人尊敬的知识分子家庭，有如此家庭背景的人与街头斗殴者的形象并不相配。嘉纳的伟大成就之一是他带来了合法的、有规则约束的比赛（试合），从而使较量和比试受到社会的认可。嘉纳偏重于让武术训练成为自我完善的一部分，而不仅仅是打斗技巧的练习。在他看来，性格塑造与格斗训练同样重要。

此外，为了禁止为钱而打斗，嘉纳还制定并实施了一套严格的道德规范。这样一来，他就可以大幅度地挽回公众对武术的看法，从而使武术摆脱"暴力"的刻板印象。也正因此，嘉纳使用了柔道（judo）而非柔术（jujitsu）来命名自己的流派。相比单纯的技术或技巧（jitsu），"柔道"这个词包含着更高的追求。"道（do）"意味着方式，它不仅仅是指简单的技能积累，还带有自我精进、自我完善的含义。

其次，古流柔术既没有稳定的教学体系，也没有段位制度。不分段位，就无法按水平对学生进行划分，这种粗放的形式意味着新手经常会和老手一起训练，教学内容也往往非常随意。这样的训练方式使得新手在训练中受伤的可能性大大增加。举个例子，如果新手没有经过受身（ukemi）的训练，在摔投练习中就很难避免受伤。

再次，嘉纳在古流柔术中看到的最重要的问题是整体策略的缺乏。从本质上讲，古流柔术只是在各种特定情况下击败对手的技术集合，其中只有一部分技术遵循了以巧破力的思路，并非全部如此。嘉纳的新武术的指导原则中最重要的一点就是"精力善用"（付出最小的力量，获得最好的效果），他对此极其看重，力求所有技术都符合这一原则。嘉纳在贯彻这一原则方面取得的最重要的进展是他对"破势"（破坏平衡）的强调。嘉纳指出，如果对手处于失衡状态，那么他既无法进攻，也无法有效地防守摔技和投技，摔倒他所需要的力量会大大小于摔倒一个重心稳定的人。

嘉纳非常注重在摔倒对手之前先使其失去平衡的技巧，这样就算体格处于劣势也能控制和摔倒对手。基于此，嘉纳用一个总体的原则来指导他的格斗技术：付出最小的力量，获得最好的效果，并通过技术动作——破势把这个原则贯彻到实践中。

最后，古流柔术缺乏适当的训练方法。传统柔术的学习主要是通过"型"来完成。"型"的意思是与训练伙伴在完全没有对抗的情况下演练一套设计好的动作。之所以采用这样的训练方式，主要是因为古流柔术中的很多重要技术源于战场搏杀，在战场上，拽头发、挖眼、击裆、撕扯嘴巴和抓挠等动作毫不鲜见，但这些技术只能运用于生死相搏的情况下，在训练的过程中显然不可能对搭档使用。随着时间的推移，高度理想化的"型"从训练手段变成了目的，大家认为"型"打得越好战斗能力就越强。尽管"型"是向学生传授技术的一种安全方法，但不足以让他们应对现实中的战斗。在真正的打斗中，对一个会反击的对手使用技术，比对一个不加抵抗、完全配合的人使用技术，可能要难千万倍。

针对这些问题，嘉纳试图对古流柔术进行大刀阔斧的修改，进而创造一种新的武术来避免重蹈覆辙。在对古流柔术修改的过程中，他对其中存在的问题和需要改变的地方有了越来越清晰的认识。

除了关注社会教育和恢复柔术的公众形象外，嘉纳真正感兴趣的是创造一种真正具有战斗力的武术。依他所见，当时的武术最需要改革的并不是技术，而是训练方法。到明治维新时，已经有数千种广为人知的柔术技术，其中许多都非常有效。嘉纳本人在学习古流柔术的4年中接触了许多技术，他也足够敏锐地意识到技术的掌握和应用之间存在鸿沟。换句话说，如果不考虑使用者的水平高低，很多技术是没有问题的，但如果使用者水平不够，技术就无法达到预期的效果。也就是说，在战斗中，一种技术的价值受到使用者能力的限制。因此，嘉纳将研究重点从技术本身转移到实际应用这些技术的人身上。对教学者来说，应该将更多的精力放在寻找让学生更好地掌握技术的方法上，这比简单地积累越来越多的技术要更有意义。

举个例子，在战斗中，步枪的准确度取决于射手。如果射手的枪法很差，那么花费无数资源来开发极其精准的步枪也是毫无用处的。柔术也是如此，在战斗中，技术所能达到的效果的上限取决于施展技术的人。鉴于此，嘉纳几乎没有在技术层面对柔术进行创新。实际上，他所教的几乎所有技术都属于古流柔术。例如，他于1895年设定的技术大纲仅包含45个投技，与其他流派相比算数量很少的。他真正重要的创新是在训练方法上。摆在嘉纳面前的问题是如何寻找一种实战训练形式，既可以让学生承受战斗中预期的压力和疲劳，同时又不会造成太大的受伤风险。

我们前面已经提到过，实战训练（乱取）是格斗训练的重要组成部分。然而，古流柔术的问题在于，大多数技术都存在不安全的因素，这使它们不适合日常的实战训练（例如挖眼）。如果实战训练变得太危险，学生将会因为过高的受伤率而无法进步。此问题的一种解决方法是完全不进行实战训练，这正是大部分古流柔术学校的做法，为了将这种做法合理化，他们声称这些动作太危险而不能用于实战对抗。这种做法的明显问题是，学生永远无法应用他们在真正的战斗中需要的技巧。情况因此变得进退两难。一方面，可以通过完全开放对抗训练来实现对真实战斗的完全模拟，但这样做的代价是高得令人无法接受的受伤率和学生流失率；另一方面，可以通过取消实战训练来保证学生的安全，但这样的做法是以牺牲战斗力的提高为代价的。

嘉纳很清楚这个困境，他的解决方案毫无疑问是武术史上最伟大的突破之一。嘉纳意识到实战训练中大部分伤害发生的原因只和某些特定类型的技术有关。完全开放的实战训练效果好但不安全，理想化的动作训练（"型"）安全但效果差，于是嘉纳试图在这两个极端之间寻求平衡。他的做法是限制可用于实战训练的技术类型，即只有那些在对抗训练中即使全力施展也不至于造成严重伤害的技术才被允许使用。这种对技术施加限制的方法后来已经成为所有衍生格斗技术甚至许多击打类格斗技术的标准做法。这种方式既保证了实战训练的有效性，也不会导致让学生无法接受的高受伤率和流失率。

虽然嘉纳的解决方案兼顾了实用性和安全性，但并非所有人都对此满意。尽管嘉纳已经非常保守了——他禁止了所有的击打技术、多种投技和很多其他流派允许使用的降服技术，但还是有人无法认同嘉纳对于实战训练中可以使用的具体技术的限制，他们担心，去除危险的技术会削弱柔术，使其战斗力大大降低。最后还是嘉纳自己证明了这种担忧是错误的。尽管依旧存在一些抱怨和批评，但无论如何，嘉纳针对上述困境的总体解决方案还是获得了极大成功。

传统武术有一个普遍的观念，即一种武术在整体上的有效性与其拥有的技术数量及这些技术在理论上的致命性成正比。因此，如果存在一种武术，它包含了折断对手脖子、戳瞎对手眼睛或者能造成其他类似可怕伤害或死亡的很多技术，那么这种武术通常就会被认为是非常危险而有效的。这种想法在古流柔术中非常普遍，许多流派用他们所包含的技术的数量和所谓的致命性来宣传他们的有效性，坦率地说，这种想法是非常符合直觉的，毕竟，戳瞎对手的眼睛或一掌震破对手的耳膜听起来确实令人生畏。

然而，许多人没有意识到，这些危险的动作和其他动作一样都是身体技能，因此，就像提高高尔夫挥杆水平或扣篮水平需要练习一样，要想运用自如，离不开贴近现实的练习。正如没有人能指望只靠练篮球套路就能进入NBA，也没有人能通过"型"的练习来掌握这些致命技术的实际应用。如果缺乏在现实情况下对全力抵抗的对手应用这些技术的实际经验，那么无论是谁声称掌握了这些致命技术，实际上他真正能用出来的可能性都非常小。

因此，这么多传统武术所推崇的致命技术，其致命性只存在于理论中而非现实中。嘉纳计划的一部分是揭露这种在传统武术中如此普遍的谬论。嘉纳意识到，一种武术整体上的有效性不仅仅取决于其技术的数量和理论上的致命性，而更多在于将这些技术教授给学生的方法。这个关键因素在大多数古流柔术中都被忽略了。传统柔术已经形成了一种对技术的迷恋，技术本身变成了目的，而忽略了如何通过训练让学生真正掌握这些技术。这是一种"致命技术"谬误，即武术的有效性与它所积累的技术数量及理论上的致命性成正比。因此，嘉纳教的不仅仅是技术，而是一套训练方法，这套方法可以成功地将安全的技术教授给他的学生，以便他们能够在实战中有效且自信地使用它们。通过这种方式，嘉纳希望可以创造出一种更具战斗力的武术。

和大多数人的预期截然相反，嘉纳从柔道里去除古流柔术中的致命技术的做法不仅没有削弱柔道的战斗力，反而创造出了一种实战能力更强的格斗流派。通常情况下，人们会认为一门武术拥有的致命和危险的技术越多，它就会越有效。正如我们所见，这种想法是"致命技术"谬误的体现。嘉纳清楚地看到，相较于只在不反抗的搭档身上练习理论上的致命技术的人，在训练中使用不易伤人的技术与搭档进行全力对抗的人将成为战斗力更强的格斗者。

要理解这一点，我们首先需要明确什么是安全的技术。安全的技术是指那些在日常的实战训练中面对全力抵抗的对手时可以放心使用的技术。显然，很多古流柔术的技术并不属于这个范畴。对身体脆弱部位的击打，如插眼、击裆等，都不能成为安全的实战训练的一部分。此外，还有一些投技和关节技也伴随着很高的致伤风险，这些技术也必须剔除。剩下的技术则可以成为既安全又有趣的对抗训练的内容。

因此，我们得出了一个与大众认知相矛盾的结果：在实战中，使用一套安全技术进行训练的人，比使用一套理论上致命的技术进行训练的人表现更好。嘉纳关于改革的想法既有违直觉，又极具革命性，但如果脱离了严谨的试验和坚实证据，嘉纳的这些创新想法就只是纸上谈兵。讲道馆开业4年后，这种全新的武术模式面临了严峻的考验。

1886年的锦标赛

嘉纳于1882年开设了他的柔道馆——讲道馆。当年他只有22岁，仅学了4年柔术，开讲道馆对他来说是一项了不起的壮举。一开始，讲道馆规模很小，仅有9名学生，随着时间的推移，他不断地扩大讲道馆的规模，甚至将日本一些最优秀的柔术选手招募到讲道馆。这些人通过使用嘉纳的训练方法（其中最重要的是实战训练）来继续精进他们的技术。后来，讲道馆成了东京公认的最强道馆之一。

这样的成功引起了很多人的注意，古流柔术道馆和一些人随之向讲道馆发起了一系列挑战。优秀的讲道馆学生（他们曾经是古流柔术练习者，转而学习柔道）毫不费力地击败了所有挑战者。嘉纳对挑战规则有严格的限定：由于嘉纳想避免柔术练习者在公共场合斗殴的不良形象，所以所有比赛都在讲道馆内举行，并且不允许出现犯规和击打动作。因此，这些挑战赛更像是缠斗比赛，而不是真正的无规则打斗。

尽管如此，讲道馆的学生如此轻松地击败了对手还是令人非常震惊的。1886年，东京警察正在考虑选择一种武术用于培训，为了测试各个流派的战斗力，他们举办了一场广为人知的比赛。在比赛的后半程，作为新派武术的柔道与一些著名的传统柔术流派展开了决战。最终，在几个传奇人物（如西乡四郎和富田常次郎）的带领下，讲道馆压倒性地赢得了15场比赛中的13场，剩下的2场以平局结束。这次比赛的获胜标准是一本（将对手干脆利落地摔至后背着地）和降服（事实上在所有的重要比赛中，获胜的方式都是摔投，记录中几乎没有提到过地面缠斗或降服技术）。显然，选手所能使用的技术类型是有限制的。犯规动作被严格禁止，跟在讲道馆内进行的挑战赛类似，这更像缠斗比赛而非真实打斗。但无论如何，这是讲道馆的一次巨大胜利。

在一位年轻大师的带领下，讲道馆诞生仅仅4年后就在公开的比试中击败了杰出的古流柔术大师们。这件事迅速让嘉纳的道馆成了全日本最成功的道馆。到1887年，他拥有了超过1500个学生。随着讲道馆名望的进一步提高，古流柔术慢慢退出了主流，同时，嘉纳也作为一名广受尊重的人物进入了日本的教育体系——自1911年开始，柔道成为公立学校的必修课。在很短的时间之内，柔道从一门小众武术一跃成为国民武术项目。嘉纳的显赫声名和他意图成为知名教育者、政客的驱动力使他开始寻求全世界的认可。他成功跻身奥委会，希望推动柔道成为一项国际性的武术。为了达到这个目的，他把很多学生派往世界各地进行推广，也欢迎在日本的外国人前来学习柔道。柔道的长足发展使得古流柔术日渐凋敝，随时有消亡的危险。

第二章

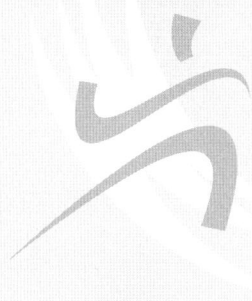

现代柔术：
新概念，新方向

在第一章中，我们看到了日本早期历史中战斗技术的崛起，并慢慢形成了全面和系统的武术体系的过程。政局越不稳定，对战斗技术的需求就越强烈，军事训练也就成为日常所需。那段时间，当地军阀开始资助专业道馆（流派），由此带来的资源使得这些流派在技术和训练条件上获得了极大的改善，进而导致军事格斗技术的精细程度在封建时代的晚期达到了巅峰。德川幕府稳定政局后，军事化训练不再是必需了，但平民对于武术训练的需求却开始增加，各种流派都开始强化自身的徒手格斗能力，这些专注于徒手格斗的课程变得很接近现代柔术。

在17世纪和18世纪，这种柔术在日本开始盛行。但德川幕府的极端政策造成了日本政治和文化的孤立，最终导致日本统治阶级和武士阶级的衰落。传统柔术在这样的环境下开始严重衰落。嘉纳治五郎开创了一种新的武术形式——讲道馆柔道。在柔道中，他试图把那些导致传统柔术衰落的元素统统剔除出去。在传统柔术对阵讲道馆的一系列挑战赛中，讲道馆取得了连续的压倒性胜利。他们优越的训练方法和整体策略使他们在比赛中拥有决定性的优势。传统柔术也因这些挫败而进一步衰落，柔道成为日本最杰出的武术。

不迁流和柔术缠斗的发展

到19世纪末，柔道作为日本最重要的格斗流派，其地位几乎无可撼动。它在比赛中无可争议地击败了几乎所有其他格斗流派，并得到了日本教育系统的支持（因为嘉纳本人在教育界地位很高）。然而，令很多人意外的是，讲道馆又收到了一个叫田边又右卫门的人发起的挑战，他的道馆不迁流在当时是个名不见经传的小道馆。

不迁流是一所有着历史传承的道馆，由武田物外创立。武田物外出生于1794年，从小接受佛教僧侣的训练。在此期间，他取名不迁，开始学习各种传统武术。他于1867年去世，其精神传承了下来。至于田边向讲道馆提出挑战的具体细节，目前有不同的说法。不过，似乎最开始是田边和一些讲道馆成员之间的个人冲突，最终演变成了道馆之间的挑战赛。

对讲道馆来说，一个传统柔术流派的挑战并不足以为虑，毕竟他们已经轻松击败了最著名的柔术流派。然而，他们不知道的是，他们即将面对的对手与他们之前面对的任何对手都不相同。关于不迁流的可靠信息很少，但我们可以确定的是，田边又右卫门这位19世纪90年代的宗师曾在地面缠斗方面接受过大量的训练，并将此作为其流派的训练重点。目前还不清楚这是田边个人的倡导，还是不迁流向来如此。

不可否认的是，传统柔术中一直或多或少地存在地面缠斗的元素。战场上的经验表明，就算并非本意，现实中的战斗也往往以双方摔跤倒地而结束。地面缠斗技术也是战场武术中用于俘虏敌人的核心部分。

虽然在实战中地面缠斗是重头戏，但很少有道馆会发展出完整的地面缠斗体系并花费大量时间进行实战练习。需要注意的是，在讲道馆柔道和传统柔术流派之间的所有馆间对抗中，胜负都是由摔投技术决定的。讲道馆柔道最开始的技术系统中有摔投技术，但完全没有地面缠斗技术。嘉纳非常喜欢将摔投作为他的技术系统的基础，也乐于看到他的学生干净利落地将对手摔至后背着地，从而在比赛中取得胜利。事实上，在1900年之前，柔道中要么完全没有，要么只有很少的地面缠斗技术。

田边发现了这一点，并针对此提出了一个新颖而明智的应对方案。鉴于自己在地面缠斗方面拥有技术储备且技术十分熟练，他并不会去和柔道选手较量摔法，相反，他会主动将战斗带到地面。这样一来，他就可以轻而易举地把柔道选手从他们擅长的领域带到他们无法形成威胁的领域。田边并不需要把对手干净利落地摔至后背着地从而获得一本胜利，而是试图通过在地面缠斗中使用令对手痛苦难当的锁技或绞技，迫使对手主动投降而获得降服胜利。

关于不迁流柔术与讲道馆柔道之间到底发生了什么，有很多种说法。一些人认为挑战始于田边又右卫门自己与一些讲道馆元老的比赛，最终，不迁流在馆间挑战中彻底击败了讲道馆。此外，关于事件发生的日期也存在一些分歧。大多数资料显示馆间对抗发生的时间是1900年，有的稍早一些，有的则晚于1905年。不过，众说纷纭之下有一点是被一致认同的，即曾经所向披靡的讲道馆在挑战赛中第一次，也是唯一一次失败，败给了此前默默无闻的不迁流。

对比赛的大多数记载都表明，不迁流选手采用了一种新颖的策略：比赛开始后马上坐下，从而使比赛变成了地面缠斗的对决。目前还不清楚他们到底是直接在垫子上坐下还是主动跳到防守位置（许多柔术选手在缠斗中非常喜欢的位置，第七章会进行详细介绍）。战斗进入地面后，柔道选手们完全不知道如何应对不迁流选手，于是他们很快就被降服了。一边倒的结果对嘉纳治五郎和讲道馆产生了巨大的冲击。嘉纳意识到他的柔道非常缺乏地面缠斗技术，于是他随后就让田边向讲道馆学生传授不迁流的技术体系。关于不迁流和讲道馆柔道之间的挑战赛，最著名且最可信的描述之一是讲道馆柔道八段下村宏的讲述。亨利·普莱1952年9月出版的《讲道馆评论》（*Revue Judo Kodokan*）一书中记载，下村曾写道：

> 国内顶级的大师之间的对决并不常见。然而，由于舆论的煽动，一次组织之间的较量发生在1891年1月，由讲道馆的户张（当时是柔道三段，最高达到八段）对阵不迁流高手田边又右卫门。千万不能先入为主地认为古流柔术一定不如现代柔道。田边试图直接将战斗带向地面，但户张成功地维持了站立姿态。经过一番激烈的战斗，田边成功地通过地面技术降服获胜。户张被击败后感到非常失落，于是开始狂热地学习地面技术。
>
> 次年，他再次挑战田边。这一次的地面战田边再次获胜。当时，田边因以古流柔术挑战讲道馆而声名鹊起，就连矶贝一（当时为柔道三段，最高达到十段）也无法在田边的地面技术中保全自己。于是讲道馆得出结论，一个真正称职的柔道选手不仅必须具备良好的站立技术，还必须具备良好的地面技术。这也是著名的"关西寝技"的起源。总而言之，可以说田边又右卫门也不知不觉地为完善讲道馆柔道做出了贡献。

不迁流挑战的影响

讲道馆和不迁流之间的对抗为柔术从20世纪到现在的发展铺平了道路。不迁流所采用的整体战术非常适合其技术特点，能使对手在毫无准备的情况下陷入相当不利的形势，这是不迁流获胜的最大原因。不迁流的思路是迫使对手脱离他擅长的领域，进入令其措手不及的状况，这时不迁流的技术就能得到最大限度的发挥——这正是田边又右卫门所采取的策略。

田边发现把战斗带入地面其实并不困难，而20世纪之前的柔道在地面缠斗方面的训练严重不足，所以，他培养自己的学生时在地面缠斗方面投入了大量精力，如此一来，他有理由相信自己的学生可以迅速将对手带入其根本无法应对的战斗阶段。这一出人意料的策略在公开比赛的实践检验中取得了巨大的成功。这种新颖策略的核心要素是将战斗分解为多个阶段，每个阶段的特征都与其他阶段截然不同。例如，站立阶段与地面阶段的战斗可以说是天差地别，一名选手可能精通其中的一个阶段，但在另一个阶段中却束手无策。此外，如果两个人在站立阶段互相抓住了对方而进入站立缠抱状态，这就又进入了另一种截然不同的状况——和没有拉扯的纯站立状态相比，双方通过抓把给予对方的控制能够彻底改变对抗的形势。

田边意识到，柔道选手一旦在站立时抓住了对手便会如鱼得水，这就是为什么柔道在之前的挑战赛（例如东京警察锦标赛）中能够击败对手。通过实战训练磨炼的抓把和摔投技术使柔道选手在与传统柔术选手的比赛中具有压倒性优势。传统柔术流派的错误之处在于其妄图用抓把和摔投这些讲道馆最厉害的技术来对付讲道馆。

不迁流的高手们发现，如果他们能使战斗进入柔道选手不适应的阶段，成功的概率就会大大提高。地面缠斗是一个显而易见的选择，训练有素的格斗者很容易把战斗带向地面，如果他们有信心，甚至可以在战斗开始时就坐下并直接来到防守位置（躺在地上）。另外，在地面战斗中取胜的手段是降服，而大多数未经训练的人根本不知道如何防御。将战斗分为不同阶段，这正是田边了不起的发现，通过这种战术，可以把对手带出舒适区，从而大大降低其获胜的可能性。

对不迁流的分析

武术史中最令人意外的一点是，不迁流的伟大成就很少有人关注。武术界几乎没有人听说过不迁流或田边又右卫门。这很奇怪，毕竟他们在与强大的讲道馆的挑战赛中取得了出人意料的巨大胜利。所以，当人们第一次听说不迁流的非凡功绩时，会立即想到许多有趣的问题。首先，田边又右卫门是谁？谁训练了他？挑战赛后他怎么样了？其次，在挑战赛之前，不迁流已经存在了大约65年，在此期间不迁流是否一直专注于研究地面缠斗？他们采用了什么样的训练方法让学生达到如此高的水平？最后，不迁流后来怎么样了？为什么取得如此辉煌的成绩后却很快黯然退场？

　　遗憾的是，几乎没有可靠的信息可以直接回答这些问题，只能通过间接信息来推断。直到今天，田边又右卫门仍然是一个谜一样的人物。有一张大约在1906年拍摄的著名照片，是嘉纳治五郎与包括田边在内的一批顶尖传统柔术大师的合影，当时，嘉纳正在尝试记录传统柔术技术，这样他就可以创造出一套"型"，从而把这些技术保留下来。照片中的柔术大师均出自著名道馆，大多数人年纪都很大了，而田边却显得年轻、强壮且健康。如此年轻却能与那么多名人平起平坐，足见他受人尊敬的程度。然而，这让他很快就变得默默无闻这件事显得更加奇怪了。

　　关于田边本人，我们所知甚少。据说他是第4位不迁流柔术大师，这一说法的可信度很高。因为早在这一系列戏剧性事件发生前60年，不迁流就已经创立了，在这段时间，一所道馆将经历大约4位导师。由于所取得的功绩，田边在世纪之交的日本获得了相当大的名气和声望。还有几位备受推崇的武术家也提到了他，例如前田光世（我们将在后面谈到巴西柔术的发展时讲到他）。

　　然而有一件事是确凿无疑的，即当时已经成为日本著名武术大师和日本政府（教育部门）重要人物的嘉纳治五郎来找田边学习地面缠斗，田边同意了这个请求，并且很可能正是由于田边的允许，不迁流柔术的核心要素才被揭示，最终导致了不迁流柔术的消亡。地面缠斗成为讲道馆柔道教学课程的一部分后迅速风靡。很快，地面缠斗技术（寝技）迅速在柔道中占据了主导地位。讲道馆与不迁流比赛后的那段时间里，人们对寝技爆发了巨大的热情，以至于站立技术几乎被抛弃。这可能会让现在的人感到奇怪，因为我们通常认为柔道是一种以站立的摔投技术为主的武术，地面缠斗仅占其中很少的一部分。在柔道的早期阶段，也就是第二次世界大战之前，特别是1900—1925年，寝技极受重视，大多数柔道比赛都是在地面上决出的胜负。也许，在寝技的爆炸性流行之中，不迁流黯然失色了。

　　至于不迁流的训练方法，我们可以合理推测，其中包含了对讲道馆柔道获得成功至关重要的要素，即实战。在上一章，我们看到嘉纳坚持将实战作为训练的支柱，这让他的学生在比赛中压倒性地击败了仅用"型"训练的对手。去除技术中的危险元素，使实战训练成为可能，学生们就可以在保证安全的情况下，与全力对抗的对手进行训练。不迁流很乐于参与有规则限制的竞技，显然，他们已经不再拘泥于传统柔术中的阴损招式（例如咬人、挖眼）和击打技术（当身技），我们可以推断他们的寝技训练也采用了和柔道同样的方法——

实战。至此，他们已经开始接受体育竞技的概念了。

因此，实战练习的所有障碍都被排除了。不迁流在所有的挑战赛中都是通过降服技术获胜的，这是地面缠斗中的标志性技术。如果训练搭档双方都同意在降服技术成型后停止对抗，那么降服技术也能成为安全实战训练的一部分。此外，不迁流最著名的学生之一谷幸雄（我们很快就会详细了解他精彩的一生）在19世纪初移居到了英国，他经常让他的英国学生进行实战训练，显然，这套训练方法是他从日本带来的。

案例研究

不迁流的代表——谷幸雄

缠斗柔术的历史上有一些令人着迷的人物，他们的生命历程是如此丰富多彩，还能引人思考，讲述其中细节是很有价值的。谷幸雄就是这样一个人物。大约在1900年的某个时候（确切日期尚存争议），他和他哥哥来到英国（与巴顿·赖特先生）开设柔术学校，传授柔术技术。然而，这所学校很快就倒闭了。随后谷幸雄开始与威廉·班基尔合作。威廉·班基尔曾经是一位大力士表演者，有段时间在谷幸雄的学校练习摔跤。他们想向英国公众展示日本柔术以达到娱乐的目的，并通过这种方式发财。然而，谷幸雄的哥哥很快就离开了，谷幸雄留了下来，开始在夜店表演摔跤赚钱。

谷幸雄的外表使他的表演格外受欢迎。他体型很小，身高只有1.5米，重56千克。来夜店玩的人可以跟他摔跤，如果他们能坚持几分钟，就会得到一大笔钱，如果他们能坚持15分钟，就会得到更多钱。唯一的限制是不能使用击打或其他类似的犯规动作（尽管很多人都尝试用犯规动作）。有趣的是，谷幸雄还要求他的对手穿上柔道和巴西柔术选手所穿的那种厚帆布外套，这使谷幸雄能够使用一系列抓把、摔法、扫技和绞技，而对那些不把他放在眼里的对手来说，这些技术是他们从来没见过的。在多年的表演生涯中，谷幸雄面对了上千个对手，然而，这个身材矮小的日本柔术家轻松击垮了每一个人。显然，他平均每周要对付40~50个对手！

他很快就在英国出名了，并被称为无坚不摧的日本摔跤手。事实上，伟大的剧作家萧伯纳甚至在作品中提到了他，他笔下的一个角色在俱乐部与"日本摔跤手"打了一场，被折断了手臂。谷幸雄因其累累战果而发家致富，同时也让英国人看到了柔术的高效。谷幸雄不仅与本地格斗者、夜店的硬汉们交手，还与许多英国顶尖的摔跤手和大力士进行了激烈的格斗，其中大多数人的体型是他的2倍，但几乎所有的人都被谷幸雄用最喜欢的技术——臂锁和绞技轻松击败。

请注意，擅长使用地面擒拿和降服技巧是谷幸雄成功的关键。虽然他经常被他的大块头对手以脸朝地的姿势压在地上，但这对他并没有什么影响。谷幸雄会轻松地将对手从背上甩下来，然后从下方发起锁技和绞技以降服。格雷西家族在北美成名时用的也是同样的方法，从下往上的攻击方式着实令被他们击败的对手震惊。谷幸雄虽然也常常使用摔投技术，但他并不靠这些技术获胜，其实，摔投只是将格斗带入地面的一种手段，到了地面上，他就可以轻松而有效地降服对手。

谷幸雄的许多比赛和战绩都有详尽的记载，比如有资料显示他曾经与英国擒锁式摔跤冠军吉米·梅洛进行了一场正式的摔跤比赛并获胜。由于这场比赛采用了擒锁式摔跤的规则，而且对手并没有穿道服，所以谷幸雄充分展示了其技术的多样性，人们很难不佩服这个小个子男人的勇气和技巧。他一晚接着一晚，连续多年在英国夜店与最强悍的酒吧打手、摔跤手、拳击手和大力士搏斗；白天，他还要与当地的缠斗冠军以及他自己的学生进行搏斗。所有这些，都发生在异国他乡，发生在一个亚洲人感到陌生的文化环境中。

别忘了，谷幸雄当时只有19岁，现在你就能理解为什么他如此受到尊重了。这么多年里，他始终保持着冷静和谦虚，始终坚持认为与日本最好的柔术家相比，他的水平只能算一般。据信，谷幸雄曾接受过几种柔术流派的训练，如天神真杨流和杨心流。然而，历史学家格雷厄姆·诺布尔曾经在一份关于谷幸雄的生活和时代的研究中谈到了谷幸雄与不迁流的联系：

我们对谷幸雄早期的训练知之甚少。显然，他的父亲和祖父都是柔术老师他在年纪很小的时候（大约1890年）就开始训练。大神真吾告诉我，谷幸雄曾与不迁流的地面缠斗高手田边又右卫门一起训练。丸岛隆雄所著的《前田光世》（*Maeda Mitsuyo：Conte Koma*）（1997年）中的信息也支持了这一点，书中提到田边又右卫门是谷幸雄父亲的朋友。

慢慢地，谷幸雄厌倦了日复一日的搏斗，转而开设了自己的学校。当时嘉纳治五郎正在全世界推广讲道馆柔道，来到英国后，他询问谷幸雄是否愿意成为在英国教授柔道的老师。当时，柔道已经是日本的国术了，这样的职位可以带来极高的声望。谷幸雄接受了，并立即被授予柔道黑带（二段）。从那时起，他就以柔道家的身份进行教学，并在英国促进柔道运动的发展。在某种程度上，他的故事代表了不迁流柔术的命运——被规模更大、组织更完善的柔道吞并了。

前田光世：寝技革命的门徒

前田光世（1878—1941年）也是柔术历史上最重要的人物之一。他原本是一位备受好评的传统柔术学生，但和当时的大多数人一样，他最终转向了讲道馆柔道。1896年左右，前田开始学习柔道，并凭借出色的能力迅速在讲道馆崭露头角。有趣的是，前田学习柔道时恰逢田边又右卫门向讲道馆成员发起个人挑战。柔道选手当时已经开始研究寝技了，试图以此在田边擅长的技术领域将其击败（众所周知，他们没能成功）。前田目睹了不迁流是如何击败讲道馆的，这件事推动了讲道馆将寝技纳入其技术体系的进程。作为讲道馆的领军人物之一，毫无疑问，前田在其中功不可没。

然而，当时嘉纳治五郎正热衷于将柔道输出到日本之外。他将柔道代表派遣到世界各地做推广，甚至不惜把一些顶级柔道高手送到美国和其他国家。前田（和富田——嘉纳的第一批学生之一）于1904年被派往美国东海岸展示和推广柔道，但他在那里喜忧参半。前田确实在挑战赛中获得了很多胜利，然而，由于当时美国反亚情绪高涨，他认为美国不适合生活。

因此，他开始了一段了不起的环球之旅。与谷幸雄的旅程不同，他每到一处都会参加大量的挑战赛，一路战胜了几乎所有的对手，只输了2次。在欧洲，他给自己取了个绰号，叫"战斗伯爵（Count Comde）"，"Comde"这个词在西班牙语里是"战斗"的意思，但是在日语中也可以指代"麻烦"。他用这样一个文字游戏来表达他是一个"经常陷入麻烦的战斗王子"。

第一次世界大战前不久，前田移居巴西。他参与了日本政府的海外殖民计划。作为新兴资本主义国家，日本希望能够加入英国、法国、德国等国家，成为殖民体系的一部分。一个移民巴西的国家计划开始后，很多日本人坐上船驶向异国。前田是移民中最受瞩目的一个，也是日本人移居巴西的积极倡导者。

在寻找安置移民者的土地时，前田结识了有苏格兰血统的加斯托·格雷西。加斯托在当地政坛混得风生水起，他的家人也已移居巴西。前田和加斯托都对职业格斗有着很大兴趣。前田击败了越来越多的前来挑战的选手，并把他的格斗技能传授给越来越多的学生，他逐渐成为巴西的传奇人物。这个给自己起名"战斗伯爵"的人也因其显赫功绩而发家致富，拥有了相当多的土地。为了回报加斯托的帮助，前田提出将自己著名的格斗技巧传授给加斯托的长子卡洛斯·格雷西。在2～4年的时间里，卡洛斯一直跟随前田学习，直到前田移居到巴西的另一个地方。

"战斗阶段"理论的早期实践

前田在长期的旅行中经历了大量的战斗。其中一些是真刀真枪的挑战，一些是即兴的街斗或缠斗表演，还有一些是正规的摔跤比赛，他有时穿着日式的道服，有时则不穿。前田在不同环境的大量格斗比赛中积累的大量经验让他的格斗技术日渐精进。尽管他的格斗基础来自天神真杨流柔术和讲道馆柔道，但结合自己的实战经验，他似乎开始改变自己的战斗方式。

前田所面对的对手与他在日本时的对手不同。现在他们中的大多数是西方拳击手和摔跤手，他们所造成的问题与前田在日本面临的问题截然不同。例如，摔跤手战斗时是不穿道服的，他们的摔法及地面缠斗技术与柔道和柔术选手使用的也不尽相同。当面对拳击手时，又出现了另一个难题：柔道比赛不允许击打，传统柔术的击打技术又与西式拳击大相径庭。于是，前田不得不学习一项全新的技能，即如何在面对一个拥有强力击打技术的对手时迅速拉近距离，并将对手拖进使其不易形成威胁的缠抱状态。如今，该技能已成为缠斗类选手在现代综合格斗比赛中必须掌握的基本技能之一。

一旦进入了双方紧贴在一起的缠抱状态，柔术选手可以约束击打者做动作或化解他的击打力量；然后，战斗将会被带至地面，击打技术将无用武之地。前田在他的传记中谈到了这个问题。他喜欢用肘击和低位踢击来拉近与对手的距离并进入站立缠抱状态。此时，他将利用自己的柔道技术将对手摔投出去，然后再利用与不迁流相同的策略：将对手带入地面，使其暴露于无法防御的固技和降服技术之中。

就这样，前田在贯彻"战斗阶段"理论的同时，还将其推进了一步。他的核心思路是把他的对手带进某个特定的战斗阶段，在这个阶段，他拥有丰富的战斗经验，但对手却感到陌生。在寝技革命性地席卷讲道馆时期，前田进行了大量的寝技训练，这使他在地面缠斗方面拥有丰富的专业知识，而拳击手则对如何在地面上战斗一无所知。摔跤手虽然常常在垫子上练习缠斗，但他们并不熟悉前田所掌握的降服技术。与不迁流选手相同的是，前田也会试图在第一时间将战斗引入地面并利用这一点；而与不迁流选手不同的是，前田必须解决另外一个问题——如何迅速拉近与一个侵略性很强、技术娴熟的击打高手的距离，为此，前田不得不进行一些技术创新。在与高水平的对手进行开放规则的综合格斗对抗时，"战斗阶段"理论确实行之有效，前田是最早通过实践来验证这一理论的人之一。此外，他还向世人展示了缠斗技术在对抗危险的击打者时的高效性。他的傲人战绩无疑证明了他的策略和战术并非纸上谈兵。

巴西柔术的萌芽与格雷西的开放挑战

正如我们已经知道的，前田曾提出要教卡洛斯·格雷西柔术。前田创办了一个武术学院，他就在那里教授"柔术"。他的教学内容主要是传统日本柔术、讲道馆柔道以及他自己多年的格斗技战术的混合体。卡洛斯·格雷西进入了前田的学校。我们不清楚他在前田手下训练了多长时间，目前估计是4年，实际可能比这还要短一些。此外，这段时间前田经常在巴西各地旅行，那么显然，卡洛斯的大部分训练都是在前田的几个得意门生指导下进行的，这些学生在前田不在的时候承担教学任务。从历史记载中可以清楚地看到，20世纪20年代初期和中期，前田的主要精力都放在了日本的殖民计划中。

1925年，卡洛斯开设了自己的柔术学校，同他的兄弟们一起开始根据前田的技术来教授柔术。有趣的是，和嘉纳治五郎的情况类似，卡洛斯开馆授课时才20出头，训练时间也只有4年左右。尽管如此，作为前田的学生，卡洛斯已经掌握了这门武术的核心原理，这一原理后来随着巴西柔术一起被发扬光大。①

　　前田向卡洛斯传授了讲道馆柔道先进的训练方法，其重点是实战训练和寝技训练（毕竟，在寝技风靡的时期，前田正在讲道馆学习）。此外，他还教给卡洛斯并不属于柔道课程的传统降服技术。由于前田在旅途中接触到了无数的格斗流派，所以他的教学内容并不仅限于柔道。在一张老照片中，前田并没有穿传统的日本道服，而是展示了西方擒锁式摔跤在站立姿态下的标准控制和降服技术——半纳尔逊锁和锤锁。前田在英国期间经常参加摔跤比赛，显然，他从中吸收了他认为有用的东西，并将它们融入他的训练和教学。

　　当然，这种以战斗的不同阶段为基础的整体战术也许才是战斗中最重要的一环。前田展示了缠斗选手如何将危险的对手带入他们不熟悉的战斗阶段并取得胜利。他创造并完善了经典的战斗范式，即缩短距离，进入双方紧贴的缠抱阶段，将对手摔倒在地（在地面上可以控制对手），然后结束战斗。前田在实战中取得的令人难以置信的成功离不开这一至关重要的核心，这也成为巴西柔术后续发展的指路明灯。虽然还有一些细节需要完善，但卡洛斯是在前田传授的方法的基础上继续前进。

　　有了前田铺设的基础，格雷西家族开始在他们的训练馆进行全职教学和培训，很快，他们便因为技术高超、知识渊博而变得广为人知。不过，真正使他们声名鹊起的是他们与其他武术流派进行的挑战切磋。随着格雷西兄弟对自己的格斗技术越发自信，他们自20世纪20年代末、30年代初开始公开接受踢馆挑战，并采取了极为开放的规则，几乎没有任何限制——这样的挑战应该只能在巴西出现。早年间，格雷西在这样的踢馆挑战中保持了全

---

①译者注：本书英文版此处有一段关于"柔术"英文拼写的说明，因中文译文不涉及拼写差异，但对于理解柔术外文文献有所帮助，故照译如下。

　　关于拼写的快速说明："jujitsu"和"jujutsu"都被认为是日语发音的正确演绎。然而，当柔术第一次来到西方时，为了兼顾翻译便利和尽可能保留日语元素，出现了各种各样的"错误"拼写。柔术（jujitsu）最常见的早期译法是jiu jitsu。由于格雷西家族刚开始训练时jiu jitsu是最常见的拼写方式，他们很自然地把自己的武术称为jiu jitsu。虽然后来大多数人都改用更正确的jujitsu或jujutsu，但由于巴西人是巴西柔术的开宗立派者，他们依然坚持使用旧式的jiu jitsu拼写。所以，本书在说到"巴西柔术"的时候也会使用这种拼写。

胜战绩，极强的战斗力使得他们知名度大增，但也因此招来了一些嫉妒和仇恨。

有趣的是，这样的挑战和踢馆在缠斗技术的发展进程中发挥了巨大的作用。嘉纳的柔道在与传统柔术流派的挑战赛中取得了巨大的胜利，从而成为人们关注的焦点，不迁流则通过成功挑战讲道馆脱颖而出，谷幸雄和前田光世通过公开的挑战让持怀疑态度的西方人相信柔术技术的有效性，格雷西家族在巴西也做了类似的事情。试想，如果不进行这样的挑战，上述任何人都不太可能获得如此大的名望和成功。要想证明一种战斗方式的有效性，还有什么能比在没有规则限制的打斗中取得不败战绩更有说服力呢？这样的事实以言语永远无法达到的力量彻底平息了关于战斗技术孰优孰劣的争论。

随着时间的推移，格雷西家族从这些战斗中获得了大量的宝贵知识和经验。随着训练和打斗的持续进行，他们开始根据真实发生过的打斗来优化他们的技术和策略。由于体型偏小，格雷西兄弟发现一些技术必须稍做修改才能更有效地利用杠杆原理，这样在战斗中就可以用较小的力量获得同样的效果。他们还发现，由于许多对手拥有明显的体型优势，他们不得不更长时间地占据对手背后的位置，因此他们必须让自己更擅长于此。

此外，相比较缠斗来说，现实中的打斗才是他们真正关心的，因此，他们曾经学习到的某些战斗策略就需要加以调整。缠斗流派中最常见的取胜方式是压制，而经验告诉他们，单纯的压制在现实的打斗中意义不大，没有人会仅仅因为被压住了就投降。因此，在他们的理念中，压制不再等同于胜利。

在柔道和摔跤运动中，只有让对手仰面朝天的压制才是有效的，但格雷西兄弟发现，在现实的打斗中，让对手趴在地上，绕到对手身后并从后背控制他才更有优势。虽然这个位置在柔道和摔跤比赛中基本无法得分，但在现实的打斗中它可能是毁灭性的。此外，格雷西兄弟了解到，在现实的打斗中，并非所有的压制位置都能带来同样的优势，有些位置具有比其他位置更好的击打和伤害对手的效果。因此，他们尝试引入一个系统，根据在现实打斗中对对手的潜在伤害大小对不同的压制位置进行排序。通过这种方式，格雷西兄弟积累的大量真实打斗经验开始被用作研发循证格斗系统的数据，而这正是大部分科学研究项目所使用的方法。

"优势位置" 与得分系统

经过多年的研究和打斗经验的积累，格雷西为地面缠斗系统带来了前所未有的先进性。格雷西的地面缠斗系统基于优势位置理论，该理论简述如下：一旦打斗进入地面，战斗双方必然会形成某种相对位置，对其中一方来说，有些位置会带来极大的优势，有些位置则会使自己陷入困境，还有一些位置既不好也不坏，对双方来说都没有明显的优势或劣势。

格雷西兄弟研发了一系列技术，用于在不同位置之间转换，以使自己从劣势位置逃脱，进入并保持在更具优势的位置。他们非常明白，在地面缠斗时，位置和控制位置是获胜的关键。有些位置使一方能够对对手发动强力的控制和难以应对的击打，而有些位置则不然。此外，格雷西兄弟指出，位置优势与降服技术之间存在很强的相关性。位置优势越大，降服的成功率往往就越高，因为对手会承受极大的压力，以至于在这样压力之下更容易出现失误，并在不知不觉中暴露自己的弱点。此外，一旦获得优势位置，对手就很难成功地使用降服技术。当然，理论上来说降服技术可以被用于任何位置，甚至是劣势位置，但在劣势位置使用降服技术的成功率往往要低得多，尤其是在现实的打斗中，如果强行在劣势位置使用降服技术，就会完全暴露在被对手击打的危险之中。

格雷西兄弟一直强调的主题是持续向更好的位置移动以不断增加对手的压力。对手承受的压力越大，就越有可能犯错，也就越容易暴露自己的弱点而被降服。另外，处于劣势位置的对手也无法通过击打或降服技术来发起有效的反击。但在有些时候，这样的策略会有所改变，尤其是在对手体型更大、更强壮或难以被摔倒的时候。此时，运用巴西柔术的格斗者将在没有占据优势位置的情况下从对手的下方发起进攻。按照这种思路，你需要占据某些特定的位置，在这些位置，就算被对手压着，他也无法有效地控制你。

借用前田的柔术和柔道背景，格雷西兄弟采用了所谓的防守位置，即当自己后背着地时，将对手控制在你的双腿之间，这时只要能用腿和髋部来控制对手，就能阻止对手的攻击，还有很大的机会可以施展降服技术。即使控制对手身体的方式与从上位压制时所用的方式大相径庭，也可以发挥足够的控制力来执行各种降服技术或逆转位置。因此，在这样的位置赢得打斗是完全可能的。格雷西兄弟经常采用防守位置并将其运用得炉火纯青，常常能够在一些乍看上去很差的位置击败无从防备的对手。

格雷西给格斗界带来的真正创新是得分系统，它依托于地面缠斗中的优势关系而设立。为了使日常训练和比赛更安全，这套系统是不可或缺的。分数是根据选手在比赛中所取得的优势位置来决定的，随着选手不断取得优势更大的位置，他所能获得的分数也会越来越多。如果一方将对手摔倒至地面并进行控制，他将获得2分。如果他越过对手的腿并进入侧面的压制位置，他将获得更多分数，以此类推。但如果任何一方降服了对手，那么这种情况就如同在现实中发生的打斗一样，分数的高低不再重要，取而代之的是直接分出胜负，比赛结束。通过这种方式，学生们学会了在真实的格斗中使用基于位置关系的技术，他们在日常训练中如何练习，在真实的格斗中就会如何运用。

争夺优势位置的意识在日复一日的训练中根植在了学生的心里，这使他们可以得心应手地面对真实的打斗。巴西柔术选手在综合格斗赛事中一次又一次的胜利充分证实了这一点，他们参与的大量街头打斗也同样证明了这种策略的有效性（其中许多有录像为证）。毫无疑问，正是巴西柔术在当代综合格斗比赛中的成功，重新点燃了公众对柔术这种武术的兴趣。然而不可否认的是，尽管柔术有很多种类，但能在综合格斗比赛中大放异彩的只有巴西柔术一种。巴西柔术和传统柔术之间为什么会存在这样的差异是非常值得研究的，探究它们的历史，我们也许会找到答案。

巴西柔术和传统柔术的区别

直到20世纪90年代在世界性的舞台上大放异彩之前，巴西柔术在其故乡以外的地方都知者甚少。对于这样一种之前从没出现过的格斗方式，当时的武术界对它的看法最多也就是好坏参半。基于道德和审美准则，不少人坚决反对异种格斗和综合格斗，声称它们违反了武术的"精神"。另外一些人则认为真正的打斗必须考虑多个对手、持械、水泥地面等情况，相比之下综合格斗只能算得上一种有趣的把戏。

还有一些格斗家则认为综合格斗能够在很大程度上体现真实战斗力。然而，在这群人中却产生了另一种针对巴西柔术的重大误解。很多人看到传统柔术和巴西柔术具有一些相似元素，尤其是某些降服技术和压制位置，因此，就算二者从命名上来看是并列关系，也依然有很多人误以为巴西柔术只是传统柔术的亚种。

其实，巴西柔术（Brazilian jiu jitsu）和传统柔术（traditional jujitsu）之间存在着天壤之别，区别之大远甚于它们名字的不同拼写。巴西柔术之所以能在综合格斗比赛中取得传统柔术无可比拟的巨大成功，是因为巴西柔术拥有传统柔术所不具备的重要战斗和训练元素。之前几乎没有人写出过这些区别，也因此，很多人误以为巴西柔术的成功就是所有柔术的成功。

为了消除误解，我们需要对巴西柔术和传统柔术的区别做一次清晰明了的说明。之前每当有人试图探讨这个话题的时候，他们往往草率地将巴西柔术归类为一种"地面缠斗技术"，或将其优势归结于其对杠杆原理的使用更高效。虽然这些说法都不算错，但二者真正的区别是更深层次的。

但在真正开始研究这些区别之前，让我们先看一看表面的部分。首先，所有柔术系统都拥有一套清晰的哲学思想用于击败比自己更强壮、更有攻击性的对手；其次，为了实现上述目标，与传统柔术相似，巴西柔术也有很多传承了好几个世纪的经典技术——降服、摔投等。尽管如此，巴西柔术和传统柔术的区别还是相当大的，接下来我们会进行详细探讨。

位置策略

巴西柔术拥有一套全面的位置策略，这是巴西柔术区别于传统柔术的最大特点。这种位置策略来源于格雷西家族在多年的训练和实战中对真实打斗的观察。我们前面已经了解到位置策略的核心思想是进入战斗的双方会根据相对位置的变化而处于不同的位置中。有些位置会让其中一方占据优势，有些会造成其中一方的劣势，还有一些则令双方势均力敌。举例来说，如果一方能够绕到对手的背后，他就可以获得巨大的优势，并能有力地击打对手，反之则会相当困难。所以，在战斗中设法移动到对手的身后是上佳选择，这样不仅可以最大限度地打击对手，还可以保护自己免受伤害。

优秀的位置控制能力还带来了另一种在所有柔术体系中都至关重要的能力——用高效的降服技术终结战斗的能力。传统柔术拥有大量的降服技术用于逼迫对手停止抵抗，否则对手将面临严重受伤和昏迷的危险。然而，大部分降服技术在真实的战斗中难以发挥作用，原因很简单，当你试图降服对手时，对手并非处于被控制的状态。**巴西柔术的位置策略鼓励选手通过优势位置取得充分的控制后再进行降服**。巴西柔术为什么能在综合格斗、踢馆挑战和真实打斗中取得无与伦比的成功？这就是其中的关键因素。而依照位置策略进行战斗的最好方式就是缠斗，原因非常简单，当你控制住对手时，你可以拖慢他的移动速度，进而把他带到你所希望的位置。如果你不控制住他，他就可以随时从对他不利的位置中逃脱出来。

最有利于限制对手移动的地方是地面，因为大多数人并不擅长在地面移动（这必须通过后天训练习得），而且与站立相比较，在地面可以更容易地用体重来固定对手。这就是为什么巴西柔术推崇先通过缠抱对手来获得站立优势位置，如果情况合适，再将对手拖入地面从而获得并保持一个更为优势的位置。

巴西柔术拥有海量的技术储备，我们可以将这些技术分为两个大类：①从某一个位置到另一个优势更大的位置的转换技术（位置转换）；②快速高效地终结战斗的技术（降服）。

总体来说，位置转换给予了选手施展降服技术的机会。位置控制在让选手可以更有效地降服对手的同时，极大地限制了对手使用降服技术的能力。因此，获取优势位置的重要性往往高于直接降服对手。

优势位置的理念构成了巴西柔术的核心，对此我们先讨论到这里。接下来我们再看一看巴西柔术和传统柔术的其他不同之处。

训练方法

巴西柔术与传统柔术的另一个区别存在于训练方法之中。嘉纳的得意门生前田开创了一套以实战训练（乱取）为基础的训练方法。巴西柔术继承了前田的实战训练方法，把基于位置关系的技战术深深地印在学生的心里。

传统柔术的学习基本上完全依靠"型"来进行。"型"是一整套编排好的动作，需要一名训练伙伴进行动作的配合。"对手"只根据模拟的击打动作被动地移动，双方并不存在对抗。与之相反，巴西柔术的训练方法更接近于柔道，你的对手会全力反抗和求胜，而你必须在这样的对手身上使用技术，这被称为缠斗实战。在这样的实战中，你可以习得如何在不配合你，甚至试图用他的技术反制你的对手身上使用缠斗技术。

和你想象的一样，这要比练习预先编排好的"型"难得多。为了保证缠斗实战的安全，学生们不能互相击打，并且不能使用插眼、扯头发、击裆等在现实打斗中可能出现的动作。当然了，练习综合格斗的学生们还是要戴上拳套，以便在训练中增加击打的力度。然而，经验告诉我们，决定现实中的打斗胜负的关键因素就是缠斗。经过日复一日的实战训练，学生们不断用接近实战的方式练习缠斗这一现实打斗中最重要的技术。如果要面对的是街斗中可能出现的情况（如犯规的动作），巴西柔术的练习者只需要进行一点小小的调整，就可以很容易地把平时实战训练的内容应用于其中。完全相同的位置策略和日常艰苦实战训练中磨炼出的降服技术共同打造出了巴西柔术选手在现实打斗中的非凡能力。

但柔道中的乱取和巴西柔术中的实战还是存在很大区别的。很多缠斗流派都会禁止使用某些降服技术，然而巴西柔术对此却几乎没有限制。比如柔道仅仅允许使用绞技和针对肘关节的锁技，桑搏禁止使用所有绞技，而奥运会比赛中的摔跤项目则完全不允许用任何降服技术。巴西柔术允许使用所有针对身体关节的降服技术和绞技，这样，学生们就变得善于使用和防御所有可能的降服技术。除此之外，训练还分为有道服训练和无道服训练。学生们可以针对各种不同的状况进行训练。

得分系统

巴西柔术训练方法的核心是一套得分系统（也被用在巴西柔术的比赛中），这套得分系统的设计初衷是反映现实中的打斗的本质。这在传统柔术中是没有的。我们在前文提到，当战斗开始后，双方都可以用自己的方式进入不同的位置。这些位置可以按照优劣势进行排序：有的位置非常好，有的位置非常不好，还有一些则介于好坏之间。一旦选手取得了比对手更好的位置，巴西柔术的得分系统就会给予他分数奖励。位置越好，得分越高。但如果选手从一个不好的位置逃脱了出来，他并不会因此获得分数——毕竟逃脱是不做不行的事情。举个例子，在一场真实的打斗中，如果你能够在对手背后牢牢控制住他，毫无疑问你占据了极大的优势。在这个位置，你的对手几乎没有办法降服你，甚至难以有效击打到你，而对你来说，你不仅能毫不费力地击打对手，还能进行绞杀、十字固、折颈，等等。这样显而易见的优势位置会清晰地反映在得分系统中。获得后背控制可以得到最高的4分（巴西柔术的得分系统会在第九章详细说明）。

技术差异

巴西柔术和传统柔术还存在一个显著的区别。传统柔术有很多技术无法应用在竞技运动和实战训练中，例如，很多受传统柔术偏爱的击打技术都瞄准了裆部、眼睛等人体的脆弱部位，此外还存在着很多其他的犯规技术，如牙咬、拉扯头发、踩踏，等等。巴西柔术里则完全没有这些，事实上，巴西柔术里的每一个技术都可以用在综合格斗比赛里。

巴西柔术的发明者不仅移除了那些不能在全力对抗下练习的技术，对其他技术也进行了大规模的修改。其中有一部分原因是格雷西家族的众多知名成员的身材都不高大，受限于身材和力量，他们不得不寻求对杠杆原理和生物力学的高效运用。巴西柔术非常强调所谓的大肌肉动作，这些动作调动的是人体的大肌肉群。与之截然相反的是精细动作（比如手指的运动），它们需要对小肌肉群进行专注和精确的操控。比如，挥动棒球棍是一种常见的大肌肉动作，而穿针引线则是典型的精细动作。

传统柔术中的很多核心技术是靠精细动作来完成的。比如站立腕锁、手指锁和插眼，这些广泛存在于传统柔术中的技术需要把手指放在准确的位置。然而，真实的战斗给人带来的压力往往使得这些精细动作难以完成。试想，你在心脏狂跳、肾上腺素飙升的状态下，穿针会变得多困难。在激烈的战斗中，大肌肉动作远比精细动作更容易使用。因此，很多传统柔术中的核心技术在巴西柔术中要么完全消失，要么重要性大幅度地降低了。

当把巴西柔术和传统柔术放在一起比较时，我们突然发现巴西柔术明显比传统柔术更接近于其他的缠斗流派。我们只要看看巴西柔术的传承就会发现这一点都不奇怪。卡洛斯·格雷西的老师是日本格斗家前田，他曾经是一名传统柔术的习练者，但当他在18岁跟随嘉纳治五郎学习柔道后，其柔道技艺迅速精进，很快在讲道馆脱颖而出。正因为他的技术水平高超，嘉纳选了他作为在北美推广柔道的代表。这是一项只有最好的讲道馆老师和选手才能获得的荣誉，也意味着前田在学生和老师中获得了极高的评价。

一方面由于柔道在比赛中输给了不迁流柔术，大量地面缠斗技术（寝技）

被纳入了柔道体系；另一方面是嘉纳注重实战的训练方式。前田受这两方面的影响颇深。我们必须意识到1925年的柔道和现代柔道的极大区别，当时的柔道更少受到规则和裁判的限制，地面缠斗也比现代柔道更多。事实上，因为寝技在柔道中优势太大，以至于嘉纳在1925年发起了大范围的规则变更来削弱其优势。

从此，因为一系列原因，一部分寝技就从柔道比赛逐渐增加的规则和限制中慢慢清除了出去。嘉纳显然对于把柔道纳入奥运会比赛项目有着强烈的期望（最终在1964年实现了），限制寝技也许是考虑到了运动的观赏性。规则使得比赛中寝技的收益大为降低，最终导致运动员不愿意再额外投入时间训练寝技。

不过，在限制寝技的大趋势下出现了一个异类。一个柔道的独特分支坚持不顺应强调站立技术、弱化地面技术的潮流，那就是高专柔道。在高专柔道中，比赛的结果几乎总是取决于寝技水平的高低。如果一定要找出一种和巴西柔术最像的武术，毫无疑问是1925年之前的柔道，而如今只能从依然存在的高专柔道中看到二者相像的影子。和巴西柔术存在关系的唯一传统柔术是不迁流柔术，然而，不迁流柔术在被柔道融合后几近消亡，而高专柔道则是不迁流柔术的直接后裔。因此，和传统柔术相比，巴西柔术和高专柔道的相似程度要高得多。

缠斗的衰落

柔术缠斗技术的基础在于实战训练、控制和对地面优势位置的掌控，还有通过降服技术来终结战斗。正如我们看到的，柔术自19世纪后期开始崭露头角，在20世纪初期更随着柔道寝技和高专柔道的兴起，以及谷幸雄、前田光世和格雷西兄弟等人的卓越功绩而上升到巅峰时期。此外，其他的缠斗技术也在这个时候达到了巅峰期，比如西方擒锁式摔跤，这是一种拥有丰富而复杂的缠斗技巧的职业摔跤，其中也包括了降服技术。此外，俄罗斯的桑搏也起源于这个时期。当时，一群俄国格斗家在日本接受嘉纳的训练并返回俄国，将他们所学与俄国深厚的摔跤基础相结合，创造了一种强大的武术。就在缠斗技术似乎注定要绽放的时候，一系列事件使风头正劲的缠斗技术大受打击，大大降低了各种缠斗技术的名声和威望。

1925年，嘉纳治五郎发现寝技在柔道中越来越流行，他深受困扰，认为这种趋势并不利于柔道健康发展。于是他制订了第一套规则修订方案，使站立摔投技术能比地面缠斗获得更大的优势。如果选手反复尝试将对手直接拖到地面而不尝试摔投，就会被罚分。规则中增加了越来越多的此类限制，依靠地面缠斗赢得比赛变得越发困难。

二战之后，这些规则限制变得更加严格。柔道成为一项要吸引观众关注度的奥运会比赛项目后，不得不严格限制"无聊"的寝技，并鼓励选手更多地使用更有观赏性的摔投技术。整体而言，柔道越来越成为抓把和摔投的比拼，而逐渐淡化了地面缠斗元素，慢慢远离了广义上的格斗。随着时间的推移，人们普遍认为柔道跟格斗的关联越来越少。结果，尽管柔道作为一项奥林匹克运动享有盛誉，但在大众心目中却不再是一种格斗流派。

与此同时，尽管桑搏成为苏联的代表性缠斗体系，但当时紧张的政治局势使得桑搏未在西方国家得到任何关注，即使在西方武术界，20世纪90年代之前也完全没有人听说过桑搏。

职业擒锁式摔跤是一种很吸引人且实力非常强的格斗流派，具有许多独特的降服技术，最终（不幸）被为了取悦观众而预先编排好比赛过程的"假"职业摔跤所取代。如果打斗的结果已经定好了，旧时代摔跤手的高超技巧就不再重要了，职业摔跤逐渐演变成今天的滑稽喜剧。如今，尚存的擒锁式摔跤手寥寥无几。

业余摔跤因很早就进入奥运会比赛项目而获得了巨大的发展。然而，所有的真实打斗元素（如降服技术）都被移除了，这也使大众认为业余摔跤只是一项运动，不应被视为一种武术或格斗流派。直到20世纪90年代，许多业余摔跤手在综合格斗比赛中获得了巨大成功，这种错误观念才被推翻。

巴西柔术在其故乡曾大显神威，随着时间的推移，格雷西家族的规模不断扩大，他们一起不断发展和完善自己的格斗流派。他们不停地在综合格斗比赛中取得胜利，但名气并没能传到巴西以外，直到20世纪90年代，缠斗彻底席卷了世界范围的格斗界，巴西柔术才真正为人所知。

这些事件的结果是，在二战后的时代，从格斗的角度看，缠斗技术严重地衰落了。它们要么被视为有趣和好玩的运动（柔道和摔跤），要么被视为娱乐项目（职业摔跤），要么被简单地无视或完全不为人知（桑搏和巴西柔术）。

二战后，来自亚洲的击打技术完全统治了武术界。空手道、中国功夫、剑道、跆拳道，甚至忍术都变得非常流行，它们中的每一种都因流行电影作品的曝光而得到支持。随着时间的推移，武术最终成了击打技术的代名词。

在层出不穷的动作电影中，精心编排的打斗场景不断强化着大众的观念：厉害的格斗家一定是击打技术的高手，对他们来说，只需要几记精准的拳脚就可以轻松击溃对手。由于没办法真正检验某种格斗流派的战斗力高低，人们相信，击打技术拥有先天的优越性。一种普遍的观念开始渗透到普通大众和武术家的心中——战斗的胜利仰仗于高超的击打能力。

然而，人总是健忘的。人们如果还能记得像谷幸雄和前田光世这样的缠斗家曾经屡屡在公开比赛中战胜击打流选手，就不会如此轻率地得出结论。在二战后的40年里，缠斗越来越被人们忽视。

缠斗的复苏和巴西柔术的统治

20世纪90年代，综合格斗开始在北美和日本生根发芽，并迅速获得了前所未有的关注度。在最开始，综合格斗的概念是在尽量少的规则和限制下，让各种各样的武术流派相互对战。在这样一种开放式的格斗熔炉中，武术的不同形式和流派都得以展现它们各自的优势。这样的赛事一度跻身于历史上最受欢迎的付费观看节目之列，它们不仅让大众第一次了解了什么是真正的格斗，更是彻底粉碎了二战后人们对现实打斗的错误观念。

人们震惊地发现，很多骇人听闻的格斗理念在投入实战后纷纷土崩瓦解。那些原本以为自己可以用暴风骤雨般的击打将对手一举击溃的格斗家们意识到，自己往往还来不及出拳就陷入了缠抱，随后不可避免地倒向地面。一旦战斗进入地面后，只有极少数人知道如何应对，大部分人不仅无法在劣势位置保护自己，即使他们占据了优势位置也无法维持住，更不用说利用优势位置给他们带来好处了。

但缠斗家，尤其是巴西柔术选手则完全不同。他们能够迅速进入缠抱，并将战斗带向地面。他们非常清楚地知道，一旦对手倒地，很少有人具备在地面上反抗的能力。人们震惊地看到，柔术选手们如此轻而易举地就把他们的对手"五花大绑"后摔到地上。巴西柔术选手很快就通过这样的方式得到了"不可战胜"的光环，获得了整个武术界的钦羡。

综合格斗赛事被巴西柔术无比杰出的表现所统治。在美国，霍伊斯·格雷西彻底统治了早期的终极格斗冠军赛（Ultimate Fighting Championship，UFC），恩佐·格雷西在世界格斗冠军赛（World Combat Championship，WCC）和真实武术超级赛（Martial Arts Reality Superfight，MARS）中也一样，哈尔夫·格雷西在极限格斗赛中保持不败；在日本，希克森·格雷西轻而易举地连续夺得了两届无限制格斗（Vale Tudo）比赛的冠军。

这些早期的综合格斗比赛拥有一系列鲜明的特点，这些特点使它们成为武术历史中极具价值和趣味的一部分。它们既是不同武术流派之间的真实打斗，也是由大众见证的体育比赛。这些比赛时限很长，选手不戴拳套、不分体重级别，只有极少的规则限制。参赛选手没有进行过跨流派的交叉训练，几乎所有的选手都来自独立的流派。所以，在早期综合格斗比赛中，不同流派之间发生了激烈的碰撞。在当时的竞技场中，人们可以目睹一名纯粹的拳击手与一名纯粹的空手道选手激战。

在这样的环境中，格雷西家族和他们的学生所贯彻的策略，正是一个世纪之前不迁流和前田擅用的"战斗阶段"。这一理念在被格雷西家族打磨并拓展后，迅速将格雷西家族带到了武术界的舞台中央。对手们无不惊讶于格雷西战士们能够如此迅速地拿到后背控制，以及当他们处于这样一个看似无力反抗的位置时能够施展出令对手难以抵御的降服技术。巴西柔术不仅取得了辉煌的成功，更彻底震惊了所有人。

缠斗、摔跤、击打格斗流派的融合

随着时间的推移，综合格斗赛事的性质开始发生变化。由于缺少规则限制，再加上选手的斗志往往高过他们的格斗技巧，因此不少对决场面看起来相当残暴，往往是一方把另一方按在地上粗暴地殴打。当时的美国观众对格斗的想象并非如此。双方站立着互相攻击，直到一方倒下分出胜负的场景更符合大众的想象。按照西方拳击的判断标准，追击一名已经倒下的拳手是残酷的施虐行为。除非对规则进行重大修改，否则综合格斗比赛在北美将被禁止。与此同时，还有一些观众希望能减少僵持局面。很多时候，早期的综合格斗比赛中都会出现长时间的地面缠斗，使很多人觉得无聊。一旦双方开始消极应战，比赛就只能以平局告终。为了鼓励积极进攻，人们只能引入新的规则。

由于这些需求，大多数综合格斗赛事开始引入回合制，并设置了更短的时限。在一回合比赛结束时，两名选手会回到站立状态；如果长时间僵持，裁判会介入，让双方回到站立状态。另外，赛事还引入了重量级的概念，以防止出现早期很多综合格斗比赛中的双方体型差异过大的情况。如果比赛打满了时长，胜负会由裁判裁定。如果一方选手无力继续，裁判可以停止比赛并宣布获胜者。选手还必须戴拳套，以便进行全力击打时不必担心伤到手——裸拳击打而伤手是早期综合格斗比赛中屡屡出现的问题。然而，拳套也使缠斗变得更加困难了，毕竟戴上拳套后缠斗的手感会大打折扣。

不难看出这些规则变化从总体上来说大大增加了综合格斗比赛中击打的重要性。选手们现在可以更猛烈地施展击打技术而不必担心受伤。越来越多的比赛以一方被击倒而结束。另外，由于每个回合都从站立开始，站立状态的占比也越来越高了。还有许多选手试图以尽可能多的击打来展现自己的攻击性，因为一旦需要裁判来判定比赛的胜负，进攻欲望更强的一方获胜的可能性更大。

这些重大变化发生后，一些重要的趋势开始显现。交叉训练开始出现。交叉训练的目标是让选手具备全面的格斗技能，既可以防止其在不擅长的领域陷入麻烦，也能让选手拥有自己的专长技能以获取胜利。举例来说，踢拳选手可能会努力训练地面缠斗，这样就算战斗进入地面，他也能坚持足够长的时间，直到回合结束，然后下回合比赛就能重新回到站立状态，从而更好地发挥他擅长的技术。除此之外，他还可以花时间练习防摔，以尽可能地避免地面缠斗，将战斗维持在他最舒适的状态。

在综合格斗的萌芽时期，许多选手将巴西柔术视作一种谜题。他们专心研究巴西柔术的战略和战术，直到能够应对自如。摔跤手们逐渐学会了如何不被早期综合格斗比赛中大杀四方的降服技术所降服，这使他们能够利用出色的摔法将对手摔倒在地，然后借助强大的力量和运动能力（通常结合很明显的体型优势）从上位发起捶击，最终通过判定或裁判终止比赛而获胜。击打类选手甚至学会了防摔和挣脱缠抱，这样一来，他们就可以尽力地将战斗保持在站立状态，让击打技巧发挥最大的作用。因此，交叉训练带来的竞技水平的提高，以及规则的改变，让摔跤手和击打选手在综合格斗比赛中获得了更大的成功。柔术和主攻降服技术的选手不得不进行击打和摔跤训练来跟上综合格斗的变化趋势，如此就又形成了一个新的循环。上述发展导致当代综合格斗赛事中三种基本类型的格斗流派发生了相互融合。

降服缠斗型选手

在地面缠斗中通过位置的控制并部署高效的降服技术来终结比赛，这就是降服缠斗型选手的比赛策略。这样的格斗方式在早期综合格斗赛事中一度占据了主流地位，也一直是当今最成功、最受欢迎的格斗方式之一。众所周知，这种打法的代表是巴西柔术，当然，也有很多其他缠斗流派采用了差不多的战斗策略。

这些选手的战术是将战斗带入地面，然后进行控制，压制住对手的疯狂抵抗，从而更顺利地部署降服技术。尽管大多数追求降服的缠斗选手更喜欢待在上位，但他们也不排斥进入下位，毕竟有很多强大的降服技术可以从对手的下方发起。

在早期的综合格斗比赛中，降服缠斗型选手的极高胜率给人留下了深刻的印象。他们乐于从下位部署进攻，使用高效的降服技术对对手的薄弱位置施加惊人的力量，所以这些人常常挑战并击败比自己块头大得多的对手。使用这样的方式可以在不致使对手头破血流的情况下取得胜利，给观众留下了不残暴的好印象。

缺乏摔投和击打技巧是降服缠斗型选手的主要弱点。但由于在早期的综合格斗比赛中很少有人知道如何防摔和摆脱缠抱，那些糟透了的抱摔也几乎总能成功，因此这些弱点并没有马上就暴露出来。另外，由于摔跤手们并不熟悉降服技术，所以降服缠斗型选手利用这一点获得了很多令人惊艳的胜利。然而，随着时间的推移，击打流选手慢慢学会了防摔，而摔跤手们则越来越善于摆脱常见的降服技术。除此之外，规则的变化也增加了比赛中选手处于站立状态的时间比例。

从此以后，降服缠斗型选手再也无法轻松取胜了。即便如此，以降服技术获胜仍然占据了综合格斗比赛胜利的很大一部分。降服的妙处在于一锤定音，就像击倒一样，在战斗的任意瞬间都有可能发生。很多时候，一名选手看上去已经被完全压制了，但只要出现一个机会，他便能以降服技术获胜。从这个意义上说，只要你进行过降服技术的训练，就总是能找到战胜对手的机会——只要对手有一瞬间的走神，你就能抓住机会结束战斗。降服技术的效果是如此之好，以至于选手可以凭借它战胜比自己块头大得多的对手。在综合格斗比赛中，小个子打败大个子的著名案例几乎都是以降服技术获胜的，很少有例外。

地面捶击型选手

摔跤手以其出色的摔法、防摔技术和控制地面位置的能力而闻名。自从人们发现摔法和地面缠斗技巧在真正的格斗中具有无比的重要性之后，摔跤手就开始在综合格斗比赛中频繁出现。一开始，摔跤手的战绩有胜有败。他们有许多良好的属性，比如出色的运动能力和身体素质，以及无与伦比的摔跤技巧，但他们不懂降服技术，所以他们缺乏终结对手的手段。此外，他们很容易受到降服技术的攻击。只要摔跤手了解了如何避免被降服缠斗型选手的降服技术降服，他们的表现就会好得多。

当时，4盎司拳套已经成为综合格斗比赛的标准配置。戴着拳套的选手可以长时间全力击打而不必担心伤到手。此外，一方面，比赛时长被大大缩短，另一方面，如果比赛打完全程也没有分出胜负，就会由裁判来判定胜者。这些规则的改变意味着摔跤手可以使用他们的摔法技巧将对手压制在地面，并用拳头对对手进行自上而下的击打，如此便可以尽可能地避开降服技术的威胁。摔跤手往往是双方选手中更强壮、运动能力更强的那一方，所以把对手拖进地面并持续猛击的策略非常有效，很多时候裁判会直接终止比赛，而且就算打完全程，裁定结果时裁判一般也会倾向于猛击对手的摔跤手。

这种打法的主要弱点是它对使用者的体型、力量和运动能力有比较高的要求。如果一个人身材矮小，力量也不如对手，那他就很难用这种办法取得胜利。另外，这种打法的前提条件之一是取得上位，如果自己被对手压制或被扫技扫倒，落入下位，就无法施展地面捶击，最终很可能会落败。再者，一旦大意或开始疲劳，依然随时会被降服。

站立防摔型选手

北美和日本首次举办综合格斗赛事时，很多人都被专精拳腿击打的武术家的糟糕表现所震惊。在一场又一场的比赛中，这些击打高手很快就被对手缠抱，进而被带入地面，失败随之而来。还有很多时候，不戴手套击打会导致选手手部骨折，从而无法继续比赛。一时间，人们对击打流的战斗力失望透顶。但此时下结论还为时过早，自从引入拳套以及修改规则后，选手停留在站立状态的时间更长，击打技术也变得更加重要。

击打流选手开始意识到，如果他们要在综合格斗比赛中取得更多的胜利，防摔和摆脱缠抱就是至关重要的。他们学习了经典的防摔技术——下压（见第四章）。久而久之，他们越来越擅长防摔技术和摆脱缠抱，击败他们变得更加困难了。与此同时，他们或多或少也学会了一些地面缠斗的技术，以便在地面坚持足够长的时间不被降服，直到裁判让双方回到站立状态，将战斗恢复到他们擅长的状态。这些选手的打法是使用下压来防摔，并摆脱缠抱，避免长时间缠斗。

摔投是很消耗体力的。击打流选手每次成功地防御住对手的摔投都会令对手更累，对手的动作会变得更粗糙，也更容易被拳、膝、腿所击中。在缠抱中，击打流选手可以在挣脱之前用膝盖和肘对对手造成沉重的打击。在每次下压防摔和挣脱缠抱的瞬间，击打流选手都可以尝试击倒对手获胜，或至少造成清晰的重击，从而赢得裁判的裁决。由于击打流选手戴着拳套，他们可以在整场比赛中肆无忌惮地大力出拳而不必担心伤到自己——这在早期的裸拳综合格斗赛事中是不可能发生的。

然而，这种打法并非完美无瑕，它的主要问题在于过度依赖拳套的保护、裁判的干预、结果的人为判定和较短的回合时间（能够使战斗保持在站立状态）。如果对手摔法很差，那么这样的打法就会效果很好，但一名精通摔投的对手总是能带来相当大的麻烦。另外，这种打法也很难对付体型更大的对手。

当代综合格斗赛事中的大多数格斗家都属于这三类中的一类。鉴于绝大多数选手在一开始都曾是专精于某一种格斗技术（降服、击打或摔投）的，随后在训练中再加入其他类型的技术来提高自己的生存能力，所以他们的表现会自然而然地偏向他们最擅长的那个领域。这就是为什么我们会把综合格斗选手分成三类。

但是综合格斗的蛮荒时期已经结束，现在不再有任何一种风格完全占据主流，上述三类选手中的任何一类都有可能获得胜利。所有参赛选手都需要擅长格斗的三个主要阶段才能获胜，"全面"是现代格斗选手的基本素质。

第三章

武装头脑:
在战斗中贯彻策略

很多时候，武术家们痴迷于技术的积累，却不重视在格斗中如何用整体策略指导技术的使用。假设我学会了很多相互独立的零散技术，任何一个技术失败了，我都必须重新开始，并寄希望于我使用的下一个技术能够带来胜利。格斗家们真正需要的是可以在战斗过程中贯彻的策略，而技术仅仅是实现该策略的手段。

大多数传统武术家在早期综合格斗比赛中的一大失误是缺乏整体战术。大多数人只有一个非常模糊的概念，即要把对手"打"败。事实证明，这总是比他们预期的要困难得多。相比之下，柔术选手有明确的整体战术，比如尽快进入缠抱状态，将战斗带向地面。一旦进入地面缠斗，他们就会直接执行优势位置策略。相对于对手来说，柔术选手清楚地知道自己进攻的方向，他们所有的技术都是为了执行他们的整体战术而使用的。因此，在战斗的每一秒，他们都清楚地知道自己应该做什么以及如何才能做到。这与他们的对手形成了鲜明的对比，对手们在战斗过程中常常不知道该怎么做，当形势不利时更会无所适从。

整体战术的重要性怎么强调都不为过。只要战斗时长超过1分钟，就可以很明显地看出格斗者是否拥有清晰灵活的战斗策略。如果一名格斗者缺乏整体战术，他就如同盲人摸索前行一样，时刻都在跌跌撞撞，徒劳地试图理解对手的每一个动作。缺乏细致的位置策略也同样致命，格斗者需要这样逐分逐秒的策略随时指导自己如何移动、如何应对对手的动作。整体战术的缺失必然会导致消极、混乱和出现问题时的绝望，这在真正的战斗中是致命的。

在早期的综合格斗赛事中，许多拳手都是缺乏整体战术的受害者。通常，只练过站立击打的拳手会很快被摔倒在地。战斗一旦进入地面，他们就不知道该怎么办了，绝望随之而来，只能在拼命挣扎和龟缩不动之间摇摆不定。当然，这些格斗者都很强壮，他们擅长的格斗技能都被严格地训练过，而且拥有不屈服的精神和丰富的战斗经验。他们虽然不会因为软弱或害怕而放弃，却会因为不知道应该做什么而认输。一旦发生这种情况，他们往往就会龟缩不动。在实际打斗中，消极应战是致命的，因为这会使得对手在不被反抗的情况下完全控制整场战斗。

对格斗者来说，明确的整体战术既可以在顺境下指导进攻的方向，又能在逆境下给格斗者反败为胜的希望，只要希望尚存，战斗就能继续。

柔术的战斗策略

日本的传统柔术似乎并不具备在战斗过程中指导格斗者的整体战术。实际上，这也是嘉纳对传统柔术的最根本和最敏锐的批评之一。缺乏战术的原因可能是传统柔术中的徒手部分被认为是战士失去武器时的最后手段，而不是一种独立的战斗方式。即便是嘉纳对其进行了重大的革新，也并没有带来明确的整体战术。嘉纳所强调的策略是"破势"——使对手失去平衡，从而可以轻松地进行控制和摔投。除了破势，他还提出了"精力善用"等概念以及对"ju"的各种其他解释（温和、柔软或灵活）。然而，这远称不上是一个完整而具体的战斗策略。

在不迁流柔术崛起，以及谷幸雄、前田光世第一次进行了柔术挑战之后，柔术格斗者中才开始出现明确的战斗策略。随着时间的推移，格雷西家族对其进行了完善，使其在当代综合格斗赛事中展现出优势。这一策略有两个主要元素，第一个是整体策略。正如我们所知，整体策略的概念基于单场战斗，它把战斗分为三个阶段，在每个阶段都有一套专门的技能，这意味着格斗者有可能只擅长应对其中的某一个阶段。就算对手非常强大，只要把战斗从他擅长的阶段带到他不擅长的阶段，也可以轻松将其击败。田边又右卫门是第一个提出这种策略的人。谷幸雄、前田光世和格雷西兄弟都采用并逐渐完善了这一整体策略。前田光世在综合格斗中使用这套战术，而田边又右卫门仅在降服式缠斗比赛中使用它。

格雷西家族在以战斗阶段为核心的整体策略中增加了优势位置的概念，这是现代柔术策略的第二个元素，也是现代柔术能在当代综合格斗中占据主导地位的核心原因。它是如此成功，以至于当比赛进入地面缠斗阶段时，不会应用这个策略的选手完全无法生存。这一策略的核心是取得某些位置，一旦占据了这些位置，你就可以攻击你的对手，同时他的反击能力被严重削弱。在站立阶段虽然也可以运用同样的策略，但在地面缠斗中更容易，因此，大多数当代柔术家都偏爱地面缠斗。

与柔术家形影不离的两个策略要素总结如下。

（1）**整体策略**。将战斗保持在自己擅长而对手不擅长的阶段。

（2）**基于优势位置的战术**。尽力取得并保持一个位置，使自己可以轻易攻击对手，而对手很难进行有效还击。

现代柔术这两个关键的策略所蕴含的理念使选手在综合格斗比赛中大获成功，接下来，让我们详细分析其中的重要组成部分。

战斗的三个阶段

无数经验表明，单一战斗可以拆分为三个主要阶段。阶段的划分基于战斗双方的身体接触和控制程度，毫无疑问，这些因素决定了双方在战斗过程中的行为和战术。

在双方之间没有抓把或任何其他身体接触时，他们可以自由地活动。既然没有什么能限制他们活动，他们就会任意移动、击打、躲闪和下潜抱摔。我们可以将战斗的第一阶段称为自由移动阶段，因为其最大的特点是战斗双方的行动都很自由。

当双方互相抓住对方时，战斗的性质就发生了变化。一旦形成身体接触并建立了抓把，一方的运动就会受到另一方的限制。于是他们便不再能随心所欲地自由行动，而不得不综合考虑彼此的动作、抓把和身体姿势来决定如何移动或执行其他动作。因此，战斗的第二阶段被称为站立缠抱阶段，指的是两名格斗者在站立姿势下通过抓把紧紧地互相控制，这个阶段严重限制了双方移动。"缠抱"这个词在所有格斗流派中的意思几乎都是一样的。

当双方倒向地面时，战斗就来到了第三个阶段。在双方都竭力试图取胜的战斗中，尤其是战斗进入站立缠抱阶段后，第三阶段几乎必然出现。该阶段叫地面缠斗阶段，和前两个阶段完全不同（遗憾的是，很多人发现这一点时已经付出了沉重的代价）。地面技术已经被反复证明是决定综合格斗比赛胜负的最重要因素，就算是那些喜欢其他战斗阶段的选手也必须了解足够多的地面缠斗技术才能生存并重新回到站立状态。

三个不同的战斗阶段就介绍到这里，现在，我们看看如何使用这三个阶段的知识和经验来压制和击败对手。

　　战斗阶段理论的核心思想是将对手带入自己擅长而对手并不擅长的战斗阶段。作为一名格斗者，当我将对手带入我更擅长的战斗阶段时，我的胜率就会更大。例如，如果我知道如何进行地面缠斗（我的强项），那么对手的拳击技巧再娴熟也没有用，毕竟拳击技巧在地面缠斗中完全发挥不出来。

　　这里的关键是，首先要确定你在哪个战斗阶段具有最大的优势，然后努力将战斗保持在这一阶段。大多数人在地面缠斗中很弱，这一事实自然而然就导致了柔术选手更偏爱地面缠斗。但是，如果两个技术娴熟的柔术选手在战斗中相遇，那么更擅长站立的那一方最好把战斗保持在站立阶段，因为这才是他的技能优势所在。

　　举个例子，通常，我们不会认为一个13岁的女孩在与世界重量级拳击冠军的一对一徒手格斗中有机会获胜，但是，如果情况发生变化——战斗发生在海洋中呢？如果你知道这个女孩是全国游泳冠军，而拳击手不会游泳并且害怕水，你现在认为谁会赢？显然，当战斗的整体背景这样改变时，结果就完全不同了。这正是战斗阶段理论的意义，通过将战斗置于敌弱我强的阶段中，我可以化解对手的优势，迫使对手暴露弱点。所以，让我们清晰地描述战斗的三个阶段。

自由移动阶段

　　自由移动阶段是所有综合格斗比赛和一些街头斗殴的起始阶段。格斗双方都处于站立状态，均没有抓住对方，没有抓把，也没有其他身体接触，双方可以自由地行动而不受阻碍，这也是该阶段名字的由来。这样的自由行动带来了灵活的步伐、下潜抱摔和有力的击打，毫无疑问，这些正是自由移动阶段中最重要的技能。

站立缠抱阶段

　　几乎所有的战斗都无法避免进入缠抱阶段。有趣的是，大多数街头斗殴都是从拉扯和推搡等形式的缠抱（而不是自由行动状态）开始的。格斗双方的相互搂抱严重影响了他们的移动能力。应对站立缠抱阶段所需要的技能和自由移动阶段大相径庭。这一阶段的关键技能包括保持自己的抓把和挣脱对手的抓把的技能、在保持自己的姿势和平衡的同时破坏对手平衡的技能、在缠抱状态下摔倒对手的技能，以及在站立状态中降服对手的技能等。

地面缠斗阶段

虽然几乎没有战斗是直接从地面缠斗开始的，但几乎所有战斗都结束于此。一旦进入地面，战斗就发生了根本性的变化。与站立状态相比，躺在地上的动作模式是完全不同的，选手需要大量的训练才能运动自如。由于体重和地面可以用来压制对手并限制其动作，因此在地面上可以更好地控制对手，这也是许多高效的降服技术成立的前提。地面缠斗阶段的关键技能是部署降服技术、摆脱劣势位置，以及向优势更大的位置转换。

战斗阶段理论

以下是对战斗阶段理论的归纳。

一对一的徒手战斗可以分为三个阶段，各阶段之间的区分取决于战斗双方的身体接触程度和互相控制程度。

（1）每个阶段与其他阶段都有本质区别，所需的技能也大不相同。这意味着一名格斗者（非常）可能只擅长三者之一。

（2）格斗者可以通过所训练的技能把战斗主动引入自己擅长而对手不擅长的阶段，以此掌握战斗的主动性。

（3）如果一名格斗者比他的对手更擅长把战斗带入自己擅长的阶段，他将获得压倒性的优势，战斗在哪个阶段，主导哪个阶段的一方的胜率将极大增加。

（4）如果战斗被带入某个阶段，在这个阶段中，一方选手的技术水平高于对手，会造成双方之间极大的不平衡，谁在该阶段拥有技术优势，谁的胜率就会大于对手。

格斗中的攻击距离范围

当代武术界中，距离范围理论被广泛接受和认可，它是指当两名格斗者进入战斗时，根据双方的距离，存在某种最佳攻击形式。例如，在某个距离范围之内，踢击是最有效的攻击手段；随着双方的距离越来越近，拳击成了最佳的进攻手段；当他们进一步接近时，截击技能接管了战斗；距离再次缩短时，缠抱又成了最好的攻击手段。把不同的距离与相应的攻击方式关联在一起看起来很有道理，所以这样的理论在直觉上很有吸引力。在某些战斗中，这种距离范围理论会切实地体现出来。

将距离范围作为战斗基础理论有两种常见方式。

（1）我们可以根据距离来划分战斗的范围，比如说，最常见的方式是分为近距离、中距离、远距离。这种方法的好处是简单灵活。

（2）我们也可以根据具体的技术来划分距离范围，比如我们经常可以听到这样的说法：踢击距离、拳击距离、截击距离和缠斗距离。然而，我们接下来就会看到，这种划分距离范围的方式存在着很多问题。

距离范围理论看起来十分吸引人，但综合格斗赛事的实际经验表明，该理论存在严重的不足。在实战条件下，距离作为整体战斗理论的核心要素已被证明是极不完善的。如果一个理论与实践中的确凿事实相冲突，那么无论它被多少人接受，严肃的理论家都必须做好对它进行修改甚至放弃它的准备，这样才有可能诞生更符合事实的新理论。

在战斗的三个阶段里，距离范围只在其中一个阶段——自由移动阶段——中被证明是重要因素。只要战斗双方没有互相接触，距离和范围就能决定他们选择攻击和防御的手段。然而，仅与战斗的三个阶段之一相关的理论是不完整的。不仅如此，距离范围作为战斗整体的理论基础也是不完整的，即使在与它关系最紧密的一个战斗阶段中也存在严重的缺陷。比如，每一类技术（拳击、踢击、截击等）在不同的范围内都具有不同的应用形式，同样是踢击，既有远距踢（侧踢）也有短距踢（正蹬）。此外，远距离的拳法也同样存在，例如刺拳和摆拳，与之相对的则是近身勾拳和上勾拳。再者，膝击通常被认为是一种近距离技术，但飞膝也可以在远距离有效地使用。由此可见，只依据"踢击距离"和"拳击距离"来划分战斗距离太过简单粗暴了。因此，说"我目前处于踢击距离"是没什么意义的，将某种技术与特定距离范围进行关联反而有可能限制格斗者的发挥。例如，如果把某个距离定义为踢击距离，格斗者会有意无意地忽略该距离范围内的许多其他可用的攻击方式。除此之外，这还可能会使格斗者产生错误的安全感。比如将特定距离范围单纯理解为踢击距离时，格斗者可能会忽略该距离范围内来自对手其他形式的攻击。在早期综合格斗比赛中，这个问题常见于传统武术家。

由于缠斗距离通常被认为是相对更近的距离，所以许多专精击打技术的人认为，只要待在踢击或拳击的距离范围内，他们就不会受到缠斗类技术的攻击。然而事实并非如此，缠斗者常常能展现出比人们想象中大得多的距离覆盖能力，在对手还来不及反应的时候就突进至对手面前进行缠抱或抱摔。从较远距离发起的缠斗攻击并不罕见，所以人们很快就不再认为缠斗只会发生在极近距离。这就是为什么使用"自由移动"这样的词来描述双方都无法控制对方的战斗阶段。这样的模糊描述是故意为之。人们常常过于具体地描述战斗的某些方面，将某些情况定义为"踢击距离"或"缠斗距离"，这会在格斗者中产生限制性思维定式，使其倾向于使用具体的技术来定义战斗形势。如果对手使用那些所谓不适合的技术，格斗者就容易对其视而不见，从而将自己暴露于危险之中。

格斗者并不能通过距离来控制对手，这在综合格斗比赛中已经是显而易见的了，但传统武术界对此仍未有充分认识。尽管有人不懈地尝试，但依然没有人能把距离和范围当作控制战斗节奏的工具。相反，综合格斗的典型格斗模式显示，选手几乎可以随时随地拉近双方的距离。距离无法用来控制对手，但身体接触可以——这就是当代综合格斗的核心思想之一。

格斗者控制对手的最佳方式是利用身体接触和优势位置，这在站立缠抱和地面缠斗中是可以实现的。虽然很难阻止对手拉近距离，但只要进入缠抱，你就可以控制住对手。在缠抱状态，你可以拖慢他的进攻节奏，恢复主动权，开始你的进攻——要么摆脱缠抱，回到自由移动状态，要么把对手带到地面。因此，实践证明，身体接触和位置掌控才能真正控制对手和比赛节奏，而距离做不到。

真正让击打流格斗者在综合格斗比赛中大放异彩的并不是距离控制（从来没有人成功做到这一点），而是他们学会了防摔和摆脱缠抱。他们学会了如何通过防御性的缠抱技术（例如下压防摔、摆脱缠抱、拦截突进）来完成身体接触和控制，以保持站立姿势并防止被轻易摔倒。因此，如果单独考虑距离因素，就算在最适合的战斗阶段，它也从未被证明是一种有用的战略概念。

综合格斗的实际经验清楚地表明，格斗者采用何种技术和战术并不取决于距离，而是取决于其所习练的格斗流派。以缠斗选手为例，从远距离的突进抱摔到近距离的紧抓缠抱，无论双方距离如何，缠斗选手都会尝试寻找各种机会进行缠斗，而拳击手也会在各种距离出拳——远距离用刺拳和摆拳，近距离用勾拳和上勾拳。同样地，如果格斗者擅长腿法，那他无论远近都会踢击对手。换句话说，格斗者会选择使用他们专精的技术，而不是在某个距离范围内的"最佳"技术。他们不懈地将战斗推向有利于他们的方向。这是现实经验给我们上的重要一课。

人们不禁会提出这样的疑问：作为格斗理论的基础，如果距离范围理论真的如此片面，为什么它在综合格斗出现之前能流行这么长时间？这似乎是因为二战之后，站立击打技术一度成了武术和格斗的代名词，而在站立阶段，距离范围确实是可以发挥关键作用的。这就给了人们一种错误的印象——它就是完备的格斗理论基础。当然，如果战斗保持在自由移动阶段，距离范围在击打者的策略中的确起着重要作用。由于距离范围理论的拥趸很少接触到缠抱或倒地的情况，他们自然会认为所有的格斗都以自由移动阶段为主。这种无知解释了当综合格斗出现时很多武术家的无比错愕：原来"自由移动"只是格斗的阶段之一。其实，在早期的综合格斗锦标赛中，自由移动阶段甚至都算不上主要阶段。

距离范围理论作为格斗理论的基础存在着局限性，我们对于这种局限性的讨论很有价值。长期以来，攻击距离一直被认为是战斗理论的基石。当然，只要战斗处于自由移动阶段，距离确实是一个非常重要的概念。在这个战斗阶段，攻击距离可以决定格斗者的大部分行为。然而，格斗不只包括自由移动阶段，一旦进入缠抱或地面缠斗，应对思路就会截然不同。因此，攻击距离（只能算）是一个不完整的格斗理论基础。这些思考改变了我们对徒手格斗的理解，我们需要抛弃攻击距离的概念，转而寻找一种包含不同战斗阶段的理论。综合格斗赛事持续不断地告诉我们，对攻击距离的精确观察并不能左右战斗的结果，只有让对手持续待在对我们威胁最小的战斗阶段才能将战斗带向胜利。将战斗分为不同阶段的最重要的因素是身体接触和控制的程度。

当格斗者通过抓把形成身体接触时，他们的动作会受限，不再能像没有抓把的时候那样随心所欲地自由行动了。而战斗一旦进入地面，这种限制就变得更加明显，因为双方的身体之间以及身体与地板之间发生了更多接触。此时，处于下位的人的动作就更加受限了。由于格斗双方的动作都受到了对方的限制，身体接触完全改变了格斗的本质。缠抱状态下想要有效地击打对方，方式与在正常站立情况下击打的方式不同，而如果战斗进入地面，变化就更大了。

如此一来，徒手格斗就可以有效地分为不同的阶段。在每个阶段，战斗的性质都存在显著不同。将格斗分为不同阶段的标准基于格斗者行动的自由程度，这受到双方身体接触的程度和类型、抓把的力度和部位的影响。如前所述，战斗通常从自由移动阶段开始，任何一方都无法控制对方；一旦出现身体接触和抓把，行动就会受到限制，战斗就此进入站立缠抱阶段；如果格斗双方倒地或其中一方摔倒了另一方，战斗则进入地面缠斗阶段。事实证明，在真实的格斗中，这三个阶段最为重要。因此，无论何时，格斗中最需要考虑的不是对手在什么攻击距离范围，而是双方的身体接触、抓把和体位对彼此施加的约束程度。

战斗阶段理论的最佳贯彻

我们对柔术的现代化改良的研究揭示，柔术道馆以类似的方式使用了战斗阶段理论。从不迁流开始，柔术练习者往往会通过把战斗带入地面，让对手被迫进入其并不擅长的战斗阶段。运用这个策略的理由简单而合理。首先，由于所有战斗都是从站立姿势开始的，因此大多数武术都将站立姿势作为他们大部分技术的核心。鉴于大多数格斗者在站立技术方面训练有素，就没有理由在他们最擅长的领域与他们战斗，反之，将战斗带向他们不擅长的领域，才能取得最大的获胜机会。

其次，一场激烈的战斗几乎一定会结束于地面缠斗。战斗开始后，双方会对对方施加极大的压力，无论是因为意外还是故意为之，最终总会有人失去平衡。这一事实已在无数真实的格斗中得到证明。既然地面缠斗无可避免，专注于此就极具价值。

再次，在地面更容易分出战斗的胜负。因为与站立姿势相比，对手在地面上更容易被控制。这样，格斗者就可以在地面对其对手进行压制，并用击打和降服技术向他展示在地面被控制的严重后果。如果对手不知道如何逃脱，那么不受到严重打击的可能性确实微乎其微。因此，在地面上一旦被控制，付出的代价往往比其他战斗阶段都要大得多。

最后，与其他战斗阶段相比，力量、体型和运动能力的劣势在地面缠斗阶段并不会成为特别大的问题。这是因为在地面上的运动不是天生的技能，而是后天习得的。如果一个体型较大的对手还没有学会在地面上的技术，那么他在地面缠斗阶段的获胜概率就比站立姿势要小，在站立姿势下人们会自在得多（因为我们大部分日常生活和身体活动都是以站立姿势进行的）。由于以上这些原因，柔术道馆将地面缠斗阶段视作战胜对手的最佳战斗阶段。

在地面缠斗成为历史的过程中，人们错误地认为柔术格斗者无论如何都要把战斗带到地面，而事实并非如此，有时候地面缠斗并不是最明智的选择。请记住，战斗阶段理论指出，格斗者应该尽力把战斗带向对手不擅长的领域，从而形成双方技能水平的不对等。这并不仅仅局限于地面。如果我和我的对手在地面上都很强，但他的站立技术很弱，而我的站立技术是中等水平，那么保持站立姿势对我更有利。因此，战斗阶段理论并不是让人盲目地把战斗带向地面，而是无论哪个阶段，只要格斗者在此拥有比对手更大的技能优势，他就应该将战斗保持在这个阶段。

因此，按照战斗阶段理论，精通全部三个阶段技能的格斗者会拥有最佳的战斗表现。拥有全面战斗技能的格斗者可以将对手从其最喜欢的战斗阶段带入其不习惯且胜率较低的阶段。拥有在所有阶段都发挥自如的能力是全能格斗者的标志。

如果一名格斗者精通这三个战斗阶段的技能，他不一定会对任何一个阶段表现出明显的偏好，但他会根据对手的偏好进行调整。当然，擅长某个阶段也很自然，任何人都有自己的长处和短处，当今大多数伟大的综合格斗选手都会专长于某个阶段。如果有任何一个阶段完全空白，那就完全不可接受了，因为一个娴熟而全能的对手会竭尽所能把你留在那个阶段，从而暴露你的弱点，让你的优势无法施展。

在综合格斗赛事发展的过程中，有一个有趣的现象是，很多大获成功的格斗者在战斗的任何一个阶段都不算特别强，但他们没有短板，在各个阶段都具有不错的水平。通常，这些全能者能够击败在某个战斗阶段远远优于他们，但在其他两个阶段不如他们的对手。这样的比赛往往令人着迷，专精者努力将战斗保持在他最擅长的阶段，而全能者则不断试图将战斗转移到另一个自己可以主宰的阶段。如果专精者能够成功地将战斗保持在他想要的阶段，他就一定会胜利；否则，全能者即使在任何一个战斗阶段的技能都不出色，也可以通过痛击对手的弱点取得胜利。诸如此类的战斗是战斗阶段理论的极好证明。综上，战斗的结果在很大程度上取决于明智的战略。

位置控制

我们之前注意到，柔术这种现代缠斗技术的策略分为两层。其中之一是基于战斗阶段的总体策略——这是大的战斗计划。然而，一旦比赛开始，格斗者就会在另一个层面上使用战术，这种战术在整场战斗中逐分逐秒地指导他们的行动，持续不断地争夺比对手更有优势的位置——这就是他们的位置策略。

无论战斗进行到什么时候，双方都处于相对于对方的某个特定位置。其中一些位置使其中一方具有更大的优势，使他能够比对手更容易发动更有威力的攻击；有一些位置是中立的，不会为格斗者提供明显的优势；还有一些则是灾难性的，使对手在攻击自己的时候有很大的便利。一旦战斗双方从缠抱进入地面，这些位置的差别就变得尤为关键。如果一方获得了真正的优势位置，他的进攻就会势如破竹，而他倒霉的对手只能试图逃脱。如果对手不擅长缠斗，那他从劣势位置毫发无伤地逃脱的机会就非常渺茫了。

事实上，在早期的综合格斗比赛中，只要能够在优势位置获得稳固的控制就足以结束一场战斗了。那个时代的格斗者没有很好的让他们在受到严重伤害之前逃脱的缠斗能力。当代综合格斗运动员在柔术技巧和理论方面的训练要好得多，因此，他们更有能力避免或逃离劣势位置并重新回到战斗中。

为了阐明位置策略的理论基础，我们需要对"优势位置"和"劣势位置"这两个术语做出明确的定义。"优势位置"是指在这个位置上，格斗者可以通过各种方法来控制对手的身体和活动，从而比对手更容易且有力地使用降服和击打技术。显然，优势位置的反面就是劣势位置。

但是请注意，优势也有程度之分。优势位置绝不止一种，而且某些优势位置会比其他优势位置的优势更大。骑乘位置（见第六章）、浮固位置（见第六章）、侧面控制位置（见第六章）和某些版本的头锁（见第五章）都是典型的优势位置，当然这远不是全部。其中，骑乘位置和后背控制位置通常被认为比其他位置更具优势，因为格斗者可以更轻松地从这些位置击打和降服对手。我们也可以将中立位置理解为格斗双方都不具有任何固有优势来击打或降服对手的位置。优秀的缠斗者通常采用的策略是通过获得优势位置来控制对手。一旦获得了优势的控制位置，对手就面临遭受击打和缠斗的巨大压力，这种令人生畏的压力常常会迫使对手犯错，从而大大增加了降服的可能性。

这种如同熟练工般的战斗方法的优势在于，如果应用得当，它会大大增加格斗者的胜率。格斗是一种概率游戏，无论对战双方的技能水平如何，总有胜利和失败的可能。重视策略的格斗者会不断地在胜负的天平上胜利的那一端增加砝码，而其中最好的方法就是尽力将自己置于一个可以轻松攻击对手，而对手的反击能力被严重削弱的位置。这是一种高效的格斗策略，在综合格斗中无数次证明了其有效性。

毫无疑问，这种战斗方式有些冷酷无情。通常，我们习惯于"公平战斗"的概念——双方面对彼此，以相等的机会互相攻击。让自己处于可以击打对手而对手却无法反击的位置，这种想法肯定与"公平战斗"的概念背道而驰。然而，用柔术来解决战斗的核心理念不是公平，而是效率。

位置技能和降服技能之间的关系

我们已经注意到，无论是站立缠抱还是地面缠斗，控制对手都是相当重要的。最好的方法之一就是获得优势位置，通过这种方法，体型较小的人也可以长时间控制体型较大的对手。然而，压制本身并不会让对手放弃战斗，我们需要一种通过迫使对手彻底放弃来结束战斗的方法。

对大多数人来说，格斗者用拳脚重击对手是常见的取胜方式。这种传统的方法当然很有效，然而，问题是对手通常会以同样的方法猛烈回击。如果对手比你体型更大、更强壮或拥有更强的运动能力，那么你很有可能会因此而败下阵来。正如我们前面所说，更合理的策略是将自己置于可以任意攻击对手，而对手的反击被严重限制的位置。想象有这样一场战斗，你的对手的双臂被绑在背后，这毫无疑问会让你的战斗难度大减。保持在优势位置对对手的控制就像是绑住了他的双手，因此你应通过约束对手获得决定性的优势。

一旦你处于优势位置，结束战斗的时候就到了。大多数人用击打的方式来彻底击溃对手，这当然是非常有效的。还有一种不那么血腥但更有效的方法是使用降服技术，这些技术具有潜在的致伤能力，如果对手不愿意认输，就可能会骨折或失去意识。与击打不同的是，降服技术为对手提供了不流血投降的机会，因此对他们来说更为人道。另外，降服技术还能以各种方式致残对手，从削弱对手战斗力的角度说，这比单纯的击打更具破坏性。

降服技术为柔术练习者在对待对手的方式上提供了很大的灵活性。柔术中存在大量的降服技术，它们几乎可以在任何位置进行部署，应用于对手身体的任何部位。然而，经验告诉我们，更好的办法是先占据优势位置，然后再进行降服。在优势位置部署降服技术，成功率要高得多。

有些格斗者常常试图在不合适的位置进行降服，但他们很快发现对手很容易用暴力的方式进行反制和反击。相比之下，自己先占据一个稳固的位置再进行降服要安全得多。这样，就可以牢牢地控制对手，进而简单又顺利地部署降服技术，从而逼迫对手投降，否则他将受到严重的伤害或失去意识。

位置的阶梯

正如我们所见，一旦双方互相抓住对方，战斗的性质就会改变。这是由于他们现在可以对彼此的运动施加控制。这里的一个关键点是，其中一方对另一方的控制程度取决于他们之间的相对位置。格斗者只要开始抓把，很快就会进入各种各样的位置争夺，这些位置提供的对对手的控制程度是不同的，其中有些位置提供的控制程度要大得多。因此，我们可以将格斗中许多可能出现的位置——无论是站立位置还是地面位置——根据格斗者对对手的控制程度排列成一个阶梯。我们一旦处于这个阶梯的下位，即明显处于劣势的位置，就会被对手轻易地控制和操控，此时我们很难攻击对手，对手的攻击效果则会更好。摆脱这些明显的劣势位置后，我们沿着阶梯向劣势稍小的位置前进，直到我们到达中立位置。中立位置对双方都是公平的，并不会为任何一方提供优势。继续向上爬，我们就进入了优势位置，可以彻底地控制对手的行动。

柔术家们会不懈地在位置的阶梯上向高处攀登。每登上一阶，他们对对手的控制程度便随之增加，其以击打或降服（或两者的结合）结束战斗的可能性也就大大增加了。这种高效的位置策略是柔术史上更接近现代格斗的产物。正如我们在历史回顾中所看到的，早期的柔术系统基本上只用于战场上的最后一搏，仅仅是战士们战场训练的一小部分而已（并不重要）。随着大众徒手格斗系统的兴起，柔术才拥有了较为完整的策略。在不迁流中，我们看到了整体策略被首次成功使用，该策略以革命性的方式对柔术选手进行了指导。田边又右卫门和谷幸雄是成功使用这种策略来提高武术效率的先驱。前田随后又将这种策略带到了综合格斗领域，凭借它在很多比赛中获得了了不起的胜利。之后，前田教义的继承人格雷西家族将其中的战略元素提升到了一个新的水平。他们改进并完善了我们一直在探讨的内容——用位置来进行控制。我们现在可以清楚地表明，这就是新派柔术的理论核心。

最有效的战斗方式是将自己置于一个可以攻击对手，但对手却不那么容易攻击到你的位置。你可以通过操控他的行动来更好地实现这一目的。对大多数体育运动来说，只要把自己的动作做好就能取得成功，但格斗不仅要做好自己的动作，还要破坏对手的动作，毫无疑问，这是一项更加困难和复杂的任务，但只要做到了这一点，你就掌握了控制战斗和结束战斗的最好方式。接下来的部分我们会以一些格斗家为例，看一看他们的缠斗策略。

恩佐·格雷西vs马瑞斯·史密斯：地面缠斗vs站立击打

恩佐·格雷西是他的家族引以为傲的巴西柔术高手，毫无疑问，他擅长的战斗更倾向于地面。不过，在之前的战斗中，他在站立缠抱中也有不错的表现。他的对手是马瑞斯·史密斯。史密斯曾是多项踢拳赛事的世界冠军，也是K1踢拳锦标赛的冠军（这是踢拳选手所能获得的最高成就）。

史密斯曾向另一位伟大的综合格斗选手弗兰克·沙姆洛克学习地面缠斗，并成功地过渡到了综合格斗领域。在几场激烈的比赛中，马瑞斯·史密斯击败了好几个排名相当靠前的缠斗家，也因此获得了"击倒艺术家"的名号。显然，相较于恩佐·格雷西，史密斯不仅体型更大，在站立击打技术上也有着巨大的优势。由于双方都是各自擅长领域的佼佼者，这将是一场经典的站立击打选手和地面缠斗选手之间的对决。

比赛开始后，恩佐·格雷西马上就用一次成功的抱摔将战斗带入了地面。史密斯积极地尝试运用他从缠斗训练中获取的经验和技术来阻止恩佐的进攻并尝试重新回到站立状态，但事实证明专业地面缠斗家的技术远远超过了史密斯能够应付的程度。恩佐轻松地通过侧面控制完全控制了史密斯，并在部署侧面三角绞（yoko sankaku jime）的同时形成了一个臂锁（ude gatame），在极短的时间内就结束了战斗。这个例子很好地展现了两个具有不同领域专长的顶级格斗家是如何战斗的。双方都知道对方的战术和优势，也都知道要取得胜利必须做些什么，战斗的结果取决于谁能尽快把战斗带入双方技能水平严重不平衡的阶段。一旦进入对自己有利的阶段，恩佐精湛的降服技术就能高效地结束战斗。

恩佐·格雷西vs菊田早苗：地面降服vs地面捶击

菊田早苗是一位强悍的日本格斗家，他在职业生涯早期曾经对阵恩佐·格雷西。菊田之前曾是柔道选手，后来转行打综合格斗。当时，他已经在阿布扎比降服缠斗比赛中赢得了世界冠军头衔，成为享有盛誉的"潘克拉辛之王"。他体型庞大，力量和击打技术出类拔萃。在地面缠斗中，他的降服技术虽然不及恩佐·格雷西，但他希望能够借助他的体型优势和压制能力，用捶击打开局面，赢得战斗。由于双方都不甚擅长自由移动阶段的击打技术，因此这场比赛也成了经典的"地面捶击专家"和"降服专家"的交锋。不过，菊田凭借其强大的柔道背景和体型，在站立对抗中拥有明显的优势。在地面缠斗中，双方都很强，但强的方式并不相同。格雷西降服能力很强，既可以打上位也可以打下位，菊田则更倾向于上位。

比赛开始后，人们很快就发现双方都不喜欢自由移动阶段，他们将大部分时间花费在了缠抱阶段。菊田成功进行了多次抱摔，但很快就被恩佐用防守技术控制住了。菊田在恩佐的防守中既无法有效地出拳击打，也无法获得更好的位置或找到降服的机会。这场比赛没有时间限制，在1个小时的鏖战后，恩佐在缠抱中看准时机抓到了断头台把位，并在使用绞技的同时让自己再次处于优势防守位置，从而在与体型更大、更强壮且训练有素的对手的对抗中取得了非凡的胜利。

这场战斗的有趣之处在于双方运用战斗阶段理论的方式。在自由移动阶段，两人都觉得自己无法在此阶段赢得战斗，因此他们根本没有进入这个阶段。由于双方都是出色的缠斗选手，所以无论是站立缠抱还是地面缠斗，都是他们共同希望进入的战斗阶段。然而，在这些阶段，他们使用了截然不同的位置策略。鉴于菊田的体型和出色的摔投技术，对恩佐来说，更理性的选择是处于下位。而对菊田来说，由于他的体型更大，他更希望发挥出自己的击打技术，所以他占据上位更好。但在这场战斗中，恩佐的下位技术使得他可以用防守技术控制体型更大的对手（在摔投方面占有绝对优势）并部署降服技术，由此带来的优势使他能够在不限时的情况下战胜对手。

因此，他们都希望进入相同的战斗阶段（缠抱或地面），但进入的方式不尽相同，在这些阶段中采取的策略也大相径庭。菊田力图在摔倒对手后占据上位，用拳捶击制胜；恩佐则倾向于倒地后运用下位技术，耐心等待机会以降服对手。所以，这场战斗是整体战术和位置策略之间相辅相成的一个有趣范例。

马瑞斯·史密斯vs马克·科尔曼：站立防摔vs地面捶击

马瑞斯·史密斯与马克·科尔曼之间的这场史诗般的战斗常常被认为是有史以来最佳综合格斗对决之一。在这场终极格斗冠军赛重量级桂冠争夺战中，两位风格迥异的优秀选手为了成为综合格斗传奇人物而一争高下。正如我们之前讨论恩佐·格雷西与马瑞斯·史密斯的比赛时说过的，史密斯是一位出色的踢拳选手，他转打综合格斗比赛后，已然掌握了相当好的缠斗技巧。他将要面对的是令人生畏的马克·科尔曼，这是一位世界级的自由式摔跤手，身强体壮且打法极具侵略性。科尔曼体型优势很大，以地面捶击打法而闻名。到目前为止，还没有人能真正威胁到科尔曼，人们都认为他会轻松拿下这场比赛。

战斗开始后，一如预料，科尔曼凭借出色的摔跤技巧轻松摔倒了史密斯，并在史密斯的防守中占据了上位。在科尔曼暴风骤雨般的第一波攻击中，史密斯表现出了惊人的冷静，成功地将科尔曼困在了地面，使这个壮汉无法顺利地施展击打技术。虽然科尔曼时不时也能摆脱控制，占据一个便于击打的位置，但史密斯总是能够迅速扭转局面并将科尔曼逼回防守位置，从而形成足够的控制来防止自己受到严重的伤害。

随着战斗的继续，科尔曼变得疲惫不堪，很快，原本接连不断的攻击变得越来越慢，最后终于陷入停滞，但史密斯才刚刚进入自己的节奏。他利用自己新学的缠斗技术让战斗重新回到站立状态，进入他优势明显的自由移动阶段。科尔曼此时体能严重不足，以至于无力发挥自己的摔跤优势。而史密斯则完全掌控了节奏，拳腿爆发性地对疲惫不堪的科尔曼进行了一次又一次的击打。比赛打完全程，史密斯通过裁判的一致判定，漂亮地赢下了这场比赛。不得不说，这场胜利既了不起又出人意料。

地面捶击战术与站立防摔战术针锋相对。科尔曼希望在地面缠斗阶段压制史密斯，他在体力充沛的时候确实做到了。然而，狡猾的史密斯向科尔曼的位置策略发起了挑战，结果科尔曼没能保持绝对优势位置足够长的时间来让自己的砸拳发挥威力，史密斯对防守位置的巧妙运用让科尔曼的意志受到重挫，体能也随之消耗殆尽。此外，降服技术的缺失意味着他没有高效的方式来结束比赛。

另外，史密斯显然只是想在地面缠斗中尽力保护自己。一旦让对手耗尽体力，他就可以设法进入他喜欢的阶段——站立。从此往后，史密斯不断阻止对手的下潜并通过下压来防止筋疲力尽的科尔曼再次使用抱摔，从而把战斗保持在自由移动阶段，进而持续击打科尔曼并获得胜利。

从策略层面上讲，这场战斗非常有趣，因为它表明如果想在地面缠斗阶段赢得战斗，就需要更复杂的位置策略和降服技术。另外，它还显示，格斗者如果对不熟悉的战斗阶段有足够的了解，就可以保护自己并逃脱，以便回到他更擅长的阶段并获得胜利。

这场比赛也是综合格斗历史上的一个重要转折点。早期的综合格斗比赛被地面缠斗者所统治，以至于很多人认为击打技术是无效的。史密斯的胜利清楚地表明，只要对地面技术有足够的了解，结合合适的缠斗策略，格斗者用击打技术也一样可以赢得最高水平的比赛。因此，史密斯使用不同的战斗阶段理论来调整自己的打法，将战斗带回到自由移动阶段并赢得了辉煌的胜利。

这个故事的一个有趣的后续是，科尔曼的职业生涯在这场比赛后陷入了暂时的低谷期。他停赛了一段时间，学习如何在摔倒对手后运用位置策略取得更好的位置。这样，他的地面捶击打法就变得更加有效了。随后，科尔曼高调回归赛场，用他新获得的战术知识和技能，在知名的综合格斗赛事（Pride Grand Prix）夺得头筹。他不再是简单地随便占据一个上位便全力砸拳，而是尽力取得某个绝对优势位置并维持，这样就能够更有效地击溃他的对手，获得冠军。

我们对现代柔术和综合格斗的战略战术分析到此为止。从不迁流开始，战斗阶段和优势位置的概念开始萌芽，而前田、格雷西家族和当代综合格斗选手用自己的显赫战绩揭示了战斗的策略才是现代格斗的支柱。接下来，让我们来探索这些伟大策略是如何被运用于实践的。

第四章

自由移动阶段

在前一章中，我们看到战斗可以分为三个主要阶段，各阶段的区别在于格斗双方对彼此身体的接触和控制程度。综合格斗比赛开始的状态和拳击比赛类似，都是两名格斗者各自站定，从站立状态开始搏斗。此时任何一方对另一方都没有抓把或任何其他控制，因此，他们可以随心所欲地自由行动并按照他们的想法进行攻击或防御。一些格斗者喜欢拳腿击打；一些格斗者希望迅速拉近距离，将对手拖入缠抱；还有一些则一有机会就迅速对对手进行抱摔，把战斗带到地面。自由移动战斗阶段的格斗与拳击和摔跤比赛很接近，并且在普通人的观念里，这个阶段所出现的技术和动作更接近于他们想象中的"真正的格斗"，所以大多数人对自由移动阶段的格斗都相对熟悉。

在自由移动阶段可以用两种完全不同的战术来应对。

（1）有的格斗者在站立状态下能使出杰出的击打技术。如果他们可以将战斗保持在自由移动阶段，那么这种能力将使他们有很大的可能通过击倒对手或等到裁判终止比赛来获得胜利。对他们来说，自由移动阶段是一种理想的状态，需要尽可能地保持。这一类格斗者必须确保自己不会被拉进贴身缠抱的范围或被带到地面。他们必须学习击倒对手、摆脱缠抱和抵抗摔投的技术，以便将战斗保持在自由移动阶段。为了把战斗维持在站立状态，下压防摔是最常见、最有效的方式，所以这种战术被称为"防摔击打"。运用这种战术的格斗者把击打技术视作最有效的手段，通过击倒或裁判判定来获取胜利。

（2）一些格斗者将自由移动阶段视作胜利之路上的阻碍。他们希望在这个阶段花费的时间越少越好，因为对他们而言这是战斗中最危险的阶段。与其在被击中甚至被击倒的危险中与对手拼拳腿，不如尽快缩短与对手的距离并进入缠抱或地面缠斗阶段。这就是地面捶击风格的格斗者和降服流格斗者的战术（柔术家通常属于降服类别）。这种战术的关键是格斗者要具备在格挡对手击打的同时，迅速突进到近距离进行缠抱乃至摔投的能力。在自由移动阶段运用这种战术的格斗者认为，击打技术只是抱摔和缠抱的铺垫而已。

在自由移动阶段，具体选择哪种战术取决于你和对手的技术特点。毫无疑问的是，如果你在击打技术上比对手强，那么保持在自由移动阶段并运用第一种战术是最好的。如果跟对手相比，你并不是更强的击打者，那么采用第二种战术，尽快离开自由移动阶段是更好的选择。

在自由移动阶段取得胜利

在自由移动阶段获胜最关键的是要拥有超强的击打能力。如果你能比对手更重、更快、更准地击打，同时减少被击打的次数并防止他把你带到下一个战斗阶段，那么你就有很大的机会获胜。在拳击或踢拳比赛中，你可以全力施展拳腿击打，并不需要担心被摔倒，毕竟规则不允许这样做。而与之不同的是，在综合格斗赛事（以及街头格斗）中，你必须能够在击打的同时防止自己被摔倒。击打流选手常常会面临一个问题，即如果注意力只放在击打上，就很容易被对手摔倒。如果击打者不想被动作迅速的缠斗者毫不留情地摔倒在地，他就必须缩短连击时间（综合格斗中短促的连击再寻常不过），并且努力提高自己的防摔技术。

一旦击打开始，战斗很快就会进入缠抱阶段。在自由移动阶段，大部分专精于击打的综合格斗选手会把对手的头部作为攻击目标，他们很少进行身体击打，他们没有足够的时间这么做，这与拳击比赛不同。另外，与上段踢击相比，较低位置的踢击被抓住和摔倒的可能性要小得多，所以踢击的目标也往往集中在腿部而非上身。一般来说，选手只在比赛后期对手累了或受伤无力反击时才使用上段踢击。当一名以击打为主要进攻手段的格斗者对对手的腿进行有力的扫踢，并以短促的组合快速、有力地击打其头部，同时还不疏于防摔时，这名格斗者会显得无比强大。相对于早期综合格斗比赛来说，越来越多的选手依靠这一策略（当然也因为规则的重大变化）在自由移动阶段取得了胜利。在早期综合格斗比赛中，击打流选手对关键的地面缠斗一无所知，直接采取了他们在站立格斗比赛中所用的战术，这最终导致了他们在比赛中灾难般的表现。

自由移动阶段的核心技能

我们已经注意到，战斗的每个阶段都有对应的一套技术，每个阶段所需的技术与其他阶段都不相同。因此，只要格斗者能够把战斗带到自己擅长的阶段，那么他的对手再强大也会在其不擅长的阶段被击败。毫无疑问，由于双方在自由移动阶段都拥有不受控制的行动能力，所以要想在自由移动阶段成为一名出色的选手，就必须保持机动性和速度。无论是想把战斗保持在自由移动阶段的专精击打的选手，还是想要快速进入缠抱或地面阶段的缠斗者，机动性和速度都是其技术和能力的重要属性。

站架和移动

战斗的自由移动阶段最重要的基础技能毫无疑问是保持稳固的站架，同时迅速有效地环绕、远离或接近对手的能力。因为这项技术看起来平平无奇，所以常常被人忽视，导致格斗者缺乏足够的练习。如果你的站架或移动有问题，战斗一旦开始，很快就会暴露出来，这时对手就能够轻而易举地对你进行击打或摔投。如果仅仅是想摆出一个不错的站架，其实大多数人都能做到，但这远远不够。在实战的压力下，做出进攻和防御动作的同时还能保持站架就困难多了。想要做到这一点，大量的练习是必不可少的。

站架

在战斗的自由移动阶段，最有效的无疑是标准拳击站架。这基本上是西方拳击和大多数踢拳流派的标准站架。它可以很好地保护头部免受拳腿攻击，同时还具有不错的通过击打来进攻的潜力。此外，无论是进攻还是防御，使用这样的站架可以向任何方向快速移动。当然，拳击、踢拳和综合格斗等不同流派的格斗者在站架上存在细微差别。其中一些重心压得低一些，而另一些则站得更直；一些格斗者与对手站得较为接近，另一些则相反。站架的细微差别固然存在，然而合理站架背后的核心要点，如双手向上保护头部、双脚分开略超过肩宽、重量均匀分布在两只脚的脚掌上、后脚跟稍微离地、下巴内收、肘部贴近身体、膝盖弯曲，这些都是大同小异的。（图4-1）

移动

在保持良好平衡和站架的同时，自由且高效地移动是格斗者必须掌握的重要技能之一。 良好的步法不仅可以让格斗者躲避对手的大量攻击，还能将对手带到自己的攻击范围内。可以毫不夸张地说，在赛场上，如果格斗者不知道如何移动，那他既无法攻击对手，也无法防御对手的攻击，和沙包没什么区别。

格斗选手必须具有向任何方向快速移动的能力。为了做到这一点，他们必须保持良好的站架。正如你所见，站架和移动之间相辅相成，缺一不可。许多初学者对一些花哨的技术情有独钟，但对练习站架和移动等基础技能缺乏兴趣。不得不说这非常令人遗憾，因为这些技能才是真正重要的基本功。事实证明，在真正的战斗中，它们比任何看起来炫酷无比的招式都要有用得多。

　　基本的移动训练有一些通用的规则。移动时，脚的方向应与你希望移动的方向相同。如果你想向前移动，先移动你的前腿，然后再移动后腿。（图4-2）如果你想向右移动，右腿先动，左腿再跟着动。（图4-3）移动的时候，让你的脚贴地移动，并且你的体重必须放在前脚掌上，而不能放在脚后跟，否则会大大增加移动的难度。

距离和范围

　　由于缺乏对缠抱和缠斗阶段的考虑，所以把距离范围理论作为一种格斗理论是不完善的，这一点我们在前文已经进行了探讨。然而，这并不意味着范围

图4-1　站架，前视图（a）和侧视图（b）

图4-2　向前移动

图4-3　侧向移动

和距离在格斗中无关紧要。在战斗的自由移动阶段，距离和范围是至关重要的。当战斗开始，双方之间总会存在一段距离，且随着双方的移动和攻击，该距离会不断发生变化。掌握和控制双方之间的距离是一项关键的技能，它往往会决定自由移动阶段的战斗进程。

然而，在综合格斗比赛中，距离范围理论的主要部分并没有被证明是有用的。正如我们之前所见，某些距离范围理论是通过技术来定义距离和范围的，比如有踢击距离、拳击距离、肘击距离等。然而，实践经验清楚地告诉我们，一旦双方选手足够接近，那么他们就可以使用任何形式的进攻技术相互击打，说某种技术只能应用于某个距离范围是没有意义的。

比如膝击，大多数人认为膝击是一种近距离攻击，但综合格斗中最有效的击倒获胜手段之一是从远距离（或者说踢击距离）发起的飞膝。当双方处于所谓的拳击距离时，站立膝击也屡屡发挥作用，更不用说各种各样的缠抱了，这是膝击屡建奇功的位置。甚至在地面缠斗中，膝击同样不遑多让。因此，可以清楚地看到，如果把膝击仅仅局限于某一个距离范围中来讨论，那简直可以用愚蠢来形容，毕竟经验表明它可以轻松应用于各种各样的距离范围。诸如此类的思考说明格斗需要一种新的距离范围理论，该理论与综合格斗比赛中所观察到的事实相符，可以在真正的格斗中使用，而这恰恰就是我们现在将试着向读者提供的。

新的距离范围理论

所有人都认可距离和范围是自由移动阶段的关键，然而，综合格斗比赛的经验表明，在站立格斗过程中，距离和范围的变化是如此之快，以至于极难控制。如果一方非常坚定地把距离拉近，那么战斗总是会进入缠抱阶段，双方都不再能自由地移动。除此之外，格斗者无法依靠双方的距离来预测对方将使用什么样的技术，因为每一类技术都有不同的变体，所以任意技术都可以在各种距离范围内使用。根据双方之间是否存在身体接触对他们之间的距离范围做一个粗略的划分，这是在综合格斗比赛中唯一被证明有用的距离范围概念。这个概念的意思是，如果你伸出手可以接触到对手，那么你就处于一个足够近的距离范围，从而可以攻击到对手。换句话说，如果你能碰到你的对手，那么你们之间的距离就足够让你施展击打或摔投技术。反之，如果碰不到他，那么任何进攻手段都没有用，必须通过某种方式让对手进入你可以接触的范围，再运用技术进行攻击。

接触范围与非接触范围的划分并不精确，它不会去指定适合特定技术的距离范围（正如我们所见，这是不合理的），也不会尝试将距离按照近、中、远来划分。经验表明，在战斗的自由移动阶段，距离变化如此之快，以至于太精细的划分毫无用处。我们新的距离范围概念能让格斗者知道，如果他离对手远到双方都无法伸手触及对方，那么他就不用担心受到攻击，这样，他就有足够的时间来准备，从而躲闪或反击对手发起的任何进攻。

我们对距离和范围的简单定义并没有试图将格斗者限制于特定距离范围内的某些特定类型的攻击中。一旦双方能够接触到彼此，那么，踢击、拳击、肘击、膝击、抱摔……任何形式的攻击都是可能的；但双方如果无法互相接触，那么攻击的成功率就会很低。

由于几乎没有提及具体的距离和范围，这种简单的距离范围概念很容易遭到反对。不提具体距离和范围的原因很简单——确实没什么可说的。过去的距离范围理论曾过多地设立规则，但很快就与观察到的事实发生了冲突。一种批评的声音是，接触对手的方式可以是多种多样的，比如我伸出我的前腿就比我伸出前手能更快地接触到对手，那到底哪种方法是正确的呢？事实上，前手和前腿之间距离的微小差异并不重要。需要记住的是，在真正的战斗中，距离和范围会以惊人的速度变化，因此，如此微小的距离差异可以忽略不计。

于是，我们提出了新的距离范围理论。它极其简单，并且刻意地避免将范围和技术划分为在实战中没用的类别。它是如此简单，使其即使在战斗的压力之下也能轻松应用。这一新理论已被证明可以在格斗中可靠地指导如何使用技术，而不会限制格斗者的选择。

距离范围局限性的范例："佩里"何塞·兰迪斯

如果想把距离范围作为技战术选择的基础，一种很有指导性的方式是去实实在在地分析当代综合格斗中的具体范例。"佩里"何塞·兰迪斯是一位来自巴西的著名综合格斗选手，他在比赛中展示了经典的距离范围理论的局限性，拿他来分析这一点再合适不过。

佩里拥有泰拳和巴西柔术的背景。泰拳是一种极其注重从各种位置和距离进行膝击的格斗流派。佩里天生就有长腿和灵活的髋部，这使他非常适合以膝盖为击打武器。在综合格斗赛事中，佩里进攻的基础就是膝击，他经常能从看似最不可能的角度和位置命中疏忽大意的对手。也正因为此，在综合格斗的自由移动阶段和缠抱阶段，佩里无疑是最危险和最不可预测的格斗者之一。

那么，有人可能会问，佩里为什么能如此擅长膝击呢？根据距离范围的经典理论，应该存在某个能让膝击发挥最大威力的距离范围，而佩里可以将对手精确地控制在该距离范围内。然而，事实是，无论距离远近，佩里都使用了膝击。距离并不能用来预测他将如何进攻。实际上，他的训练背景和体形特点让他异常适合使用膝击，这才是他选择膝击作为武器的真正原因。无论他的对手在近距离、中距离、远距离，还是在踢击范围、拳击范围、缠抱范围或其他任何距离范围，都无关紧要，佩里会变化他的膝击形式，在任何距离上给予对手痛击。

位置和角度

我们已经看到，在柔术格斗者的整体战略中，争夺位置的技能有多重要。人们通常会在地面缠斗阶段才考虑位置相关的技能，当然，少数时候也会在缠抱阶段进行位置争夺。其实在自由移动阶段位置也能起作用。自由移动阶段的指导思想是寻找一个能给你带来某种进攻和防守优势的位置，这在实战中意味着你必须在你和你的对手之间寻求某种角度，保持这个角度将为你提供一个更好的位置让你发起攻击和摔投，同时限制你的对手如法炮制。这种持续制造有利角度的能力在战斗的自由移动阶段至关重要。

如果你直接站在对手的前面不动，你将直接暴露在他主要用于进攻的击打武器之前，不仅会不可避免地受到攻击，而且，对手也更容易阻挡你的抱摔。与之相反的是，你可以使用良好的步法技术维持一个角度，使对手的进攻和防御都更为困难（再次注意步法和移动的重要性）。一个特别好用的方法是以对手的前手为圆心绕圈，这既可以让你远离他的有力手和腿（后手和后腿），也能使你的抱摔更安全容易。（图4-4）

拳击

毫无疑问，在当今的综合格斗比赛中，拳击是自由移动阶段最有效的击打形式。绝大多数击倒胜利都来自有力的拳击。拳击不仅是在自由移动阶段快速

图4-4 调整角度避开对手的击打

取胜的手段，还为缠抱和抱摔等将战斗带入其他阶段的手段提供了更多的使用机会。因此，对任何一个柔术格斗者来说，无论他更喜欢在哪个阶段进行战斗，掌握基本的拳击技巧都是至关重要的。

然而，需要特别注意的一点是，在综合格斗比赛中出拳与在拳击比赛中出拳有很大的不同。由于综合格斗的出拳动作看起来与西方拳击相似，所以很多人错误地认为二者是相同的。二者的不同之处虽然看起来并不明显，但实际却天差地别，原因是综合格斗中的缠抱和摔投是符合规则的，裁判并不会因此而中止比赛，而拳击则不然。

请记住，拳击比赛的规则将战斗始终限制在自由移动阶段，拳击手不必担心缠抱和倒地后的战斗，因为这些不是拳击比赛的内容。因此，拳击手可以专注于使用他的拳头作为武器而不考虑其他危险，他不需要担心踢击、膝击、肘击、缠抱和抱摔，可以完全将精力集中于拳击的攻防。而上面提到的所有这些行为在综合格斗比赛中都是合乎规则的，综合格斗选手必须时刻保持警惕。所以，综合格斗比赛中的柔术格斗者的拳击策略与拳击比赛中的拳击手相比，存在着显著的差异。

例如，在综合格斗比赛中，组合拳往往比拳击短促得多。选手只有把出拳时间缩得足够短，对手才来不及拉近距离进行摔投或缠抱，因此，长串的组合攻击是不现实的。综合格斗选手也更喜欢攻击范围更大的直拳，例如刺拳和摆拳。如果距离近到可以使用攻击范围较小的拳法，例如摆拳和上勾拳，就意味着在同样的距离下可以进行缠抱了，因此这些拳法在自由移动阶段的实用性大大降低（当然，在缠抱阶段它们很常见）。最后，在综合格斗比赛中，攻击的目标永远是对手的头部，对躯干的攻击主要出现在缠抱阶段，而不是自由移动阶段。在拳击比赛中，作为攻击头部的前奏，拳击手会花大量时间攻击对手的躯干，因此，拳击比赛中对躯干的击打更为常见。

刺拳

就像在拳击和踢拳中一样，刺拳在综合格斗的拳法里也是顶梁柱。接下来，请你试着一边跟随步骤学习，一边在脑海中想象具体的动作。从站架开始，将前手沿直线向正前方"抛出"，随着手臂前伸，拳心逐渐转向下方。一定要把拳头按出拳的轨迹原路收回，恢复原来的站架。保持下巴紧贴打出刺拳的手臂那一侧的肩膀。打刺拳的时候不要用推的方式发力，保持放松的同时，让刺拳爆发式地"弹出"。（图4-5）

尽管使用刺拳不是为了打出重重一击，但如果选手在打出刺拳的同时借助肩膀和髋部的力量，并且前腿向前迈出一小步，它同样可以打出惊人的力量。这些动作会将对手拉进攻击范围之内，并增加击打的动能。后手需要保持高位以保护格斗者的面部免受反击。在打出刺拳的时候，必须果断和坚决，否则很容易遭到技术熟练的击打流格斗选手的反击。

刺拳的主要目标是对手的下巴，除此之外，必须牢记下面列出的刺拳的主要功能。

（1）测量你和对手之间的距离。

（2）在自由移动阶段骚扰、威慑、消耗对手。

（3）用短促的连击来连接其他击打动作。比如，格斗者可以在打出刺拳后接连打出后手直拳或后腿扫踢。这些组合攻击简单易学，而且在综合格斗比赛中效果显著。

（4）干扰对手，一旦对手分心时间足够长，你就有机会通过抱摔把战斗带
　　　出自由移动阶段，进入缠抱阶段。

后手直拳

后手直拳是综合格斗中的重击拳法。后手直拳在自由移动阶段击倒获胜的
概率超过了其他任何拳法。现在，请试着跟随讲解步骤，在脑海中想象具体的
动作。从站架开始，当你的后侧髋部和肩膀向同一方向转动时，后手呈直线
"弹出"。同时，后腿蹬地前推以增加击打的动能。直接用"弹出"的方式出
拳，不要在出拳之前做向后拉的动作及其他任何不必要的动作，以免被对手识
破意图。（图4-6）

由于这样的击打动作有很大一部分体重参与其中，所以能产生巨大的力
量。但是，千万不要尝试使用肌肉力量来增加威力，这样做只会使身体紧绷进
而减慢出拳速度。放松移动的身体重量会帮助你打出更有力的一击。另外，确
保你的前手抬高以保护你的脸。一般来说，后手直拳需要刺拳来铺垫，但有时
它也可以成为第一击。通常，后手直拳之后跟一记前手摆拳是不错的选择，因

图4-5　刺拳

图4-6　后手直拳

为这两个击打动作之间可以顺畅地衔接。

后手摆拳也是极好的反击手段。格斗者可以用它来反击对手的扫踢或膝击。因为格斗者通常会将对手压低重心的动作视作其发动抱摔的前兆，所以打出后手直拳的最佳时机之一就是对手压低重心后的瞬间，因为此时他会放低双手以防摔，而这就为后手直拳提供了宝贵的机会。请记住，后手直拳的主要目标是对手的下颌和脸部。

摆拳

摆拳也是利用运动中的身体重量来产生巨大威力的拳法。摆拳最好用前手来完成。先稍微向前手侧倾斜身体，不要放下你的前手，抬起前手的肘部，髋部内旋，并以前脚脚掌为支点快速向内侧转身。你的前手手臂应该弯曲呈锐角，拳心朝向自己，肘部与拳同高。出拳应该短促并具有爆发力，动作不应太大。除非处于某个组合攻击中途，否则你应该在出拳后立即恢复站架。你的后手一定要抬高并保持住，以免脸部遭受反击。摆拳的主要目标是对手的下颌，如果能打到对手头部侧面的任何位置，效果往往也很不错。（图4-7）

摆拳的隐蔽性使它成为一种强大的击倒武器。当你通过滑步或改变重心高度躲过对手的攻击之后，摆拳是一种效果极好的反击技术。摆拳还会对对手的身体造成很大伤害，尤其是肝脏。不得不说，摆拳是一种破坏力强大的攻击技术。

上勾拳

当双方距离接近时，上勾拳会对对手形成强力的打击。它依靠爆发性地向上移动自身的体重形成极强的击倒力量。

从战斗姿态开始，重心稍微下沉，使肩部和髋部略微向前倾斜。在出拳前不要放下你的前手。用一个短促的动作将拳心转向自己，并用拳从下向上在对手的双臂防御之间撕开一个缺口，使自己的拳头穿过这个缺口直击对手的下巴。除非还有后续的连击，否则你应在完成动作后马上回到战斗姿态。（图4-8）

上勾拳也可以用后手来打，后侧髋部和肩部的动作可以为击打增加更多的力量。如果对手正在为了接下来的抱摔而改变他的重心，上勾拳将是绝佳的反击手段。在对手改变重心高度时，抓住他向前移动的机会，果断坚决地向他的下巴打出一记上勾拳，这足以产生巨大的威力。

图4-7　摆拳

图4-8　上勾拳

踢击

在早期的综合格斗比赛中，踢击并没有发挥出很大的价值。事实上，踢击会使格斗者更容易摔倒而进入地面，落入缠斗者的陷阱之中，所以踢击通常为使用它的格斗者带来负面的效果。然而，随着时间的推移，擅长腿法的格斗者们纷纷学会了防摔，踢击逐渐成为自由移动阶段的一项重要技能。

扫踢

毫无疑问，扫踢是最重要的腿法。可以这么说，综合格斗比赛中的"踢击之王"非它莫属。到目前为止，它造成的伤害、短暂击倒和击倒胜利比其他任何腿法都多。现代柔术选手在综合格斗中使用的扫踢源自泰国的踢拳流派，有泰拳技术的影子。格斗者利用他的髋部和腿部重量增强踢击威力，用小腿（而不是脚）狠狠撞向对手的腿、上半身或头部。一般来说，后腿是扫踢的优先选择，因为这样可以产生更强大的击打威力。

要用后腿来扫踢，请按以下步骤进行：前腿向前迈出一步，将前脚转向与踢击相同的方向以稍微打开髋部，将后腿以弧线形的轨迹向对手"抢"过去。这种踢法跟踢足球很不一样。为了更多地利用髋部的重量和力量，你需要旋转支撑腿，把脚后跟指向对手。最后，接触目标的是你的小腿胫骨的下半部分。（图4-9）

扫踢时要放松，不要认为收紧肌肉可以增加踢击的威力，事实并非如此。放松，把你的腿想象成一根鞭子。此外，不要简单地只用后腿扫踢来攻击你的对手，因为这样他就可以很容易地（并且有力地）用后手直拳来反击。先用上肢攻击进行铺垫，以拳封眼，然后抢起一腿砸到他的大腿上。

在比赛中，如果你的对手被打晃或体力耗尽，扫踢是结束战斗的好方法，这时，请瞄准头部。请记住，你需要一些练习——比如花费足够长的时间练习踢重沙袋——才能让胫胃准备好在真正的战斗中承受冲击。

前腿也可以用来扫踢。做到这一点的最好方法是在踢击之前转换站架，让你的前腿变成后腿。快速换架的方法是将前腿向后滑，将后腿向前移动。因为前后腿的位置交换了，所以原本在前侧的那条腿也可以踢出很大的力量了。前腿扫踢的最佳目标是对手的大腿内侧，这样的踢击会给对手造成强烈的痛苦，为其他攻击手段和摔法提供更好的机会。请记住，使用扫踢的最佳时机之一是在摆脱缠抱并恢复自由行动后，此时对手的注意力往往会分散，因此很容易被击倒。

案例研究

综合格斗中的高效踢击：巴斯·鲁滕

综合格斗比赛中极为擅长踢击技术的选手为数不少，但很少有人能与荷式踢拳高手巴斯·鲁滕相提并论。鲁滕曾经练过泰拳，他还在日本的潘克拉辛格斗赛中积累了大量缠斗经验。鲁滕最擅长快如闪电的扫踢，能以惊人的力量踢向对手的腿部、肋部或肝脏部位，有时他还直接瞄准头部。在早期的综合格斗比赛中，击打流选手普遍害怕被摔倒，但鲁滕对自己的地面缠斗技术有足够的信心，他知道自己就算进入地面也不会吃亏，因此可以放心地使用踢击，而不用担心会被乘机摔倒在地。他只使用最简单的腿法——扫踢和前踢，非常难以阻挡。

膝击

膝击是一种适用于各种不同战斗情况的重击武器。在自由移动阶段，大量的短暂击倒和击倒获胜正是由于膝击的使用。

飞膝

飞膝是人类徒手状态下可以使用的最强大的击打方式之一。飞膝充分利用了整个身体的重量和人体坚硬的部位给对手带来巨大的冲击，产生实实在在的击倒力量。

从战斗姿势开始，向对手踏出一小步，支撑腿蹬地，向上跃起，使身体离开地面，另一条腿的膝盖和髋部瞄准对手的下巴或上半身直撞过去。记得一定要保持双手抬高，保护自己的头部，以免遭到对手的反击。（图4-10）

无论距离远近，飞膝都可以发挥作用，也能让你更安全地进入缠抱阶段。当然，如果对手已经被打得站立不稳或节节败退，飞膝也是一种终结比赛的极好方法。

图4-9　扫踢

图4-10　飞膝

自由站立膝击

大多数人认为膝盖是缠抱状态下的首选武器，而在没有抓把的自由移动阶段，它也能发挥很大的作用。在这种情况下，双手必须保持抬高以防止反击。

要在自由移动阶段使用膝击，可以用前手不断骚扰对手以分散其注意力，并把另一只手护在自己的脸前。身体后倾，这样就能让髋部向前运动的距离更远，进而增加膝击的力量。对手的下巴、上半身和大腿是自由站立膝击的主要攻击目标。

在综合格斗中，被摔倒的危险无处不在，因此，许多格斗者并不愿意在自由移动阶段使用膝击来攻击对手的躯干，因为在这种情况下，对手常常会用身体硬扛下冲击，然后发起抱摔，其风险会抵消膝击带来的收益。取而代之的是，他们将头部作为膝击的目标，这会迫使对手不得不保护脆弱的头部。当对手下沉重心准备发起抱摔时，就是使用这种膝击的最佳时机之一。在综合格斗比赛中有几次著名的击倒获胜，胜利者就是采用了这种方式。自由站立膝击也是对抗强力出拳的极好方法，当对手挥出一记有力的拳击时，护住头，用膝盖直击他的腹部。

闪避和格挡

击中目标很重要，但是记住，你的对手也会尽力还击，这一点至关重要。你需要学习如何在自由移动阶段避免受到攻击，以最大限度地减少你受到的伤害。闪避技术可以让你在与对手没有身体接触的情况下避开击打，这需要比较强的运动能力；格挡则可以让你安全地承受击打（并不是不受击打），它需要不错的体能和稳固的站架作为基础。

闪避

最简单有效的闪避就是当对手发起攻击时，你刚好不在他的攻击路径上。比如，当你的对手发起踢击或拳击时，你运用步法后跳一步，对手的攻击就落空了。但别跳得太远，否则你就没有机会发起反击了。后跳的距离刚好能躲过攻击就可以，然后马上向前开始你的进攻。千万不要沿着一条直线连续后退，不然对手迟早会追上你。如果在第一次闪避后还需要继续后撤，那就绕着圈跑，使对手难以预测你的位置。

还有一种躲闪击打的有效移动方法是将你的头部偏向对手的拳击路径外侧（图4-11），这样你就可以马上用击打或抱摔来反击。降低重心，从对手的拳头下方躲过攻击也是一种很好的闪避方式，这样做还能迅速有效地连接摔投技术。

格挡

还有一种减少对手击打伤害的方式是用更能经受击打的身体部位来安全地吸收冲击力。毫无疑问，用脸接住对手结结实实的一拳绝对不是什么舒服的事，然而，如果能用手臂护住脸，同样的攻击就不再那么令人难以接受了。前臂和小腿都是坚硬且对疼痛不那么敏感的部位，用来格挡攻击再适合不过。它们可以用来保护身体的脆弱部位，比如下颌、脸、脖子、肋骨、腹部和大腿。在综合格斗中，对想要从自由移动阶段进入缠抱阶段的格斗者来说，格挡技能极其有用。只要能扛得住几记击打，就有机会拉近距离，抓住并控制对手的上半身，进入缠抱阶段。

图4-11　向外侧闪避

图4-12　掩护格挡

掩护格挡

面对拳、腿和肘的攻击，最好的格挡方式之一就是掩护格挡。把手抬高，放在脖子的后侧，把手肘抬到与肩同高，收紧下巴，这样对手的击打力量就会被你的手臂外侧承担。另一只手也要抬高，不要忽略了对侧的保护，因为你的对手很可能会连续击打。无论你用哪一种方式格挡，都不要把自己的手臂伸向击打袭来的方向，让对手打过来，并在靠近自己头部的地方格挡冲击。（图4-12）

手掌格挡

手掌格挡是为了格挡对手的刺拳。具体的做法是用你后手的手掌在面前挡住对手的刺拳（图4-13）。谨记手掌格挡只能用来对付刺拳，对后手直拳来说，只用手掌格挡是不够的。拦截刺拳时不要把手伸得太远，让对手的拳头打过来，在靠近自己脸的位置挡住（当然也不能太近，否则你自己的手很容易撞到脸上）。一种不错的做法是每当拦住对手的刺拳时，马上打出自己的刺拳进行还击，不要只单纯地格挡。

图4-13 手掌格挡

双前臂格挡

双前臂格挡是一种有效地保护上半身免受拳腿攻击的方式。从战斗姿态开始，把身体转向攻击袭来的方向，持续但轻微地向后移动。两前臂并拢、贴紧，收紧下巴，整个上半身向内蜷缩，试着想象自己是一只想缩进壳里的乌龟，用前臂来承受对手的击打。（图4-14）

提膝格挡

当对手用扫踢攻击你的大腿时，提膝格挡是标准的应对方式，即把将要被攻击的腿向外侧抬起来，这样对手就会踢到你的胫骨。这听起来有点疼，但相比被踢到大腿还是好多了。你可以把这种格挡和双前臂格挡结合到一起，这样你的防守就能更加严密。

下潜抱摔

在早期的综合格斗比赛中，自由移动阶段的下潜抱摔技术彻彻底底地改变了大众对真实格斗的看法。在当代综合格斗出现之前，大多数人认为要是有人傻乎乎地想要抱摔，那他很容易就会被击倒，还有一些人坚定地认为自己压根

图4-14　双前臂格挡

不可能被摔倒，但当人们目睹了第一场当代综合格斗比赛后，这些想法都烟消云散了。事实越来越清晰地表明，防住下潜抱摔比想象中要困难得多，下潜抱摔也因此成为大多数击打技术的克星。

无论何时，格斗者只要进行拳腿攻击，就很容易被抱摔。这样的问题甚至让最强的击打流选手在攻击时不得不小心翼翼，从而极大地削弱了击打的效果。直到击打流选手学会了防御抱摔、摆脱缠抱、在地面缠斗中存活等缠斗技能后，他们才有了足够的自信来施展有力的击打技术。当准备抱摔对手时，柔术格斗者时刻不能忘记的是抱摔前的铺垫，只有先下沉自己的重心，该技术才能称之为"下潜抱摔"。

铺垫

铺垫一次下潜抱摔需要若干个步骤。

（1）移动。先向后撤，引诱对手向前移动；降低自己的重心，趁对手向你移动的时候前冲。这样会创造更快的相对速度，使对手难以防御你的下潜前冲。

（2）调整角度。向外踏出一步，与对手形成夹角。如果向外侧移动的方向是对手前手的外侧，那就再好不过，因为这样在抱摔的时候更安全（处于对手弱侧的攻击盲区内）、更容易。

（3）控制距离范围。进入接触距离，让你的对手觉得他有机会打中你，在他发起击打的瞬间，降低重心，下潜并前冲进行抱摔。

（4）击打。击打你的对手，迫使他转入防御状态，这时抱摔就更容易成功。刺拳是最好的铺垫击打，也有格斗者会用后手直拳和各种踢击来铺垫，效果也很不错。

重心转换

对柔术格斗者来说，掌握在前冲抱摔之前下沉重心的技术是极其重要的。为了抱摔而进行的前冲——尤其是对那些瞄准腿部的前冲来说，下沉重心是必须做的一个前置动作。如果你没有在前冲之前下潜，那么抱摔的成功率将变得微乎其微。通过降低重心，你就能够以很高的速度向前弹射，从对手的防御之下钻进去，直接攻击对手的髋部和腿。这能让你更快、更有效地施展抱摔，让对手无从防御。这里的核心是把自己的站架降低到和短跑运动员的起跑动作一样的高度，并用后腿蹬地，将自己向前弹射，这样就可以突破对手的防御直达其髋部和腿。你甚至可以用下潜的假动作来迷惑对手，让他紧张。（图4-15a）

确保自己正确下潜的一种方法是，保持你的前手侧的肩膀在前腿膝盖的正上方。如果前手侧的肩膀太靠前，对手就可以轻松地对你的头做下压动作从而把你带向地面，破坏你的抱摔。如果你下潜的姿态太过直立，你就很容易遭受击打。保持你前手侧的肩膀在前腿膝盖的正上方，接下来的动作就会很顺利。（图4-15b）

抱双腿摔（双手刈）

纵览综合格斗中所有的摔投技术，抱双腿摔大概是最常见的一种。抱双腿摔通过控制对手的腿和髋部来使抱摔变得快速和高效。要想做一个完美的抱双腿摔，其中的关键是前置的下潜动作。下潜可以使你处于一个能够突破对手防御，进而直接攻击对手的髋部和腿的绝佳位置。

使用这个技术的时候，后腿蹬地，前腿向对手的双腿之间快速迈出一步。前冲时，别为了抓住你的对手而极力向前伸手，而是要保持你的肘部紧贴身体。当你的肩膀撞到对手靠近你的那一侧的髋部时，抓住对手膝盖的正后方（记得把头放在对手髋部的外侧）。（图4-16a）这样做意味着你前冲的路径刚好处于对手拳击的弱侧，对手很难用击打技术来反击你的前冲。如果你愿意，当然也可以把前侧膝盖从地上抬起来。当你向上提拉对手的腿时，后腿向前迈一步，踩在对手的外侧，这样你可以向对侧用力推对手。（图4-16b）尽量不要一直停在膝盖跪地的状态，尽快站起来然后前推。这一系列抓和推的动作能够在一瞬间将对手结结实实地摔个仰面朝天。（图4-16c）

头在内侧的抱单腿摔

还有一种流行的抱摔是抱单腿摔。虽然抱单腿摔有各种不同的做法，但在综合格斗比赛中，头在内侧的抱单腿摔是最适合的。抱单腿攻击极其适合对付反架选手，他们的前腿与多数人相反（如果多数人是左腿在前，他们则是右腿在前）。再次需要强调的是，好的抱单腿摔同样需要从好的下潜发起。

要做到抱单腿摔，先要将前腿迈向对手前腿的外侧，下潜至膝盖着地，从

图4-15 重心转换

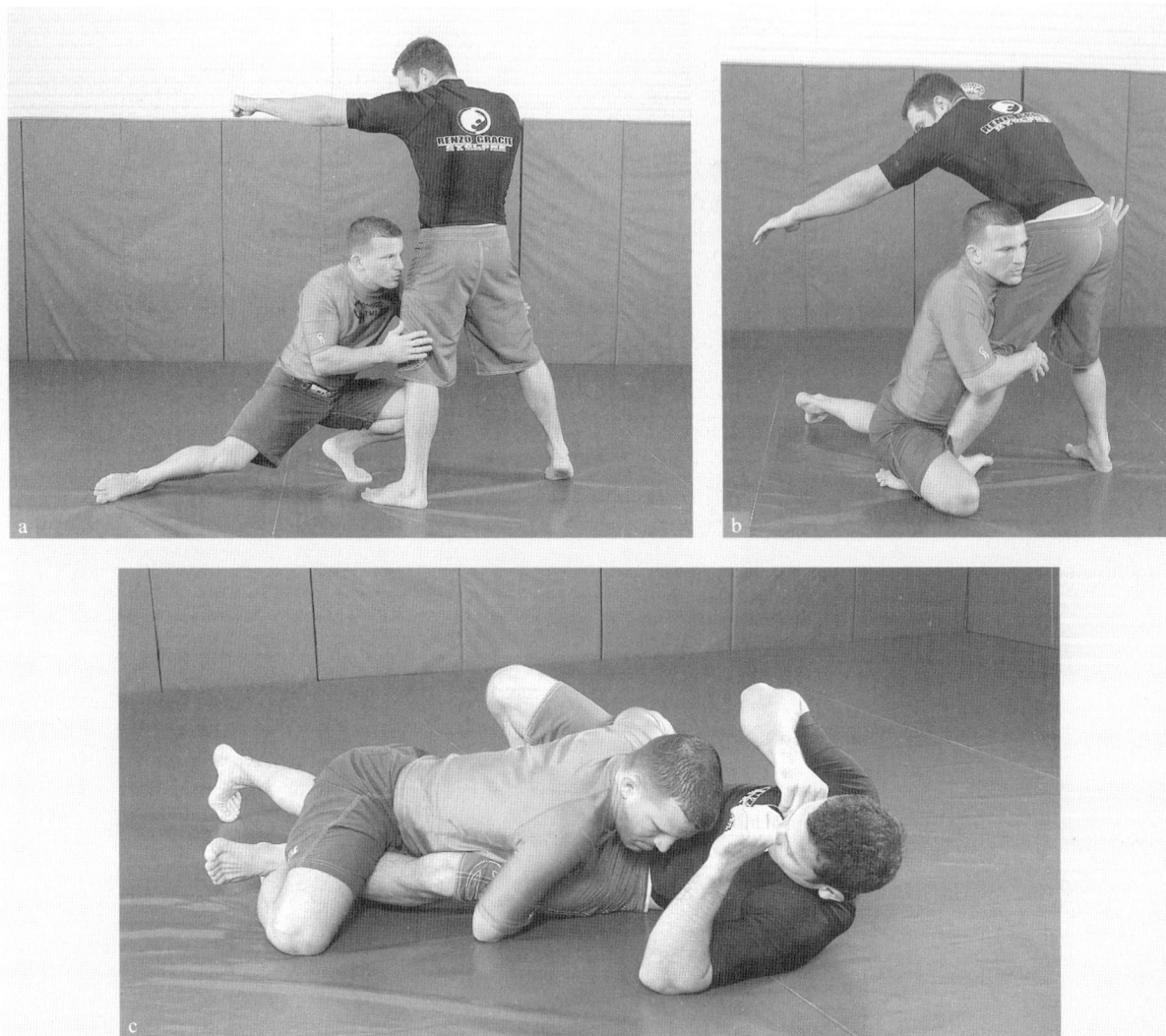

图4-16　抱双腿摔

下方绕过对手的防御。（图4-17a）与此同时，前手像鞭子一样环绕住对手的前侧膝盖，后手抓住对手的脚跟。（图4-17b）将自己的头用力顶住对手的前侧腿大腿内侧，用头向前顶住的同时将抓住对手脚跟的那只手向后拉，对手就会摔向地面。（图4-17c）

头在外侧的抱单腿摔

抱双腿摔的一种变形是头在外侧的抱单腿摔。这种做法较为简单，因为

图4-17　头在内侧的抱单腿摔

你只需要把注意力放在对手靠近你的那条腿上就可以了。和抱双腿摔一样，先降低重心进行下潜。（图4-18a）当你下潜并前冲时，前手从对手双腿之间往回钩住他前侧膝盖。进而用双手环抱其前侧膝盖，双膝分别跪在对手前腿的两边。（图4-18b）在达成这一前置控制位置后，伸前手抓住对手的另一侧膝盖，以防其后撤。（图4-18c）最后，用力向前顶对手的髋部完成抱摔。（图4-18d）记住，要将头和脖子紧紧贴在对手的髋部，防止对手用断头台反击。

图4-18　头在外侧的抱单腿摔

阻挡对手的前冲和下压防摔

在战斗的自由移动阶段，一项至关重要的技能是阻挡对手的前冲并通过下压来防摔。在早期的综合格斗赛事中，掌握这项技能的人少之又少，直接导致了大部分格斗者被对手使用抱摔技术轻而易举地摔倒在地，从而使得击打流选手很难有发挥的空间，而缠斗者在比赛中则获得了无可比拟的优势。

然而，随着时间的推移，格斗者们慢慢学会了防摔，比赛的局面也随之发生了变化。如果一方用很好的防御技术阻止了对手的摔投，对手往往会陷入易受攻击的位置。要想阻止对手使用抱摔，关键有两点，要么在最开始就用手或者前臂来阻挡对手的前冲，要么在失败后马上将自己的髋部和腿向后撤，利用体重实实在在地压住对手。

用手、前臂和对手的腋下来阻挡其前冲

当对手试图前冲抱摔你时，他需要先降低身体重心。此时，你需要和对手一起降低重心，到达与其相同的高度，然后用手或前臂挡在他的肩膀或锁骨位置，以阻止他前冲的势头。（图4-19）随后马上脱离，迅速恢复自己的站架。

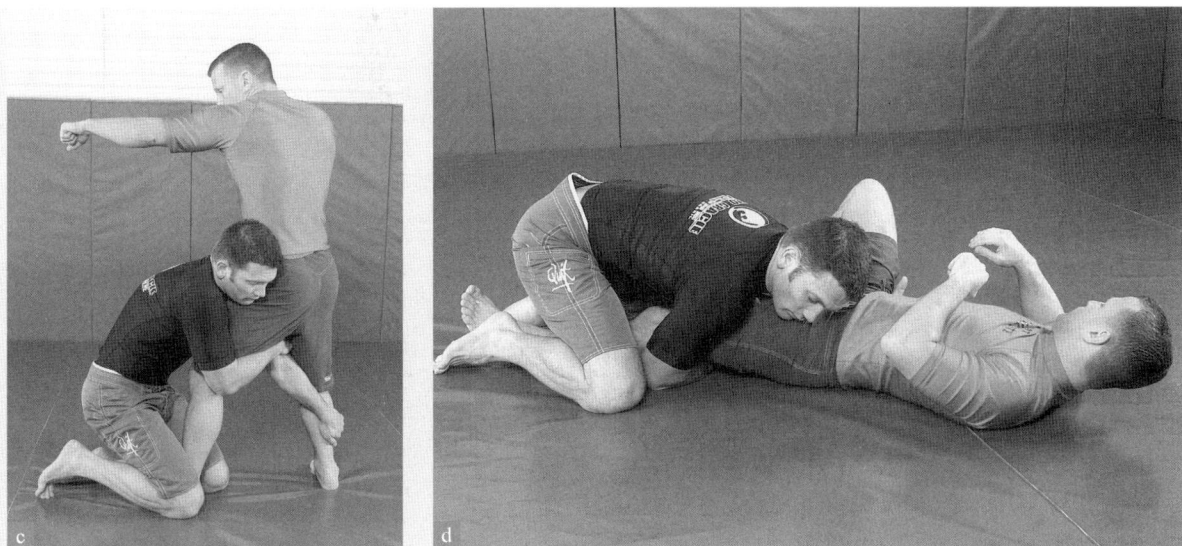

图4-18　头在外侧的抱单腿摔（续）

如果对手也试图恢复站架，那你要找机会进行反击——这正是使用膝击的最佳时机。

还有一种防摔的方法依靠控制对手的腋下来实现，这种方法的有效性在长期的综合格斗比赛中得到了验证。如果你的对手牢牢锁住了你的腰或腿，你可以马上用一只手臂穿到对手的手臂下方，抬手臂的同时将自己的髋部后撤。这样做不仅可以严重干扰对手的进攻，还能让你有力地控制对手的身体。

此时，你可以试着绕过对手，转换到进攻位置。如果你不喜欢地面战斗，马上起身远离，当对手起身时记得抓住机会用击打技术来反击他。

下压防摔

只要你的对手开始前冲，他就一定是想拉住你的腰或腿（或两者兼有）摔倒你。如果你不想被这样摔倒，可以下沉髋部，将腿向后伸展，记得要让背部反弓。（图4-20）另外，当你使用这个技术时，**千万不要抱住对手的腰**。

这样就可以轻松地进行一次反制。下压时，你要让对手承受你的全部体重，所以不要用膝盖撑地，否则会分担压在对手身上的重量。成功下压后，不要一直待在对手的前方，因为对手有可能从第一次失败的抱摔中恢复过来，继续尝试，直到把你摔倒。

图4-19　用前臂防摔

图4-20　下压防摔

案例研究

站立防摔：查克·利德尔

在职业综合格斗选手中，很少有人比查克·利德尔更善于防摔并将战斗保持在自由移动阶段了。利德尔扎实的摔跤功底给他带来了丰富的经验，使他阻挡摔投和下压防摔的技术无比娴熟。此外，他还非常善于从缠抱中摆脱以重新进入自由移动阶段。利德尔将这些技能与踢拳训练中磨炼出来的有力击打相结合，使那些妄图摔倒他的对手吃了大亏。只要他的对手试图摔他，他要么在对手前冲的时候重重地压住对手，要么将对手拖入缠抱。然后，他将找机会摆脱缠抱，回到自由移动阶段，他的对手越来越疲惫，他的击打变得更加有效。

利德尔之所以能取得这般成功，其中有许多关键要素。首先，较为短促的连续击打使他很少露出破绽被对手借机摔倒，但对手每次抱摔的尝试都会将自己暴露在利德尔有力的击打之下；其次，当对手抱摔失败时，利德尔总能选择最恰当的技术进行反击。当然，最重要的还是他熟练的防御性摔跤技术使他很难被摔倒。

自由移动阶段的技术练习

我们已经了解了很多在自由移动阶段中非常重要的技术，这些技术构成了柔术格斗者在该阶段的基础技术储备，也都曾在综合格斗比赛中被广泛验证。当然，了解和练习这些技术是一回事，能在战斗的压力下成功地用出来则是另一回事。重复练习是大有裨益的，能够让格斗者熟练地运用这些技术。

空击

如果你想在战斗的自由移动阶段占据上风，那就必须提升适用于该阶段的技术和能力，而空击正是实现这一点的最重要的训练方法之一。

拳击中的空击被很多人所熟知，而本书所说的空击虽然与之大体相似，但也存在很多显著区别。其中最主要的区别在于，柔术选手可以单独练习自由移动阶段所需的所有技能——站架、移动、拳击、腿击、膝击、肘击、格挡、躲闪、前冲、下压等。别忘了，柔术和综合格斗囊括的技术的数量比拳击多得多。

所以，柔术选手并不只用双手来空击，而是用全身。他们四处移动，假想对手就在面前。例如，想象你的对手处于你的正前方，试图击打并摔倒你，此时，你需要在发起攻击的同时反制对手的攻击。记得要在自由移动阶段使用覆盖各种距离范围的技术。每轮计时5分钟，保持良好的节奏。一定要在保证自己流畅地移动的同时，想象面前有一个进攻欲旺盛的对手。

装备训练

拳击手和踢拳手会使用装备来提升自己的技术，柔术选手完全可以运用类似的方法进行自由移动阶段的训练。重沙袋、手靶、梨球、腿靶、膝靶等装备能用来提高击打的速度和威力。在使用装备训练的时候切勿教条，不要只是站在原地机械地挥拳，想象在你面前的是一个会还击的真人。因此在你击打的时候，应让你的"搭档"来回移动、左右摇晃。

实战

当你的技术提高后，你就需要有所突破了。要想突破，就必须与真人进行实战。要想更好地应对战斗，没有什么比实战更有用了。不过我们还是要事先说明，实战训练也并不意味着你和你的训练伙伴每次都得拼个你死我活，而是要与训练伙伴彼此帮助，共同进步。当你进行实战的时候，试着将对抗强度控制在适合自己技术水平的程度，同时也要达到训练要求。当然，如果你马上就要参加一场职业格斗比赛，你肯定需要更加努力，进行对抗强度更高的训练。但如果你是刚刚开始进行格斗训练的新手，那就要降低对抗强度，试着放松地去打每一拳、踢每一腿，尽量让自己的每次攻击都能瞄准合适的目标，并在恰当的时机打出。同时，也别忘了流畅地移动，及时躲闪对手的每次攻击。

要记住，你练的不是拳击或踢拳！练习缠抱打入和前冲抱摔的时候最好能跟互相信任的伙伴搭档训练，这样训练就不会迅速沦为混战。很多时候，最好能把击打实战和缠斗实战分开训练，这样你就可以专注于击打的进攻和防御（类似拳击和踢拳），或专注于摔投和防摔（类似于摔跤）。客观地说，鉴于大部分人并不喜欢被频繁打脸，因此缠斗实战更安全、更有趣一些，相比击打实战，缠斗实战更适合作为日常基础训练项目。

第五章

缠抱阶段

我们一直在强调，在一对一徒手格斗中，根据接触程度的不同，可以将全程分为几个阶段。其中每个阶段适用的技术都不尽相同。格斗者可能在某个阶段因为拥有相应的技术和素质而如鱼得水，也可能在其他阶段因缺乏适合的技术和素质而陷入手足无措的被动局面。

不同阶段之间快速转换是现实中的格斗的重要特征。其中，从自由移动阶段到缠抱阶段的转换在大多数格斗中都会频繁出现。一般而言，我们将战斗的缠抱阶段定义为：格斗者通过各种方式牢牢抓住对手，从而在一定程度上限制对手的移动。例如，哪怕只是抓住了对手的手腕，稍微影响了对手的移动，也能算是缠抱的形式之一。当然，我们说到缠抱的时候，往往是指那些比抓手腕更强的控制，因此，我们常常认为缠抱需要对对手的头部、上半身或两者同时形成贴身的控制。这种类型的缠抱使得格斗者能够在限制对手移动的同时将其牢牢困住，使其无法进行击打。在本章中，我们会专注于这一类控制性比较强的缠抱，它们的重要性已经在各种综合格斗比赛中获得了广泛的验证。

我们先来看看自由移动阶段和缠抱阶段到底有哪些不同。两者之间最大的区别是，缠抱阶段存在抓把，对手的行动能力有可能因被控制而削弱；而在自由移动阶段，双方总是对等的，如果他们的技术没有明显的高下之分，那双方能攻击到对方的机会是差不多的，毕竟谁都不能限制对方的移动。但不妨试想一下，如果其中一方的手被绑在背后，情况是不是就大为不同了呢？显然，被绑住的一方处于极其不利的境地，当对手开始进攻时，形势就更为严峻了。

所谓的优势缠抱正是如此发挥作用的。格斗者一旦取得了优势的缠抱位置，就相当于把对手的手臂绑了起来，不仅可以严重削弱其攻击能力，甚至还顺便剥夺了他的防御能力。在这样一种缠抱控制中，我们发现，位置策略已经逐渐开始产生影响。位置策略在现代缠斗柔术的辉煌历史中和发展过程中起到了无比重要的作用。从这里开始，有一种思路变得越来越关键，那就是要设法取得让自己可以攻击对手，而对手的反击能力却受到限制的位置。

当战斗从自由移动阶段转换到缠抱阶段时，随之而来的还有一种变化——降服技术开始扮演重要角色。在缠斗中，在站立状态下总是会有很多降服技术可供使用，这些技术同时也是摔法的一部分。另外，一旦缠抱形成，击打也随之发生了质变。在自由移动阶段，你可以使用任何你觉得合适的击打技术，但在缠抱阶段，你只能使用在当时的缠抱形式限制下能用的击打手段。在本章中，我们会详细讨论以上话题。

缠抱阶段是战斗的过渡阶段

大部分人想到综合格斗，都会不约而同地想到其中的两个组成部分：以击打和摔投为重点的站立阶段和以位置争夺技术及降服技术定成败的地面阶段。但是，如果把思考局限于这两个术语的话，就忽略了格斗的关键一层，即缠抱才是战斗的开始。

在格斗中，缠抱是其中非常有趣的一个层面，它兼具站立阶段和地面阶段的特点。人们常常会说自己是站立击打选手或地面缠斗选手，其中站立击打选手倾向于强化他们的击打技术，并将其重要性凌驾于其他所有技术之上；而地面缠斗选手则更愿意强化位置争夺技术和降服技术。然而，这种人为划分的鸿沟还是被缠抱打破了。在缠抱中，站立和地面的特点融为一体。要想在缠抱中占据上风，就得结合击打、保持平衡、缠斗、位置争夺、摔投和降服等各种技术。很多人认为，在当代格斗界，缠斗技术仅仅在地面战斗中才能大放异彩，这种看法完全忽视了它在站立缠抱状态下的重要性。

要充分理解缠抱的作用，请牢记一点：战斗从站立阶段直接进入地面阶段是相对罕见的，当一名格斗者被击倒在地或被干净利落地摔倒时，这种情况才会发生。更常见的一幕是，两名格斗者在互相击打时抱在了一起，或一方试图摔倒另一方，而另一方竭尽所能地防止被摔倒，随后双方便进入缠抱状态。

一旦战斗进入缠抱阶段，接下来几乎总是朝着两个方向之一进行。第一种可能，缠抱被挣脱，于是战斗重新回到自由移动阶段；第二种可能，战斗被拖入地面。理论上说，缠抱阶段是可以使用降服技术的（尽管缠抱最后基本上都以倒向地面结束），并且也不是没有可能发生击倒获胜的情况。然而，大多数情况下，缠抱的结果是双方要么重新回到自由移动阶段，要么进入地面，这取决于双方的想法以及为了执行想法所使用的技能。综上，缠抱通常在自由移动阶段和地面缠斗阶段之间起到过渡作用。

如果一名格斗者具备缠斗阶段所需的各种技能，那他就能将战斗带向他所希望的方向。我们将在本章中研习这些技能中的一部分。由于缠抱阶段能决定战斗的方向，所以它是战斗中举足轻重的一个阶段。换句话说，谁掌控了缠抱阶段，谁就掌控了整场战斗。你如果希望回到自由移动阶段，那具备摆脱缠抱的技术就行了；反之，如果你更希望进行地面缠斗，那么拥有在缠抱阶段发起的摔投技巧可以让你如愿地进入自己擅长的领域。

缠抱的四种用途

为什么总有人想让战斗进入缠抱阶段？格斗者通常有各自的理由，在综合格斗比赛中，以下四种理由经常出现。

（1）如果对手是一名犀利的击打流格斗者，缠抱能够削弱其击打威力。由于这种打法常见于拳击比赛，大多数人对此都不陌生。当一名拳击手发现自己身陷困境时，通常会试图将对手紧紧抱住，以防受到重击。在这种情况下，缠抱更多地体现了它消极的一面，只不过这种消极应对能够大大削弱对手的击打效果。在综合格斗中，缠斗选手更喜欢这种战术，他们会极力避免在自由移动阶段受到击打，尽快进入缠抱阶段。

案例研究

综合格斗中的高效缠抱：兰迪·库卓

有些格斗流派比其他流派更强调缠抱技巧。例如，泰拳会在几个特定的缠抱位置进行击打，柔道非常重视在拉扯每个柔道选手都穿着的道服的缠抱中摔投对手。然而，没有一种格斗流派比古典式摔跤更重视缠抱，因为不允许抱腰部以下的部位，选手们不得不把所有注意力全部集中于上半身。

兰迪·库卓在转打综合格斗比赛之前是一名国际级的古典式摔跤运动员。他在所有的综合格斗比赛中都很好地利用了他的古典式摔跤技术，将其与扎实的击打技术以及地面缠斗相结合，给他的许多对手造成了毁灭性的伤害。库卓利用缠抱来困住拳击手和踢拳选手，使他们或动弹不得，或失去平衡，从而无法有效地进行击打。此外，他还会利用缠抱来为抱摔进行铺垫，一旦抱摔成功，就可以将比赛带入地面，并保证自己处于上位。其他时候，库卓会利用缠抱来消耗对手的体力和意志。如此这般，他便可以控制比赛的节奏和进程，保持站立状态，直到他决定进入地面。

虽然许多格斗者都擅长缠抱中的某些方面，但库卓的不同之处在于，他几乎在所有方面都很强，时刻控制着比赛的节奏和走向，这使他成为非常难对付的对手。如果他想保持站立或不想被对手击打，他就会把对手困在缠抱中。任何时候，只要他想转至地面阶段，他就能直接在缠抱过程中摔倒对方。当然，如果他想用拳头对付对手，他可以随时摆脱缠抱，恢复自由行动。

所以，一个熟练的缠抱格斗者有能力决定战斗的方向。由于缠抱通常是站立和地面之间的阶段，如果你能控制这个中间阶段，你就可以控制接下来的战斗。这种控制能力是库卓在综合格斗比赛中取得巨大成功的关键之一。

（2）**缠抱也可以作为强力击打的铺垫而变得极具攻击性。**缠抱并不只是防守的工具，还可以用作攻击。许多精于缠抱的格斗者会积极地寻找各种有利的缠抱位置，以便发动有力的缠抱击打——特别是膝、肘攻击。如果一个格斗者结结实实拿到了箍颈缠抱，接下来就很可能给予对手重击。不过，缠抱阶段的击打和自由移动阶段的击打是完全不同的，请时刻记住：擅长某个领域不代表在其他领域也能如鱼得水。

（3）**缠抱还能作为更安全的摔投前置。**在战斗的自由移动阶段，长距离的下潜抱摔很容易被对手的下压所防御，此时你处于对手的下方，对手可以拿到稳固的前头锁控制，并进行击打。此外，对手还有可能绕到你身后并拿背，这也是一种风险。甚至可能出现在前冲阶段就被对手膝击击倒的情况。因此，很多人认为，与其孤注一掷地从远处下潜前冲抱摔，不如先进入缠抱，再尝试摔投。

（4）**将战斗保持在站立状态，防御对方的摔投，也同样是缠抱的作用。**只要你不希望战斗倒向地面，就可以使用这样的策略。比如，很多擅长击打的选手只要能将对手牢牢困在缠抱中，被对手摔倒的可能性就大大降低了。

案例研究

防御性的缠抱技术：佩德罗·里佐

巴西格斗家佩德罗·里佐能够很好地利用防御性缠抱帮助自己赢得比赛。

由于他擅长泰拳，因此需要将战斗保持在站立状态，这样他才能利用强大的拳腿攻击击倒对手。里佐的主要防御手段是高效的下压防摔和进攻性很强的抱臂腋下缠抱。每当对手试图使用抱摔时，里佐就会向后下压防摔，并在第一时间寻找到对手的腋下把位，腋下把位被控制使得对手很难完成抱摔。接下来，里佐会起身进入抱臂腋下缠抱——这种缠抱方式用于防御能够有效克制抱摔。一旦进入抱臂腋下缠抱，里佐将保持髋部向后压以维持平衡，然后摆脱缠抱，回到他擅长的自由移动阶段。通过使用这种战术，他成功破坏了许多对手的抱摔。对手在一次次失败的抱摔中消耗了大量的体力，里佐便可以在他们体力不支的时候用有力的拳头将他们击倒。

看待缠抱的两种不同视角

并非所有格斗者对缠抱的理解都是一致的。有很多格斗者，尤其是缠斗流选手，会将缠抱视为一个很好的机会——可以开展自己的攻击，同时还能削弱对手的攻击能力。因此，他们将缠抱视为免受危险袭击的避风港，战斗开始后会尽快进入并维持缠抱状态。大部分情况下，这种格斗者会将缠抱视作摔投的前置和将战斗带向地面的方法之一。

第二种看待缠抱的角度是将其视为格斗者保持站立状态的最后防线。以这样的角度看待缠抱的往往是专长于站立击打的格斗者。这种类型的格斗者会尽力在第一时间挣脱缠抱并回到自由移动阶段。

这两种不同视角的有趣之处在于，它们都认识到了两个基本事实：

（1）缠抱是自由移动阶段和地面缠斗阶段的过渡。

（2）在格斗中，缠抱几乎是不可避免的。如果双方互不相让，战斗几乎总会迅速进入缠抱。格斗者会因为害怕受到击打而面临巨大的压力，这种压力对不经常面对击打的人来说是不可想象的，这使得他们几乎不可避免地迅速相互接近并紧紧抓住彼此。

在缠抱中取胜

在徒手格斗中，格斗者可以通过很多种方法来取胜，其中两种直接的获胜方式都是在缠抱阶段使用的。其一便是击打。很多时候，一个熟练的缠抱选手可以让对手被迫处于易受攻击的位置，然后用膝击或肘击将他击倒。有几位知名的当代综合格斗选手就专精于此。其二则是用降服技术来迫使对手投降，否则对手将受到严重的伤害。相比之下，较为间接的取胜方式是通过缠抱技术来消耗对手的体能，因为缠抱可能是格斗中对体能要求最高的阶段之一。使用这种方式也许不能直接结束战斗，但可以使接下来的战斗更轻松，为胜利扫清道路。还有一种常见的情况就是在缠抱过程中获得优势分数，最后通过裁判的判定获胜。

缠抱的关键技能

我们一直认为，战斗的每个阶段都有其专属技能，掌握这套技能就能在该阶段占据上风。虽然这并不意味着不同阶段之间的技能没有重叠，但是经验清楚地表明，精通某个阶段的技能并不能对其他阶段有太多助益，缠抱阶段也不例外。接下来，我们将看到一套对缠抱阶段大有帮助的专属技能。

- 基本缠抱位置和抓把。
- 缠抱位置的转换。
- 缠抱的打入。
- 破坏平衡（破势）。
- 缠抱中发起的摔投。
- 降服。
- 缠抱中的击打。
- 挣脱缠抱。

基本缠抱位置和抓把

在综合格斗比赛中，最有效的缠抱位置有6种。不得不多加注意的是，根据对对手的控制程度不同，缠抱的位置是有优劣之分的。一些缠抱位置是均势的，因为它们并不能提供实际的优势。由于你和你的对手用相同的动作抓把，因此，对手可以使用与你完全相同的动作。换句话说，这些缠抱位置是对称的。在综合格斗比赛中很重要的两个均势缠抱是领-肘缠抱和抱臂-腋下缠抱。

领-肘缠抱

要想把对手固定在领-肘缠抱中，你需要一只手抓住对手脖子后面的领口处（也可以扣住他后脑勺到头顶之间的位置），另一只手抓住对手的肘。对手可能会以同样的方式抓住你，形成对称的缠抱。你如果想为自己创造一点优势，则可以把控制对方肘部的手稍微向内侧推，并把手放在对手的肱二头肌位置，从而获得内侧控制的优势，为自己的击打或摔投创造机会，并阻碍对手发起同样的进攻。（图5-1）

抱臂-腋下缠抱

抱臂-腋下缠抱是综合格斗比赛中最常见的缠抱形式。它之所以是中立的缠抱位置，是因为双方位置对称，双方可以运用完全相同的技术。谁的技术更好、体型更大，谁就能在这种缠抱中占据上风。

抱臂-腋下缠抱的做法是：一只手臂从对手腋下穿过去，另一只手臂从上方环绕并抱住对手的手臂，自己的头部始终保持在抱臂这一侧。这样的缠抱可以给对手施加很大的压力，从而很好地控制对手被抱住的手臂。（图5-2）你

图5-1　领-肘缠抱　　　　　　　　　图5-2　抱臂-腋下缠抱

的胸口应尽量和对手的胸口贴紧，如果需要，也可以用手固定对手的腰，即所谓的抱臂-腋下躯干锁，从这个位置能发动一系列不同的攻击。尽管这种缠抱和躯干锁有许多进攻选择，但问题是你的对手也可以对你使用完全一样的攻击技术。此外，抱臂-腋下缠抱是一个极好的防守位置，在这个位置很难被有效地攻击，因此受到很多人的喜爱。一旦进入这个位置，就可以开始部署其他更具优势的缠抱。当然，这些优势依然是有程度之分的。

双腋下缠抱

当两个同样擅长缠抱的选手进入胸对胸位置时，通常情况下双方都希望拿到双腋下的把位。这种缠抱可以牢牢地控制对手的下背部、髋部和上半身，从而形成很大的优势。这种缠抱只需要你将自己的双臂穿到对手的双臂下方就能实现了。一旦拿到这种缠抱位置，对手就很难发起攻击，而你则可以轻松地下沉自己的重心，进行抱双腿摔或抱单腿摔。

双腋下缠抱是我们看到的第一种优势缠抱，但它可能是各种具有优势的缠抱中优势最小的那一种。这个位置很容易拿到，因而也很常见。和抱臂-腋下缠抱一样，你可以在对方身后锁住自己的双手，从而增加额外的控制能力。（图5-3）

箍颈缠抱

其实，"箍颈"这种说法是不太严谨的，在这种缠抱中，应该"箍"的位置是头部而不是脖子。这种缠抱的做法是，将一只手放在对手的头顶上，然后用另一只手盖住前一只手。将左右肘部并拢，用前臂顶住对手的锁骨。站立的重心在前脚掌，尽量让对手的头比你自己的头更低。（图5-4）

在泰拳中，箍颈是标志性的技术。依靠箍颈，泰拳选手可以制造很多强力肘击和膝击的机会，还可以用拉对手的头然后向一侧撤步来使其失去平衡。这个技术在综合格斗比赛中制造了极多的击倒获胜。此外，它也是绞技断头台的绝佳前置。要想建立稳固的箍颈，绝佳的时机常常出现在下压防摔并阻止了对手的前冲抱摔之后，当对手试图回到站立时，他就很容易被箍颈并遭受随之而来的猛烈膝击。

背后缠抱

背后缠抱是非常有用的一种缠抱，它兼具强大的攻击性和牢固的控制力。

图5-3　双腋下缠抱

图5-4　箍颈缠抱

进入此位置后，你位于对手身后，双手锁在他的腰部，把位可以是双腋下，也可以是单腋下。（图5-5）当然，抓把的方法不局限于此，还有其他变体，但腰部抓把简单有效。由于你在对手身后，所以他很难有效地击打你，他能做的几乎只有踩你的脚或向后肘击。

　　当然，你确实需要小心对手的某些降服技术（我们稍后会看到其中一些），但你自己也有很多进攻选择，所以在这个位置上要积极进攻。综合格斗比赛中出现过许多站立状态下背后缠抱的极好例子，在这些例子中，背后缠抱都创造了直接进行背后绞技的机会。

前头锁缠抱

　　前头锁缠抱无疑是站立状态下最有优势的缠抱方式。这种缠抱有很强的控制力，使对手难以挣脱。使用它，你能够创造很好的机会击打、摔倒和降服对手，而你的对手几乎不可能还击。可以客观公正地说，无论是在站立状态还是在地面缠斗中，相比较其他缠抱方式，前头锁制造了更多的击倒和降服。一旦拿到了前头锁的把位，你就很容易膝击命中对手脆弱的头面部。除了作为一种控制位置高效地摔倒对手以外，前头锁距离断头台降服也仅有一步之遥。

图5-5　背后缠抱

图5-6　前头锁缠抱

拿到前头锁的方式通常有两种。第一种是主动前头锁，具体做法是故意将对手的头部下拉至自己头部下方并锁住；第二种是被动前头锁，它往往来自防御住对手的抱摔后自然形成的位置。例如，当你完成一次下压防摔，将自己的体重压在对手身上后，双手搭扣，你就拿到了前头锁。

不过，无论是通过哪种方法拿到的前头锁，其形态都是一样的，你必须控制对手的头部和一只手臂。用一只手臂圈住对手的头部并抓住他的下巴，另一只手抓住对手的肘并拉向外侧。确保自己的头位于对手被困手臂的一侧，并保持自己的肘部向后紧贴肋骨。双手可以就放在当前位置，也可以扣在一起以增加控制力。（图5-6）

缠抱位置的转换

在缠抱的对抗中，格斗者必须不断争夺更好的位置，才能更好地击打、摔倒对手或让对手认输。由于势均力敌的位置更容易拿到，所以缠抱往往开始于此，但随后你必须尽力取得一个占据上风的位置。因此，拥有从均势缠抱向优势缠抱（然后再到优势更大的缠抱）转换的技能是至关重要的。

从领-肘缠抱到背后缠抱

从领-肘缠抱是可以快速转换到背后缠抱的。要做到这一点，最简单、最高效的方式就是使用"下穿"，即快速下沉重心，从对手的胳膊下穿过去，然后绕到对手背后，拿到背后缠抱。如果能正确完成以上动作，你就能够高效地进入一个非常棒的进攻位置。（图5-7）

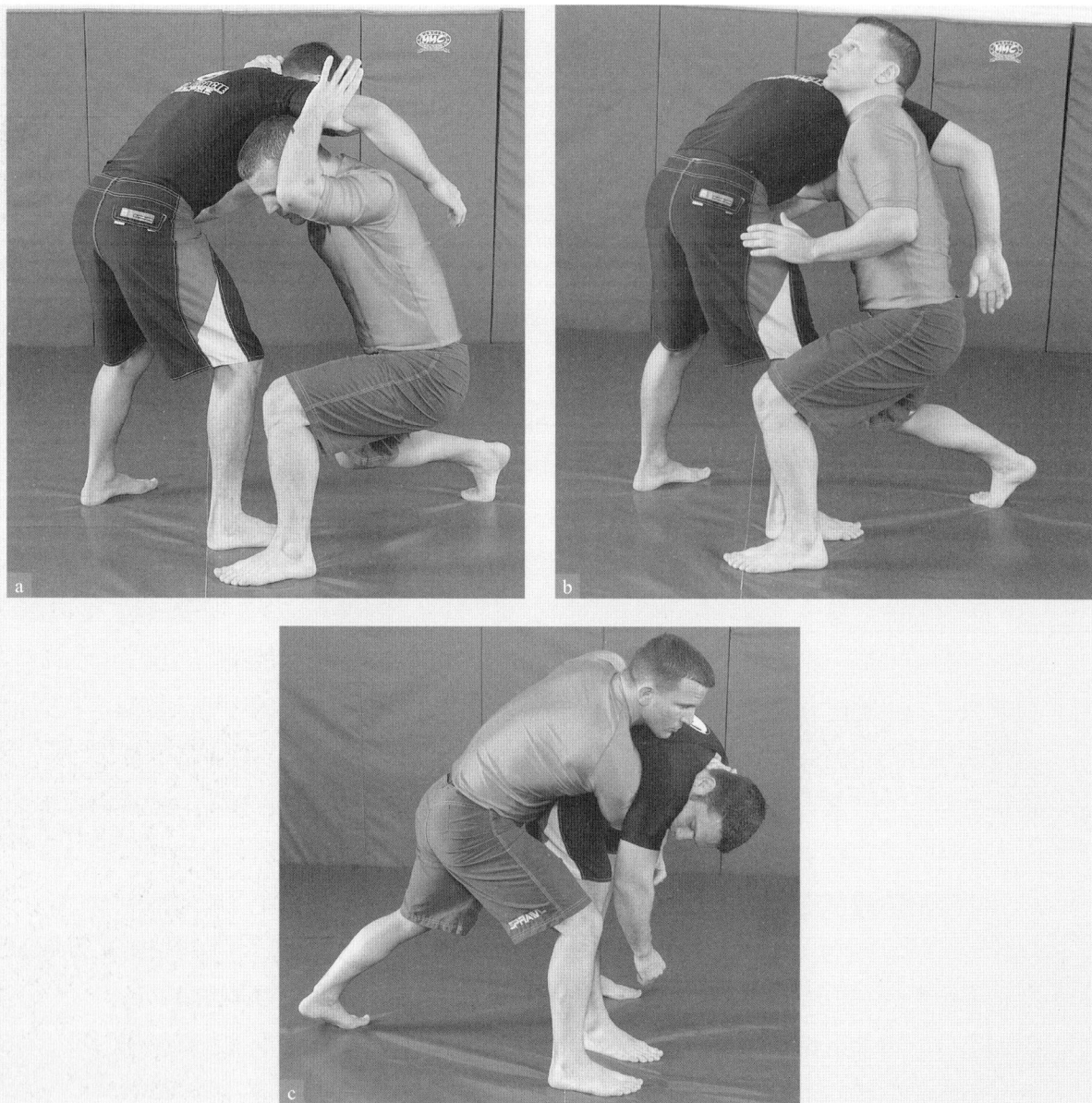

图5-7　从领-肘缠抱到背后缠抱

从抱臂缠抱到双腋下缠抱

所有从均势缠抱到优势缠抱的转换中，最常见的可能就是从抱臂缠抱到双腋下缠抱了。该技术只需要将你抱住对手手臂的手从其手臂下穿过，你的双臂就都从其腋下穿过了。（图5-8）这个技术风险小且省力，因此受到很多人的喜爱。然而，当你开始把手穿到对手的腋下时，如果他也很擅长缠抱，他马上就能意识到危险，他的应对很可能是将另一只手臂反穿到你的腋下，这样，他就可以阻止你拿到双腋下缠抱，从而继续保持势均力敌的抱臂缠抱。

常常出现的情况是，这一系列动作会让优势位置的争夺变成拉锯战。双方都想获得双腋下缠抱的优势，所以都试图将手臂穿到对方的腋下。既然双方可以做的动作完全相同，那么谁也无法真正拿到双腋下缠抱。像这样的上肢对抗被称为抢把，虽然非常消耗体力，但在综合格斗比赛中可谓再寻常不过了。在本章的后面，我们会练习抢把，这些练习对于技术和身体条件的培养是至关重要的，有助于让你成为一名厉害的缠抱选手。

从箍颈缠抱到前头锁缠抱

如果想要对对手进行击打，尤其是膝击或者肘击，箍颈缠抱是最好的缠抱方式之一。虽然此时已经具有了很大优势，但如果可能的话，向前头锁转换仍然是最好的选择，因为前头锁可以提供更强的控制力、更高的降服和击打成功

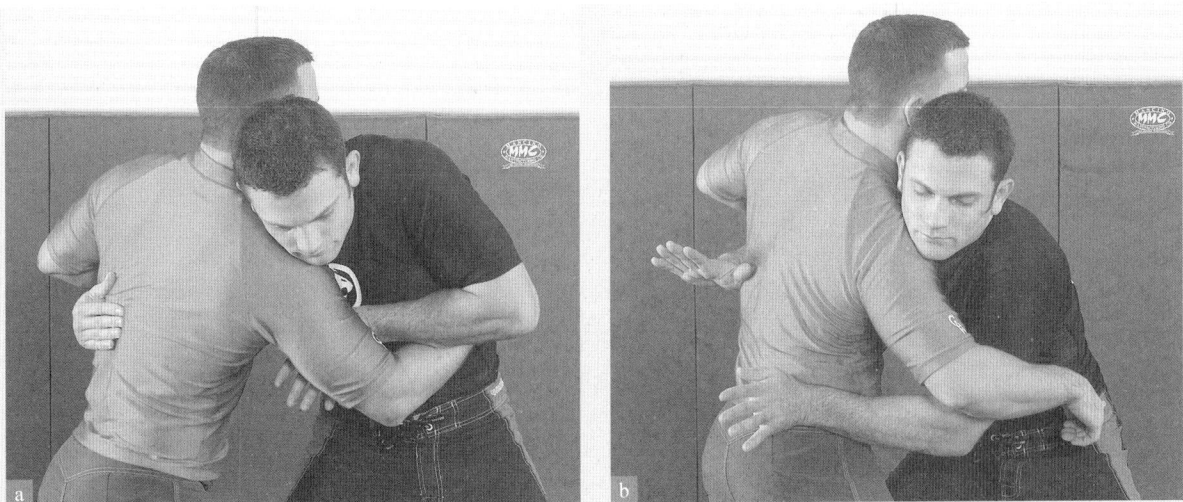

图5-8 从抱臂缠抱到双腋下缠抱

率。要想进行这样的转换，最简单的办法是膝击对手的躯干中段，大部分情况下，对手会弯腰以减弱膝击的冲击力，但这也意味着他会低头并进入前头锁的控制中。就算对手没有弯腰，你也可以很容易地通过下拉技术让对手头部向侧下方移动，直到拿到前头锁缠抱。（图5-9）

缠抱的打入

在一场拳击比赛中我们会经常看到，两名拳击手发起进攻，最后总是会搂抱在一起。几乎所有的街头打斗也都是如此。双方以互相挥拳击打开始，却很快就以缠抱在一起而结束。事实上，大多数街头打斗发生的时候双方已经靠得很近了，以至于许多打斗直接开始于缠抱。人们可能会从这一观察中得出结论，即在真实的打斗中，缠抱是完全不可避免的。这当然有道理，但最令人惊讶的是，如果一名格斗者铁了心想进入缠抱，就算他几乎什么都不会，他也能达到目的。尽管他需要顶住对手一连串的拳击，但在大多数情况下，他最终还是能够把对手拉进缠抱。当然，技术越精湛，进入缠抱所需要硬扛下来的攻击就越少。

主动打入缠抱

先使用击打来分散对手的注意力是进入缠抱的最好方法之一。只要你挥出一拳，你的对手就必须做出动作来应对，比如格挡、移动或反击，否则他就会被击中。因此，在你做出真正想要的动作之前铺垫一些击打可以起到分散对手注意力的作用，随后拉近距离，并安全地进入缠抱状态。当你的对手因为你的击打而被迫应对时，他就会无法集中注意力，这时，你可以迅速拉近距离进入缠抱。

一种主动打入缠抱的方法是站在你的对手面前，保持在对手刚刚好无法攻击到你的安全距离。假装迅速降低你的重心，这会让对手误以为你要下潜抱摔了，而你真正要做的动作却恰恰相反——恢复重心并向对手的头部快速刺出一拳，一边出刺拳一边向前靠近，这样可以使你更接近对手，并迫使对手做出防御。继续向前接近就可以进入缠抱状态了。

被动进入缠抱

当你的对手激进地前压攻击时，你就可以抓住机会拉近距离进入缠抱或者

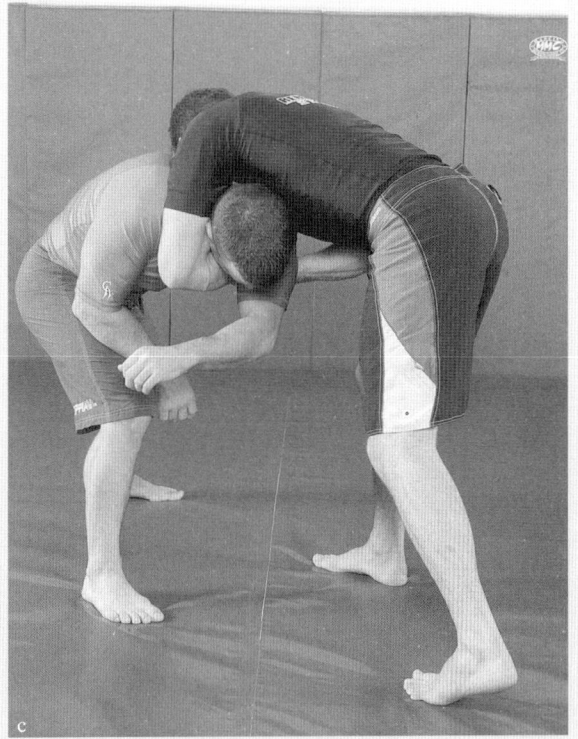

图5-9 从箍颈缠抱到前头锁缠抱

进行抱摔。对手每往前压一步，你们之间的距离就会缩短一步，这为进入缠抱制造了绝佳的机会。当然，你必须护头，格挡对手的攻击，然后略微降低你的重心，向前一步，最后牢牢抱住对手。

当对手冲向你并试图进行抱摔时，最常见的应对方式是下压防摔，一旦防摔成功，双方会自然而然地进入缠抱状态。在各种不同的缠抱形式中，有一种特别适合这种情况，那就是箍颈缠抱。当你成功下压在对手后背时，可以等待他起身，在起身的瞬间马上圈住他的脖子。如果对手继续尝试站立，你可以很容易地对他进行强力的膝击。在综合格斗比赛中，有很多胜利是这样的缠抱所带来的。对抱摔来说，这也是一种极具攻击性的反制手段。

破坏平衡（破势）

缠抱中最重要的技能之一就是破势，也就是让对手失去平衡。为了做到这一点，你需要利用抓把来迫使对手移动。这种能力经常被许多格斗者忽视，但它却是在缠抱中彻底控制对手的最可靠的方法，成功的破势能够让你战胜体型更大、力量更强的对手。在不断的练习中，你会慢慢感受并习得破势的技巧，这种感觉很难用语言来描述，想要理解它离不开实际的练习。

毫不夸张地说，如果你能在战斗的缠抱阶段让对手失去平衡，那无论是摔投、击打还是降服都会更容易。原因很简单，当一个人失去平衡时，他首先要做的是恢复平衡和姿势，这就会使他很容易受到击打、降服和摔投。如果列出所有包含了缠抱的格斗运动并对它们进行分析，我们可以很容易地看出，格斗者都将破坏平衡的技术视为进攻前的重要铺垫。柔道的创始人嘉纳治五郎在对传统柔术进行改良时，把破势作为一切的基础。我们可以从他的文字和技术中看出他对破势的深刻理解。他对破势的分析时至今日仍然可以作为破坏对手平衡时的大致的技术指导原则。

这里所说的指导原则是减少摔投时所耗费的力量，显而易见，这是"精力善用"的体现。遵循这样的原则，才能使一个体型较小、力量较弱的人战胜一个比他高大强壮的对手。如何将力集中于一点是嘉纳所追求的目标。

用这样的方式讲解，相信大多数人都不难理解"破势"这个抽象的概念。然而，理论化的方法要想运用到实际中就没那么简单了。还好，其中有一些可以快速上手、马上能用于指导实战的原则。如果要教导一名学生真正地掌握破坏对手平衡的技巧，这些原则能起到很大的作用。其中非常适用于起步的一个原则是，如果对手拉你，你就推他，反之，如果他推你，你就要拉他。遵循这个简单的原则可以立即让你有效地干扰对手的身体姿态和平衡。

现在我们把缠抱中破坏对手平衡的方式分为两种，一种是直线法，一种是环绕法。

直线法

使对手失去平衡的直线法通常是从领-肘缠抱、箍颈缠抱或前头锁缠抱开始的。到目前为止，最常见、最有效的方法是下拉。其思路是把你的对手向后推，诱使他顶着你的力往回推。如果他不往回推，那他就会直接向后仰而失去平衡。当你感觉到他开始往回推时，突然转换发力方向，把他的头拉向你自己脚的方向，同时记得要把自己的脚向后撤，否则对手有可能会顺势抱你的腿。向下拉对手头部的速度要快，不能慢慢发力。很多时候，你的对手会试图迅速直接站起身来，这反而使你很容易在他重新站起来时向后推他，破坏他的平衡，并且，你还能趁机下潜前冲，进而完成一次快速的抱摔。

环绕法

环绕法通常适用于上半身的缠抱，如抱臂腋下缠抱和双臂下缠抱。环绕法的思路是给对手的身体两侧分别施加推和拉的力量，使对手的身体发生旋转。当你向后撤步时，用插在对手腋下的手或抱臂的手将对手向你这边拉。这时对手的身体就会产生旋转的趋势，他必须调整步态才能恢复平衡。你可以利用这种瞬间的失衡进行击打、摔投或降服。其中的关键在于，你向后撤哪条腿，就要拉对手哪一侧的身体，这样你就能破坏对手的平衡，并且很容易对他发起膝击。

缠抱中发起的摔投

综合格斗比赛中的摔投可以分为很多类别，其中一部分可以从缠抱状态发起，而另一部分则是从自由行动状态发起。根据这两种发起方式的不同，我们可以对摔投进行基本的分类。自由移动阶段的摔法所瞄准的目标大多为对手的腿或髋部，而缠抱状态下的摔法重点往往在于对对手上半身的控制。这也是为什么以上半身摔投为核心的古典式摔跤手可以在综合格斗比赛中如鱼得水。缠抱的方式不同，可以运用的摔法也不同，接下来我们将针对不同的缠抱方式来研究其对应的摔法。当然，如果你能先让对手失去平衡，那摔倒他就会变得非常简单，所以要持续不断地破坏他的平衡，这样你在摔倒对手时就可以充分利用这一点。

从抱臂–腋下缠抱到大内刈（Ouchi Gari）

从抱臂–腋下缠抱可以发起很多种摔投，但问题是，由于双方都以同样的方式进行了缠抱，所以你能做的技术你的对手也一样可以做。因此，如果要成功地发起进攻，关键就是破坏对手的平衡，这样你就能破坏他的防御并将他摔倒。

在抱臂–腋下缠抱状态下，大内刈是最好的摔法之一。这一动作的优点是高效且相对安全。如图5-10，在抱臂–腋下缠抱状态下，用你抄对手腋下的那一侧手臂将对手拉向你，使他被迫向你迈步以保持平衡。这一动作会让对手的站架变得更宽，从而降低你后续动作的难度。当然这一系列动作也可以从双腋下缠抱发起。将你抄对手腋下手臂同侧的那条腿移至对手的双腿之间，然后将你的脚贴着垫子扫过去，别住对手的腿。向前移动重心，把体重压到对手身

图5-10　从抱臂–腋下缠抱到大内刈

上，你甚至可以用你抱臂侧的手臂抓住对手的膝盖，并向你的方向拉。这个动作可以将你的对手摔至后背着地，而你则会位于他的两腿之间。

从双腋下缠抱到小外挂（Kosoto Gaki）

在综合格斗比赛中，最好用的摔法之一是从双腋缠抱发起的小外挂。在双腋下缠抱状态下，用双手锁紧对手的腰部（图5-11a），同时将你的髋部紧贴对手的髋部（图5-11b）。

此时，你可能会有被对手以夹颈摔反击的危险，因此你要把自己的髋部压低并紧贴对手的髋部。向他腿的外侧迈步，然后钩住他的小腿甚至更低的位置。（图5-11c）面朝对手，下沉髋部，并用手臂用力拉他的下背部，然后下压。这会破坏对手的姿态，使他向后倒下。然后，你就可以向前一步取得优势位置。（图5-11d）

从背后缠抱到谷落（Tani Otoshi）

如果你处于背后缠抱的位置，你就有许多机会可以摔倒他，其中最简单、最可靠的方法是谷落。这一技术需要的力量很小，而且很难防御。双手抓住对手的腰部，也有些人喜欢环抱住对手的腰。（图5-12a）重心下沉，将一条腿伸到对手两腿的后方。（图5-12b）抱紧对手的腰，让他贴近你，然后用你伸出的腿将他绊倒。随对手倒地时要侧身（不要平躺），紧贴你的对手（图5-12c），然后快速起身，控制对手。

从前头锁缠抱到对侧抄脚踝

正如我们所见，前头锁缠抱是现有缠斗方式中最有控制力的技术之一。格斗者可以从这个位置发动多种摔技，每一种都很难防御。在前头锁缠抱状态下发起的一个特别高效的摔法是对侧抄脚踝。

从前头锁缠抱姿势开始（图5-13a），将你的头深深地扎到对手被控制的手臂的腋下，然后用原本环绕对手手臂的那只手抓住对手的脚踝（图5-13b）。记住，不要抓小腿的上半部分。拉对手的脚踝，同时向对侧和下方推挤对手。这会给对手带来巨大的压力，最终会让他后背着地完全倒在地上。你需要持续向前推挤并拉对手的脚踝，直到你紧紧压制住对手。（图5-13c）在整个动作过程中保持对对手头部的控制，你的手不要离开他的下巴。

图5-11　从双腋下缠抱到小外挂

图5-12　从背后缠抱到谷落

图5-13   从前头锁缠抱到对侧
抄脚踝

降服

巴西柔术的一大亮点就是它缠抱中的降服技术。只有柔道、桑搏、修斗等少数武术拥有这样的特点。降服给缠斗带来了全新的元素，这是许多重视缠斗的武术所缺失的。我们可以将缠斗中的降服技术分为两种基本类型。

（1）站立降服技术。其中最常见的无疑是断头台。作为降服技术，它已经终结了无数综合格斗比赛，迄今依然是站立缠斗情况下击败对手的最好方法之一。

（2）从站立开始，但结束于地面的降服技术。在比赛中成功使用的大部分站立降服技术都是从两名选手在站立的紧密缠抱中开始的。其中一名选手跳起来，拿到降服位置，并利用降服技术摔倒对手，最终两人进入地面的时候，降服技术已经稳固地锁在对手身上了。飞身断头台就是很好的例子。另一个绝妙的例子是飞身木村锁。

在缠斗中无论使用哪种降服技术攻击对手，成功锁住对手的前提都是破势以及对各种缠抱技术的深入理解。只要将对手牢牢固定在控制力强大的缠抱中，并使他失去平衡，接下来部署降服技术就顺理成章了。

从领-肘缠抱到站立断头台

从站立位置到断头台最稳妥的方式是使用下拉技术。下拉技术有几种不同的类型，下面我们要说的这种是最快、最有效的一种。

在拿到了领-肘缠抱之后，把你放在对手肘关节附近的那只手移动到其大臂内侧（图5-14a），这样你的双臂就都处于对手手臂内侧了，你可以因此获得些许的位置优势。此时你的另一只手臂正环绕着对手的脖子，用这只手臂的前臂向对手的锁骨方向用力推。当他试图反推回来时，将你的双手向前下方猛拉，把对手的头拉低，持续向后移动步伐。（图5-14b）这一动作能使对手头部的高度低于你的头部，这样你才能用手臂环绕住对手的脖子，使用断头台。（图5-14c）断头台有多种不同的做法，各自有其优劣势，这里展示的四字断头台成型又快又紧。

从前头锁缠抱到飞身断头台

前头锁是最厉害的缠抱之一，可以作为各种有力的击打和摔投技术的铺垫，同时也是很多针对颈部的降服技术的前置动作。飞身断头台就是一种在综合格斗比赛中大放光彩的降服技术，也是恩佐·格雷西最喜爱的技术之一。

图5-14　从领–肘缠抱到站立断头台

　　飞身断头台可以用在很多情况下，现在我们来看一看它在前头锁缠抱状态下的应用。

　　无论是因为你防御住了对手的一次抱腿摔，还是主动将对手的头拉低，只要你拿到了前头锁的位置，就可以直接做飞身断头台。这里的关键之处在于你在一开始就要抓到控制对手脖子的牢固把位。为了做到这一点，首先抓住你环绕对手脖子的那只手臂的手腕，把它拉到对手被控制的那只手臂的腋下（图5-15a），然后将双手向上、向自己的胸骨方向拉。把你的腿挂在对手的腰上，然后轻轻向上跳（图5-15b），双腿在对手腰部锁成一个类似封闭式防守的姿势（图5-15c）。拿到这个位置后，紧紧挤压对手的脖子，保持你的头靠近对手的头，同时向后伸展背部。

　　如果你的做法正确，这个绞技会非常紧且难以防御，无论对手保持站立还

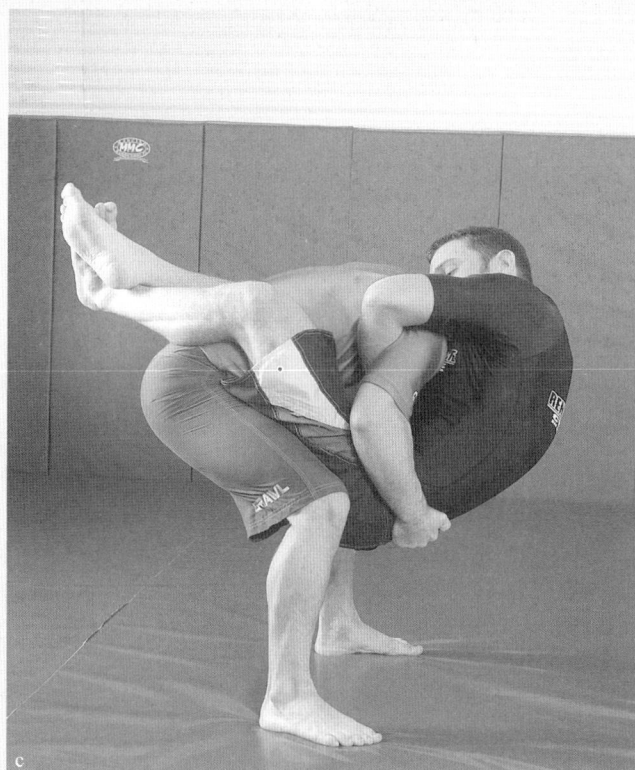

图5-15 从前头锁缠抱到飞身断头台

是倒向地面，都不会影响它的效果。

从背后缠抱到裸绞（Hadaka Jime）

当你处于对手背后时，你就可以尝试使用裸绞，这是一种在综合格斗比赛中经常出现的高效绞技。想要从对手背后发起裸绞，一般有两种选择。一是跳到对手的背上，双腿环绕对手的腰并搭扣，再使用绞技。（图5-16）二是把对手向后拉，将其带到地面，双脚踩其髋部（如果进入地面了双脚就不要搭扣），再使用绞技。虽然这两种方法在比赛中都很常见，但考虑到对手有可能会向后砸摔以试图逃脱，后者是更安全的选项。

无论是比赛还是街头打斗，裸绞都是一种高效的终结战斗的技能。如果对手不愿意认输，那么几秒钟之内他就会失去意识。要锁住对手，先从后向前环绕住他的脖子，直到自己的肘关节刚好在对手喉结的下方。把手放在另一侧手臂的肱二头肌上，另一只手滑过对手的头顶，落在后脑勺的位置（图5-16c）。保持自己的头部紧贴对手头部，同时将两个肘尖向中间挤压。这些动作可以阻止对手的血液向大脑流动，对手要么认输，要么就会失去意识。

所有绞技的原理都是切断大脑的血液供应，也正因为此，绞技有一定的危险性。谨记，一定要在有资质的教练的监督下小心地练习。最重要的是，当绞技起效的时候迅速停止施力。如果你的训练伙伴拍击地面或者你的身体，你必须马上松手。

图5-16　从背后缠抱到裸绞

缠抱中的击打

大多数强调使用击打来赢得战斗的格斗流派只在自由移动阶段使用击打技术。事实上，在西方拳击、跆拳道和多种不同的空手道等击打类格斗运动中，一旦双方进入缠抱，击打就会停止，主要原因是这些动作限制了击打的方式。例如，在拳击运动中，只能用拳头来击打对手，一旦进入缠抱，手臂就可能被困住，从而使出拳变得困难，因此，就算规则允许，缠抱中也没有太多机会可以击打。西方踢拳中的踢击在缠抱中也会遇到同样的问题。

因此，许多人认为缠抱中对手不可能用击打技术来攻击。在某种程度上，这么说没什么问题。如果缠抱够紧，当然可以防止对手的拳腿攻击。然而，对专门研究过缠抱格斗的人来说，在缠抱中做出有效击打并非不可能。如果允许膝击和肘击（有些综合格斗赛事禁止肘部击打），缠抱中击打的威力就会非常大。

实际上，有相当多的综合格斗比赛终结于缠抱。在缠抱中做出有效击打的关键如下。

- **选择合适的缠抱方式**。某些种类的缠抱比其他缠抱更容易让格斗者发起击打。在综合格斗比赛中，大多数击倒胜利都发生在箍颈缠抱和领-肘缠抱中。之所以会这样，是因为这两种缠抱方式都可以把对手的头部控制在合适的位置，从而使有力的膝击和肘击能够直接击中其下巴。这些缠抱的美妙之处是，它们通过控制对手容易被击打伤害的部位（头部）来稳固地控制对手，有谚语云"身随头动"，其中的道理在缠抱中非常重要。同时，这些缠抱使你和你的对手之间有足够的空间，这样你就能在击打时产生最大的力量，提高击倒对手的概率。
- **拿到绝对优势的缠抱位置**。如果你被对手控制在一个劣势位置，那么你对他进行有效击打的可能性就会很低。要击打你的对手，至少要拿到一个中立的缠抱位置。而拿到绝对优势的缠抱位置才能真正有助于你发挥击打作用。
- **使你的对手失去平衡**。你越能使你的对手失去平衡，就越容易击打他，而且他就越难自保和反击。你必须不断地破坏对手的平衡使其手忙脚乱，这样他的注意力就会集中在恢复平衡上。于是，他既腾不出手击打你，也无法防御你的击打。
- **选择合适的击打方法**。与自由移动阶段的击打不同，缠抱有自己的击打方式。一般来说，膝击和肘击是缠抱中最有效的击打手段（头槌也非常有效，但是在大多数当代综合格斗比赛中，头槌是被禁止的）。

- **创造击打的空间。**在缠抱中进行有效击打的关键之一，也是很少有人能理解的，是控制和创造空间之间的微妙平衡。当你牢牢锁住对手时，你就可以控制他的移动。缠抱越紧，你对对手的控制就越多，对手也就越难击打你。然而，不幸的是，对你来说也一样，缠抱越紧，越缺乏击打所需的空间，你也越难有效地击打对手。为了有力地击打，你需要在自己和对手之间创造空间。缠抱类型不同，创造空间的方式也不同。

关于缠抱中的击打，不得不说的一点是，在综合格斗比赛中，有很高比例的成功击打发生在摆脱缠抱的一瞬间。当这种情况发生时，你的对手会因为战斗阶段的变化而分心，从而难以防备突然的击打。因此，格斗者在缠抱状态被打破时应当随时寻找机会，在恢复自由行动的过渡期内进行击打。这时大多数人的手都放低了，他们既疲累，又失去了平衡，而且毫无戒心。

抱臂-腋下缠抱中的击打

我们已经注意到了一个事实，那就是到目前为止，在综合格斗比赛中最常用的缠抱方式是抱臂-腋下缠抱。我们还注意到，这是一种均势的缠抱，你和对手实际上处于完全相同的位置，也有相同的进攻选择。因此，抱臂-腋下缠抱的位置并不会给你带来具备绝对优势的击打机会，然而，这并不意味着你不能在这个位置上进行有效的击打，它只是意味着如果你面对的是一个技术水平和体型与你相当的对手，那么你怎么击打他，他就可以怎么击打你。许多综合格斗选手使用抱臂-腋下缠抱的主要原因之一是防止对手进行有效击打，仅仅看这个原因就知道在这种缠抱中进行击打的难度。但是，由于它是如此常见，实战中也会在这个位置消耗大量的时间，因此就算抱臂-腋下缠抱并不是一个适合击打的位置，但研究这个位置的击打方法也是非常值得的。

最常见的击打方式是用你的抱臂手以勾拳击打对手的肋骨。弯曲你的手臂，大小臂之间保持锐角，用你的髋部发力，然后出拳。这一招不一定能马上击倒你的对手，但可以给他带来持续的痛苦，使他在缠抱中逐渐落入下风。膝击也是很好的选择。在抱臂-腋下缠抱中，最好的方法是用你的抱臂手抓住对手的肘部，抬高他抄你腋下的手臂。这个动作可以使他的肋部防御出现破绽，更易受到膝击。

如果对手的头部位置很低，你还可以在他的抱臂侧打出一记膝击，命中他的脸部。

箍颈缠抱中的击打

箍颈缠抱是击打对手的最佳缠抱方式之一。如果你的两只手臂都在对手手臂的内侧，只要你能在这个位置锁住他的头和脖子，击倒对手取胜的可能性是很大的。关键是先要创造空间，才能对其下巴进行膝击。

想要击倒对手，要突然伸直你的双臂，使对手被推出一臂之远，而你仍然控制着他的头部。双腿调整为弓箭步，一条腿在前，一条腿在后（后腿将是你发动膝击的腿，因为后腿可以产生更大的力量）。现在就有足够的距离了，将膝盖砸向他的下巴。一定要把他的头往下拉，增加冲击力的同时还能使他失去平衡。一旦击中，立即回到箍颈缠抱，将对手的额头压在你的胸部和手臂上。必要时重复这一过程。

一些综合格斗赛事是允许肘击的，而箍颈缠抱则是适合使用肘击的缠抱方式。一只手臂负责控制对手的头部，另一只手臂向对方挥出肘击。当你的双臂在对手手臂内侧时，使用这样的技术要容易得多，一旦机会出现，就用肘击吧。

案例研究

缠抱打法：万德雷·席尔瓦

在综合格斗中，很少有人能在缠抱方面取得像巴西巨星万德雷·席尔瓦那样的成功。席尔瓦拥有一套相对简单但被证明非常有效的缠抱战术，他主攻两种类型的缠抱——抱臂-腋下缠抱和箍颈缠抱。无论他遭到了猛烈的击打还是对手发起了强力的摔投，只要发现自己陷入困境，他就会使用抱臂-腋下缠抱。一旦对手的攻击被阻止，他就随即向对手的腹部施以大力的膝击以创造空间，然后摆脱缠抱。在这个过程中，往往会出现击打的良机。

席尔瓦曾练过重视箍颈缠抱的泰拳，所以他最擅长的还是箍颈缠抱。每当对手摔投进攻失败，席尔瓦总会尝试将双手牢牢扣在对手的头颈部。通过下压防摔，席尔瓦常常迫使对手不得不放弃摔投，重新回到站立状态。此时，对手的头部位置较低，这让席尔瓦有机会迅速抓住对手的颈部，狠狠地用膝盖猛击其下巴。这种强力的膝击往往能立即击倒对手或对其造成重创。在缠抱战斗中，这种策略无疑是最常见且有效的击倒获胜策略。它巧妙地结合了对缠抱类型的明智选择和对对手弱点的精准打击。换言之，箍颈缠抱是一种具有绝对优势的缠抱，它能极好地制造击打机会，尤其是当对手在失衡状态下试图站起来时，他往往会失去防御能力。

前头锁缠抱中的击打

毫无疑问，前头锁缠抱是格斗者控制对手并无所顾忌地加以击打的最佳姿态之一，击倒获胜发生最多的位置就是前头锁。因此，毫不夸张地说，如果你能牢牢地拿住前头锁的位置，那对对手来说，其危险程度不亚于被骑乘（我们将在第六章和第七章中讨论骑乘姿势）。相比骑乘，前头锁更容易拿到，这里说的"容易拿到"既包括站立状态，也包括地面缠斗状态。

前头锁之所以如此危险，是因为对手的头部被牢牢地控制在一个位置上，使其直接处于你的膝击路径上。并且对手的头部完全被固定住，导致其承受了全部的击打力量。与此同时，由于移动动作和手臂都处于完全被控制的状态，你的对手也很难有机会进行防守。此时进行膝击将会直接击中对手的头顶，从而在瞬间造成灾难性的伤害。

尽管在站立状态下，在前头锁缠抱中进行击打是完全没有问题的，但在开始击打之前将前头锁位置带到地面上则要有效得多。这样的调整创造了一个更稳定的姿态，使你的击打得以更好地进行。想要把前头锁缠抱从站立带到地面上，你只需把腿向后撤一大步，然后下压；另一种方法是双腿后撤，下沉髋部，降低重心，环绕对手移动，将对手带入地面。

挣脱缠抱

无论是哪种缠抱，都有可能摆脱，关键是要找到正确的逃脱方式。让我们来看看在综合格斗中有哪些挣脱缠抱的方法。

领-肘缠抱的逃脱

由于领-肘缠抱很容易打入，所以是最常见的缠抱方式。对格斗者来说，在对手获得稳固控制并开始攻击之前就快速地逃脱是很重要的。最好的方法是"外侧俄式领结"。

当你的对手对你箍颈（而非箍颈缠抱）时，抓住他的手腕和手臂肱三头肌的位置（图5-17a），把他的手臂推向对侧，同时移动你的身体绕过去，然后把他的手臂抱在胸前加以控制（图5-17b），在此过程中，他的手会从你的脖

图5-17　领-肘缠抱的逃脱

子上滑下来。不要放开对手的肘，持续推向对侧并控制它。此时你的对手无法再控制你了，你可以轻松地退开，回到自由移动阶段。（图5-17c）

抱臂-腋下缠抱的逃脱

抱臂-腋下缠抱几乎可以确定是综合格斗中最常见的缠抱，摆脱它的最好方法之一是"前手支撑"。在这种缠抱中，你的对手对你的控制大部分来自他抄在你腋下的手臂，因此，你必须控制他的这只手臂才能脱身。

将你抱臂侧的手放在对手抄腋下手臂的前臂上靠近肘部的位置并向下推（图5-18a），这就破除了他对你的抓把。稍稍远离对手一些，将你抄在他腋下的手臂撤出（图5-18b），贴在他的胸部，推开他并逃脱（图5-18c）。

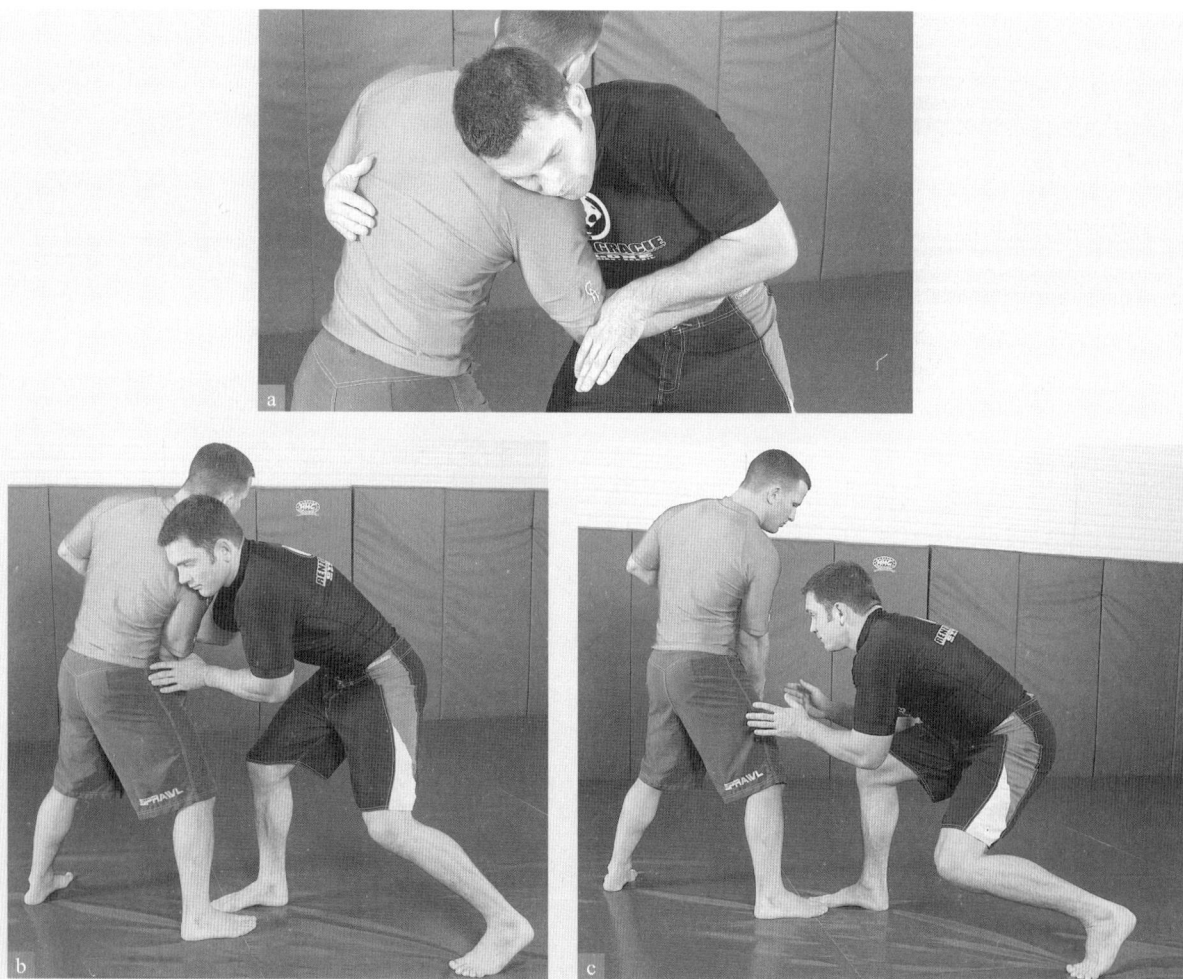

图5-18　抱臂-腋下缠抱的逃脱

双腋下缠抱的逃脱

现在，我们开始讨论如何逃脱控制力更强的缠抱。鉴于这些缠抱对身体的控制力更强，要从中逃脱常常更为困难。如果要从烦人的双腋下缠抱中逃脱，"推下巴"是最好的方法。

当你的对手用双腋下缠抱控制住你时，双手用力推住他的下巴。同时，将你的髋部向后撤，远离你的对手。（图5-19）这个方法甚至可以摆脱最有力的身体缠抱。当你被压在拳台围绳边或笼边（如果是街斗，也可能是墙边）且被箍颈时，或者你被对方拦腰紧紧抱住时，这个方法也很有效。

箍颈缠抱的逃脱

箍颈缠抱是最令人生畏的缠抱方式之一，你的对手可以向你进行连续不断的膝击和肘击，同时把你甩来甩去，破坏你的平衡。面对这种困境，你的本能反应可能是降低重心并试图在对手进行箍颈缠抱时躲开，虽然这样做有时可能会奏效，但更有可能发生的是，一个成熟的缠抱者会在你试图躲避时对你发起猛力膝击，这通常会导致你被击倒或受到重创。出于这个原因，在被箍颈缠抱时请不要试图从下方钻出来，更好的方法是"交叉推下巴"。

当你陷入一个牢固的箍颈时，要尽可能地保持直立，防止对手的膝击。一只手向上伸，越过对手的手臂，将手掌放在他的下巴上，拇指向下，向对侧

图5-19　双腋下缠抱的逃脱

推他的脸，直至他的头越过他的双臂（图5-20a），他的下巴一旦远离你，他的重击能力就会大大削弱。在他的头远离你时，将你的一只手向上伸，放在他的头顶上，将他向地面推，再将另一只手伸到他头顶上协助。（图5-20b）你的对手现在弯着腰，而你是直立的，这意味着你处于比对手更适合膝击的位置。（图5-20c）当然，如果你愿意，也可以布置前头锁缠抱或断头台将对手降服。

图5-20　箍颈缠抱的逃脱

后侧缠抱的逃脱

有经验的缠斗者都非常了解一件事，即一旦拿到对手的后背位置，就获得了显著的位置优势，因此他们都很善于绕到对手的背后。他们会试图将双手环绕对手的腰部进行控制，然后寻找降服或摔投的机会。想要逃脱这种具有极大潜在危险的缠抱，有一种很好用的方法是攻击对手的手臂。这些攻击手臂的技术在不同的武术流派中有不同的名字，通常我们会将其称为木村锁、钥匙锁、双腕锁或腕绒。

当对手把手臂锁在你的腰上控制你时，注意观察他的手，看哪只手在上面，上面的这只手就是你的攻击目标。首先，沉髋，然后向外侧移动，远离你的对手。这个动作可以使你的站姿更加稳固，减少你在做这个动作时被抱起来砸摔的风险。抓住对手在上面的那只手的手腕——如果你攻击他的右臂，就用你的左手抓住他的右手手腕（反之亦然），然后将你的另一只手腕放在你所攻击的手臂的肘部下方，并以这只手腕为支点用力向下推他的手腕。（图5-21a）将你的手穿过他的肘，并抓住你自己的手腕。这样一来，你就可以锁住对手了。（图5-21b）用两手将他的手腕往下推，下沉髋部，摆脱他对你的控制。随后转身面对对手，保持对他手臂的控制。这样的姿态会给他被锁住的手臂带来很大压迫力。

在摆脱了对手的控制并且转身之后，你就可以选择接下来的进攻方式了。你可以继续锁住对手的手臂，跳向你的对手，把一条腿伸进他的两腿之间（图5-21c），向下坐，把对手干净利落地从你的上方挑过去，落地后继续锁住对手的手臂（图5-21d）。别忘了用你放在对手两腿之间的那只脚来帮忙完成这一动作（图5-21e～g）。当然，如果你希望避免地面缠斗，也可以有第二种选择：松手，直接回到自由移动阶段。

前头锁缠抱的逃脱

正如我们所见，前头锁是最强力的缠抱方式之一。如果你的对手技艺精湛，你便很难挣脱他的前头锁缠抱。尽管如此，它还是有挣脱方法的，最好的方法之一是"短拽臂"。你哪只手臂被圈住，就用哪只手抓住对手的肘（抓住环绕你脖子的手臂的肘部）。（图5-22a）你如果够不着肘部，就用另一只手帮忙把它向下拉。一旦抓住肘部，就用力将其向对侧拽过去，然后你就可以绕到对手的后方。做这个动作的同时，你可以将另一只手快速伸到对手的背后

图5-21　后侧缠抱的逃脱

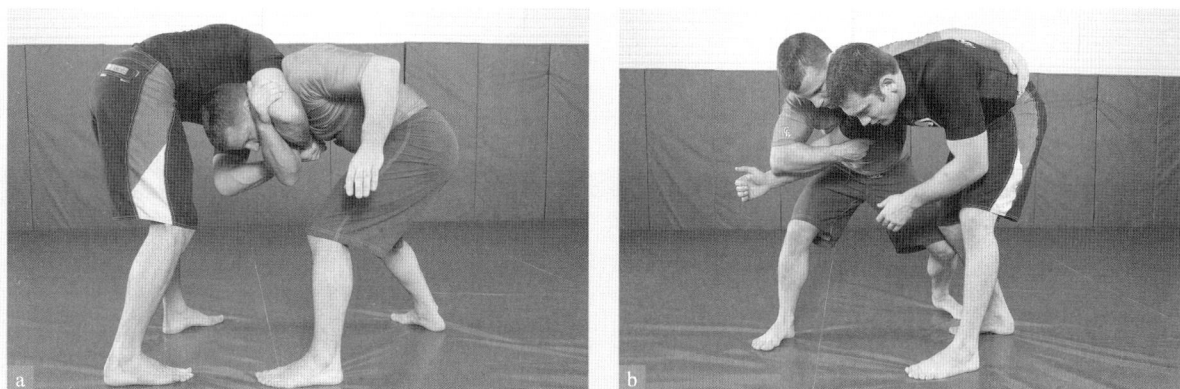

图5-22 前头锁缠抱的逃脱

（图5-22b）。如果你已经被对手的前头锁带到地面了，在地面上做同样的动作也能起到相同的作用。

缠抱练习

关于缠抱，观看和学习一套动作是一回事，在真正的格斗中，在一个充满力量且顽强抵抗的对手面前将这些缠抱技术付诸实践则是另一回事。一系列练习可以帮助你拥有真实格斗所需的技能、素质和反应。为了保持练习的连贯性，你可以根据自己的熟练程度，为这些练习设置对应的时间限制。需要记住的是，这里讲的两种练习都是很耗体力的。一开始，你可能只能连续练习几分钟，随着练习的深入，你就可以设定每轮持续5分钟，并在多轮练习中连贯流畅地完成技术动作。

相扑训练

相扑训练是提高力量、速度和反应能力的一种有效方法。更重要的是，它给予了你能够晃动你的对手并使其失去平衡的能力。这是一种体能训练，在刚开始进行该训练时，你练不了多久便会感到疲累。然而，随着你的技术越来越好，你就会用技术代替力量，因此能坚持得更久。更重要的是，相扑练习可以训练抢把能力，也就是争夺优势的手和手臂位置的技术，这对于获得稳固的位置和进行摔投是非常重要的。你很快就会发现，当你能把自己的手伸进对手的手内侧时，这个训练就变得容易多了。

这个训练的内容是，你和对手（你的搭档）站在一个圈子里，你的目标是将对手推出圈子。如果对手被推出圈子，你就会得分。另一种得分方式是下拉你的对手，使他的膝盖或手碰到地面。当你试图将对手推出圈子时，他会本能地推回来。这种反应为你的下拉铺平了道路。很快，你会习得如何在推和拉之间完全破坏对手的平衡。这种能力以及由此带来的耐力、力量和协调性的提升，在实战格斗中至关重要。一旦你能轻易地打破对手的平衡，你会发现在缠斗中击打、摔倒或降服对手变得容易多了。

抢把训练

在缠斗中，一个至关重要的技巧就是通过一些方法取得更具优势的位置。想要获得这样的能力，最好的训练方式就是抢把训练。

和你的对手（搭档）从抱臂-腋下缠抱开始，这是一个对等的缠抱状态，训练思路是如何从这个位置取得更有优势的缠抱状态。如果你能成功地绕到对手后方，进入后背缠抱，将对手的头压低并拿到前头锁或断头台，或者把对手的双脚从地面上抬起，就可以得分。如果你能先用双臂从下方抄住对手的双腋下（双腋下缠抱），你会发现把对手抬起来会更容易。因为这个动作可以让你更好地控制对手的下背部，进而控制他的全身，让抬举动作更为轻松。但你的对手并不会让你轻易拿到这个位置，他会尽力反抢你的双腋下，于是这就成了一场争夺位置优势的艰苦较量。如果你的对手将他的手臂抄在你的腋下，你需要向后移动髋部并面向对手，然后将你的手臂重新穿到他的手臂下面，以恢复你的位置。如果不能做到这一点，你就会被对手压制，最终导致你仰面摔倒在地。

激烈的缠抱练习对体能的消耗极大，但能让你在进行辛苦的上半身缠抱对抗时保持极好的状态。如果你想为站立姿态中的位置争夺做好准备的话，这可能是最好的训练方法了。

当然，你也可以采用类似的方式进行箍颈缠抱的练习。你需要用手钩住对手的脖子，并且保持双手在对手手臂内侧，这将使你获得内侧控制，并因此占据一定的优势。你的对手会努力依次把自己的手抢回内侧位置来破坏你的优势。如果他抢到了内侧位置并且还箍住了你的脖子，就成功逆转了双方的优劣势。因此，双方都必须努力阻止对方通过保持内侧控制来获得优势。

你还要尽量保持身体直立，将髋部紧贴对手。记住，箍颈缠抱的主要作用之一就是控制对手的头部，从而使你可以很容易地对对手发起膝击。如果你的头部过低，那么被对手膝击下巴导致被击倒的可能性就相当大。因此，在这个练习中，保持身体直立，髋部紧贴对手，抬高头部。如果你弯腰低头，不仅容易受到膝击，而且还容易因突如其来的下拉而失去平衡。

随着信心的增强，你可以开始在进行箍颈缠抱时融入一些膝击。进行这个训练时不要用太大的力气，瞄准对手的肋骨、腹部或大腿攻击，力度不要太大。如果你力度太大，显然会使自己受伤，导致你的训练立即停止，从而阻碍进步。这个技术的重点是在保持自身平衡的同时，控制对手的移动和平衡。一旦做到这点，膝击就变得轻而易举。

通过刻苦练习，你将迅速提升缠抱中最重要的那些技能。在控制对手的移动和平衡的同时，保持自身稳定，这实际上就是高水平缠抱的精髓。在缠抱中，所有的攻击手段，包括击打、摔投和降服，都依赖于这种对移动和平衡的控制。很快，你将在实战中运用争夺优势位置策略，而不仅仅是在无对抗的情况下反复练习。这种训练本质上是实战练习，会让你体验到与真实战斗相近的压力，因此这是极好的预备训练，和自由移动阶段的实战练习一样起着关键作用。

第六章

地面缠斗

在20世纪90年代初综合格斗比赛在北美和日本重新兴起之前，地面缠斗完全被主流武术界忽视了。不仅没有人真正关注，就连愿意好好讨论地面缠斗的人都寥寥无几，少数几种包含地面缠斗的武术流派（如柔道、桑搏、摔跤和修斗）与其他武术流派相比，属于不受欢迎的那一类。事实上，摔跤甚至不被视为一种与格斗有关的武术，而是一种学生玩的体育运动。

至于巴西柔术，作为格雷西家族长期以来不断完善的一种柔术变种，几乎整个武术界都不知道它的存在。格雷西家族投入了大量的时间研究地面缠斗，并将这项技能在他们国家各种正规或不正规的比赛和对抗中进行反复实践。这样的实践使他们在地面缠斗阶段的经验远远领先于其他任何武术。在巴西，格雷西家族在本地综合格斗比赛中取得了巨大的成功，从而在巴西格斗界声名远播。然而，他们的名声受限于国界，并没有传到巴西以外的国家。

1993年，在美国科罗拉多州丹佛市举行的首次综合格斗锦标赛——终极格斗冠军赛改变了这一切。对大多数武术家来说，这个比赛的理念是革命性的，其目的是让不同流派的武术在极少的规则限制下相互对抗。事实上，在第一届终极格斗冠军赛中，只有挖眼是被禁止的。这种比赛形式解决了一个古老的争议：到底哪种武术流派才是最厉害的。自从武术发明伊始，这一问题就困扰了无数人。很少有人知道综合格斗的悠久历史，20世纪初，综合格斗曾在整个欧洲、北美和日本盛行。然而，记忆是短暂的，很少有人知道不迁流的挑战，前田、谷幸雄，还有美国众多擒锁式摔跤手的事迹。至于格雷西家族和他们长达60年的综合格斗历程，知道的人就更少了。

令主流武术界震惊的是（其实应该说令他们沮丧的是），这次比赛被一个鲜为人知的柔术家霍伊斯·格雷西彻底主宰了。对大多数人来说，格外令人震惊的是格雷西虚弱的外表，他的体重只有77千克，体格完全不显眼。其他竞争者大多长相骇人，还拥有丰厚的资历，但格雷西毫不费力就让他们拍地投降了。格雷西不仅击败了这些强大而危险的对手，而且举重若轻，场面既不血腥也不暴力。由于主流武术非常重视击打能力，格雷西用降服技术战胜对手的方式令人耳目一新。人们本期待着一场充满重击并以重击终结的比赛，然而却惊愕地看到那些强壮的选手连血都没出就折载于格雷西看似无害的锁技和绞技。

尽管这已经非常了不起了，但它只是未来缠斗流派长期统治综合格斗比赛的序幕。在一场又一场比赛中，人们逐渐发现了一种规律。格斗通常以一阵拳腿攻击开始，随后迅速进入缠抱状态，最后进入地面。一旦战斗进入地面，精通缠斗的格斗者就会拥有巨大的优势，进而轻松获胜。武术界迅速意识到，格斗中曾经最不被重视的缠斗和地面技术，其实很可能是最重要的元素。

在早期的综合格斗比赛中，最重要的缠斗流派是巴西柔术，它几乎无视格斗中的其他所有方面，把所有的技术都用于地面缠斗之中。通过取得位置优势然后进行降服的方式，巴西柔术席卷了整个武术界，在综合格斗比赛中获得了无匹的声誉。几乎在一夜之间，武术界翻天覆地，地面缠斗技术一跃成为衡量格斗水平的标准。

这些早期的综合格斗比赛一方面说明了在真实的格斗中地面缠斗阶段有多重要，另一方面也说明缠斗在当代武术界曾经多么不起眼。另外，很多跟武术有关的传说再也站不住脚了。比如，再也没人相信在真实的格斗中会出现"一击必杀"这样的事情，类似"我绝对不会被摔倒"的说法也少有人买账了。综合格斗比赛就像一阵风，吹走了弥漫在武术界的灰尘和烟雾，让人们清楚地看到，在真实的格斗中什么才是真正重要和有用的技术。

关于地面缠斗阶段的两个观点

当综合格斗比赛首次揭示了格斗中地面缠斗阶段的重要性时，出现了两种不同的态度。缠斗者很乐于接受这一点，毕竟这证明了他们所拥有的技术的有效性。然而，传统的击打选手则普遍感到恐惧，因为地面缠斗大大降低了他们获胜的可能性。在过去的10年中，这种态度的对立一直存在，一直伴随着综合格斗的发展。事实上，大多数拳手仍然对地面比赛或站立比赛有明确的偏好，只有一小部分人在这两种比赛中同样游刃有余。有这种偏好是由于大多数拳手拥有一种格斗风格的背景，这种风格强调战斗的一个阶段。拳击手和跆拳道运动员往往喜欢站立比赛，缠斗者们则更喜欢在地面战斗。因为背景不同，所以选手们仍然对地面缠斗阶段有明确的倾向，要么视其为天堂，要么视其为地狱，这让我们得到了两种基本观点。

第一个观点是，由于地面阶段可以最大限度地实现位置控制，所以这个阶段是进行一对一徒手格斗的最佳形式。通过这种方式，格斗者就可以使对手的击打威力大打折扣，也可以部署降服技术，从而高效地赢得战斗。显然，这正是缠斗专家的标志性观点。正如我们所看到的，作为一种现代缠斗武术，柔术在其发展的历程中一直贯彻了这种思想。田边又右卫门、谷幸雄、前田，以及更具代表性的格雷西家族，这些人都认为地面阶段是统治和控制战斗的最好方式。

第二个观点是，地面阶段是战斗中想要避免却避无可避的阶段。格斗者需要知道如何尽快有效地脱离地面阶段并回到站立位置。如果无法做到快速脱离，他就需要拥有足够的缠斗技巧，比如知道如何避免危险的压制或者被降服，他才能在地面缠斗中坚持到回合结束或裁判介入。这种观点往往来自有强大击打能力的拳手们，他们真正想要的是将比赛保持在他们喜欢的自由移动阶段。然而，他们意识到战斗往往会被带出这个阶段并进入地面，因此，地面缠斗的问题对他们来说是必须解决的。

传统武术界的许多人经常发表第三种观点，而这种观点并不需要被认真对待——他们声称，在真正的战斗中，地面是最糟糕的地方，因此他们根本不会进入地面。这种观点在综合格斗的早期很常见，但后来几乎所有理性的武术家都否定了它。经验一次又一次地证明，在真正的战斗中，地面缠斗是不可避免的。如果一个人声称自己根本不可能倒地，那他就是对大量足以证伪的经验证据视而不见。即使那些不喜欢地面缠斗的人也不得不承认这一阶段的战斗需要被认真对待，至少也要尽可能地避免。因此，第三种观点不值一驳。

地面缠斗阶段之于现代柔术

从不迁流开始，到被前田光世和格雷西发展，很明显，现代柔术已经走向了一个与其他武术完全不同的方向。由于其他武术不会如此重视战斗的地面阶段，因此无法回避的一个问题是：柔术在一开始为何要选择地面作为战斗的最佳地点？要回答这个问题，就要概述战斗阶段和优势位置理论，这是现代柔术的两大基石。

现代柔术的核心理论是，战斗可以分成不同的阶段，并且每个阶段都有区别于其他阶段的明显特征。阶段不同，格斗者所需要的技能和属性也不同，这样才能在对应阶段取得优势。因此，这种状况是屡见不鲜的：某个格斗者在一个或两个阶段的战斗中很强，但在另一个阶段却弱得惊人。田边、前田和格雷西等人都注意到，大多数格斗流派在地面缠斗方面都很弱，所以一旦战斗转入地面，很多格斗者就很容易落入娴熟的缠斗者所设置的陷阱。

在真实的战斗中，最有效的战术是不断地将自己置于一个对手无法攻击到你，但你却可以自由攻击到对手的位置，这就像在与对手交手前给他戴上一副手铐。当然，通过占据优势位置也可以取得类似的效果。由于地面提供了一个平台，可以顶住对手并限制其行动，因此，最容易对对手施加强力控制的地方就是地面。另外，大多数人在地面上的运动效率不高（因为我们清醒时大部分时间都是站立状态），显而易见，地面是实施这种位置策略的绝佳场所。

还有一个简单的事实，即在真实的战斗中，地面缠斗是不可避免的。如果格斗者想获得胜利，那么比赛几乎肯定会进入地面。如果你被一个有力的击打者击中，你将会被击倒在地；如果你被一个强大的柔道选手摔投，你会被摔到地上；如果一个大块头以熊抱的方式抓住你，你会被绊倒并摔在地上。种种这般，表明为什么在大多数战斗中地面阶段是不可避免的。因此，对格斗者来说，将精力集中在战斗的这一阶段并提高其在训练中的受重视程度是非常有意义的。

从站立阶段到地面阶段的转换

从站立阶段进入地面阶段的方式有很多种，在真正的格斗过程中，每种方式都经常发生。大部分情况下，这种转换是很快的，所以要时刻做好准备。一场战斗可以由于以下任何一种情况而进入地面阶段。

- **由于受到击打而倒地。** 这种转换到地面的情况特别难处理，因为你通常会被击晕。当你在地面上时，你必须恢复清醒并保护自己。很多时候，你的对手甚至不会跟着你一起倒下，而是站着并踢你的腿。
- **受到远距离的前冲抱摔而倒地。** 这种令对手倒地的方式受到许多摔跤手和柔术选手的青睐。它在早期的综合格斗比赛中起到了开创性的作用。缠抱者们能够从相当远的距离冲向对手，在对手的惊讶中抱住对手的腿并将其摔倒在地。这种方法看上去是如此简单易行，当年震惊了很多观众。

- **在缠抱中被摔投倒地或被绊倒。**格斗双方可能由于一个高位的前冲抱摔而陷入缠抱，或在击打对攻时陷入缠抱。一旦进入缠抱状态，战斗就有很大的概率进入地面。有时，这是因为其中一方故意想把战斗带入地面；还有的时候，由于裁判没有对缠抱进行干预，且双方选手拼尽全力对抗，导致最终进入地面；更多的时候，两人只是被绊倒在地。这不仅是大多数综合格斗比赛的模式，在没有受过训练的人的街头打斗中，这种情况就更为常见了，相比之下，未经训练的人的平衡和运动能力要差得多。

如你所见，经由以上这些方式，战斗最终进入地面的可能性是很大的，这就是为什么大多数当代综合格斗选手如此重视地面技术的训练。

地面阶段的特性

早期的综合格斗赛事无疑向武术界展示了地面缠斗与其他更为人熟知的战斗阶段存在着天壤之别。常见的一幕是，一名格斗者在战斗进入地面之前节节败退，然而一旦进入地面，局势就完全逆转了，原本占据上风的一方被迅速击败。造成这种情况的原因是双方在站立位置和地面位置之间存在巨大差异。当然，这并不意味着站立技能和地面技能之间没有重叠，然而，它们之间的差异已经大到让战斗的性质发生了彻底的变化。这种转变导致许多在站立阶段很有天赋的格斗者在地面阶段一败涂地。如果我们想加强对地面阶段的理解，可以试着分析当战斗进入地面之后，到底发生了哪些主要的变化。

地面阶段与其他阶段的最大区别是，在地面上，优势位置的控制力大幅增加。发生这种情况的原因如下。

- **对大多数人来说，倒地后行动非常困难。**原因很简单，我们成年之后，在大部分清醒的时候都是站着或坐着的。因此，我们每天使用的大部分运动技能都只适合于站立状态。多数人从未学习过如何才能在躺着的状态下高效率地活动。因此，当他们被迫倒地时，行动变得笨拙，耗费很多力气，却没有什么效果。千万记住，没有人天生就是地面缠斗者，他们是后天训练而成的。因此，如果想在地面对抗中占据上风，你就必须学习正确的动作模式。

- **没有经验的格斗者在地面移动时，往往会将自己暴露在更大的危险之下。** 如果对地面缠斗中可能出现的位置没有清楚的认识，那么在地面的行动往往就会缺乏目的性。通常情况下，你会看到那些强壮、有爆发力却不通地面缠斗的格斗者用巨大的力量试图摆脱一个糟糕的位置，结果却进入了另一个更糟糕的位置。这正是因为缺乏地面缠斗知识和训练的结果。如果他们了解各种位置的优缺点，知道哪些位置要避免、哪些位置要争取，他们就可以保护自己，免遭失败。

- **地面本身起着关键作用。** 地面提供了一个有效的平台，可以帮助你压制对手，防止对手轻易移动，于是你就可以有效地利用身体重量将对手困在你的身体和地面之间。当然，在站立状态下，格斗者也可以通过将对手顶到墙上来实现类似的技巧。墙（像地面一样）起到了限制活动的作用，但地面比墙的控制力更强，因为你的全身重量（借助于重力）都可以压在对手身上，使其动弹不得。

- **由于在地面上可以有更强的控制，所以降服变得至关重要。** 只要你的对手能够移动，就很难被降服。但由于在地面上活动会受到很大的限制，使用降服就容易得多。降服的前奏是对对手进行有力的控制，当战斗进入地面时，通过降服结束战斗的可能性就大为增加。

- **地面上的击打与站立姿态下的击打存在很大不同。** 在站立姿态下，成功的击打主要依靠合适的时间和距离，并充分发挥体重的作用，在地面上则并非如此。在地面缠斗中，成功的击打靠的是更好的位置和控制，而在站立击打中非常关键的时机，在地面击打中则无关紧要，毕竟你的对手不能自由地移动。基于同样的原因，在地面上保持距离也相对简单。不过由于格斗者在地面缠斗中难以借助转髋的力量来进行击打，因此击打的目的往往更侧重于消耗对手，而不是直接击倒取胜。

在地面缠斗阶段取胜

这个观点说多少次都不为过，那就是地面是大多数战斗分出胜负的地方。

当两个未经训练的人发生冲突时，战斗几乎总是在地面上结束。我们通常会认为体型更大、更强壮、更有攻击力的一方会占上风，尤其是当他处于上位时。但如果技术被纳入考虑范围，这种判断倾向就会发生变化。一个娴熟的缠斗者可以利用对位置和压制的了解来躲避和控制对手。此外，他还可以采用降服技术来锁住或绞杀对手，从而迅速击败更强壮、更有力量的对手。事实上，当一个技艺高超的缠斗者被对手压在下位，他仍然很有可能取得胜利，当然，这种情况下他可能需要付出更多的努力。在地面阶段最常见的两种取胜方式如下。

- **占据绝对优势位置，然后以足够的力量不断击打对手，使其认输、将其击晕、迫使裁判停止比赛或通过裁判判决取胜。**这种战术可以在不同层面上进行。如果你比你的对手体型更大、力量更大，通常很容易就可以取得任意形式的上位，并对你的对手进行猛烈的击打。这种地面捶击战术在参与综合格斗比赛的摔跤手中很流行，其中有成功的典范，也有不少失败的尝试，当双方体型差距不大时，这种打法很难有效果。一个更聪明的方法是采用现代柔术的核心——位置策略。这种思路是不断地试图获得更好、更有优势的位置，一旦取得优势位置，对手技术再好也很难防御你发动的击打攻击。这样的位置大大增强了你攻击的效果，你的对手也几乎不可能通过降服技术来打断你的攻击。
- **占据绝对优势位置，然后试图通过降服的方式结束战斗。**这是以现代柔术为代表的各种缠斗流派的最大特点之一。这些降服技术之所以令人印象深刻，是因为每次降服技术的成功使用，都是一种以纯粹的技术在不使对手流血的情况下赢得战斗的非凡艺术展示。从某种意义上说，现代柔术是一种艺术，而不是只凭力量和耐力击败对手的血腥角斗。

在真实的战斗中，这两种方法通常是混用的。一般来说，你的对手会对基本的降服方法有很强的防御能力（但在街头打斗中并非如此，毕竟你的对手可能没有接受过缠斗训练），此时就需要使用击打来打开他的防御，当他对一连串的击打做出反应时，他的四肢就会暴露出来，从而使降服更容易成功。

地面缠斗阶段的策略

柔术在综合格斗比赛中能取得巨大成功，源于其背后的整体策略。我们已经看到了这个策略的大致轮廓，现在是时候研究具体细节了。无论是意外还是有意为之，一旦战斗进入地面，双方的相对位置可能有很多种组合。位置不同，可以对对手施加的控制力也不同，我们可以根据控制力的强弱程度来对这些位置进行排序。这里，控制力是指，在这个位置上你可以用击打和降服来攻击对手，同时限制他用同样的方式来反击你的能力。有些是均势位置，对任何一方来说都没有优势可言；有一些是劣势位置，你的对手可以决定他何时以及如何进攻，同时你难以反击；当然，如果你们交换位置，显然你就处于优势位置了。随后，我们会对地面阶段最重要的一些位置进行讲解。

除了为了优势位置而战，还必须为了最终胜利而战——也就是将对手降服。别忘了，位置控制只是达到目的的一种手段，这个目的就是让你的对手投降认输。从这个角度考虑，你可以看到终结技巧——也就是结束战斗的手段（击打和压制）——是绝对关键的。很少有人仅仅因为被按住而认输，但几乎所有人都会在被压制、重击、折断四肢或勒住脖子时认输。

最终目标是让对手认输，终结技术是实现这一目标的直接手段，因此很多人觉得终结技术才是地面格斗中最重要的技能。当然这不无道理，然而，如果你缺乏控制对手的能力（而这是通过获得好位置来实现的），你将发现任何降服技术都很难用出来。因此，可以这么说，争夺和控制位置的技术与降服技术同样重要。虽然位置控制确实只是执行终结技术（击打和降服）的一种手段，但如果没有位置控制，就不可能实现结束战斗的目的。换句话说，位置控制和终结技术是相互依赖的，因此，格斗者必须对这两类技术给予同等重视。

核心地面位置及适用战术

我们已经看到，位置的控制和从一个位置到更好位置的转换，构成了在地面缠斗中取得成功的基础。现在，是时候阐述一下在地面格斗过程中出现的基本位置了。

当两个人进行地面缠斗时，他们之间的相对位置可能是大量不同位置中的一种。此外，每种位置都有许多不同的变化。不过，我们可以将地面缠斗的基本位置进行大致归纳，让初学者可以很容易地理解这些位置，它们构成了地面缠斗者对抗的基础。这些位置是按优势从大到小的顺序排列的，从优势最大的位置（上位后背控制）开始，一直到中立位置（防守和半防守）。注意，最糟糕的位置是在优势最大的位置的下面。因此，劣势最大的位置是处于上位后背控制的下方。

后背控制位置

在地面缠斗中可能出现的所有基本位置中，后背控制可能是最好的。它有超强的控制力，同时还以降服和击打的形式展示了超强的攻击能力。如果你的对手不懂缠斗技术，那他就很难有效地攻击你。

作为一名格斗者，你有两种方式来实现后背控制。你既可以处于对手上方（图6-1a），也可以处于他的下方（图6-1b）。在上方可以实现更多的控制，如果你将髋部向前顶，迫使对手的下背部拉伸，控制力就更强了。虽然这个技术有很多变种，但从这个位置结束战斗的最常见的方法是后背裸绞，也被称为锁颈固（sleeper hold）。

在进行下位后背控制的时候，你会处于对手身后，将你的双脚放在他的大腿内侧，用你的腿环绕对手躯干。在这个位置，你的腿和脚起着关键作用，它们像钩子一样锁定你的位置，无论你的对手如何移动和翻滚，你始终可以骑在他身

图6-1　后背控制位置。上位后背控制（a）和下位后背控制（b）

上。记得在这个位置上不要交叉你的双脚，否则对手很容易锁你的腿。只需将你的脚尖朝外放在他的大腿内侧就可以了。虽然这样你的对手仍有可能攻击你的脚，但这大大增加了他的难度，如果对手真的进行这样的攻击，你也更容易反击。

对你的对手，即被后背控制的一方来说，首要任务是逃到一个更好的位置。即使是劣势如此大的位置，你的对手依然有可能通过一些特定的降服技术进行攻击。然而，这些攻击成功的可能性是很小的，也许他可以借此逃脱，但想真的降服你几乎不可能。

骑乘位置

还有一种可以占据绝对优势的位置是基础的骑乘位置。跨过对手的胸部，以跪姿骑在他身上。在这个位置，你可以坐直以创造击打的空间，也可以用一只手绕过他的脖子，压低身体进行控制（图6-2）。在骑乘位置，你可以轻而易举地打出一连串有力的拳击，你的对手很难应对，只能被动挨打。同时，由于对手的肩膀和髋部被压在垫子上，他无法做出有力的还击。此外，你可以在骑乘位置部署各种高效的降服技术，而你的对手几乎没有机会做出应对。

在与没有经过缠斗训练的人的街头打斗中，格斗者通常有机会从骑乘位置转换到后背控制位置。当你从骑乘位置开始进行击打时，你的对手常常会转身躲避拳头，将他的后背暴露出来，转换到后背控制位置的机会就出现了。稍稍放松你的腿，给对手一点转身的空间，然后用脚钩住其大腿内侧，拿稳后背，这样就有可能以裸绞结束战斗。这种转换在现代综合格斗中不常出现，因为大多数选手都很清楚，在被骑乘的时候转身并白送后背是愚蠢的行为。然而，这种情况在街头打斗中几乎必然发生，因此你必须能够在机会出现的瞬间完成这种转换。对被骑乘的人来说，逃脱仍然是首要任务。下位的人一般都寄希望于起桥将对手翻过去，来到上位；或者从对手的骑乘中虾行出来，把对手放入自己的防守。

浮固位置

正如"浮固"的英文名字"knee-on-belly"一样，其核心特征是上位选手的膝盖压在对手的腹部或胸部，而手则可以放在多个不同的位置。对侧的腿要支撑在较远的位置以保持平衡，并把脚放平，踩在地上。（图6-3）

图6-2 骑乘位置

图6-3 浮固位置

骑乘位置和浮固位置，哪种是击打和降服对手的更好位置呢？对此，人们意见不一。它们都是非常有效的击打位置。传统的观念认为骑乘位置更好，这也是它在柔术比赛中得分较高的原因。从稳定性和控制力的角度看，骑乘位置确实更胜一筹，而且初学者也更容易使用。然而，浮固位置也有很多优势深受格斗者青睐。首先，浮固位置提供了很好的机动性，格斗者可以从这个位置迅速转换到降服和其他位置（特别是可以很方便地转换到骑乘位置）；其次，如果对手想从浮固位置逃脱，就很难避免将自己暴露在锁技和绞技的危险之中。尽管两种位置各具优势，但毫无疑问的是，浮固位置是控制和攻击对手的绝佳位置。虽然在浮固位置被压在下位的人也有可能使用一些降服技术来反击，但逃脱肯定是最重要的。

侧面控制位置

侧面控制位置不仅是一种强有力的压制位置，还兼具各种各样的变种。这些位置的共同的特点是，你压在对手身体的上方，双方躯干十字交叉。（图6-4）它的名字有侧面骑乘、横四方固等。侧面控制不仅是一个控制对手并施展降服技术的好位置，也是一个很好的过渡，从这个位置可以转换到其他位置，如骑乘位置或浮固位置。侧面控制位置最大的优点就是其稳定性，其他任何位置都不如侧面控制稳定，这一优势使它成为拖慢战斗节奏的好位置，一边

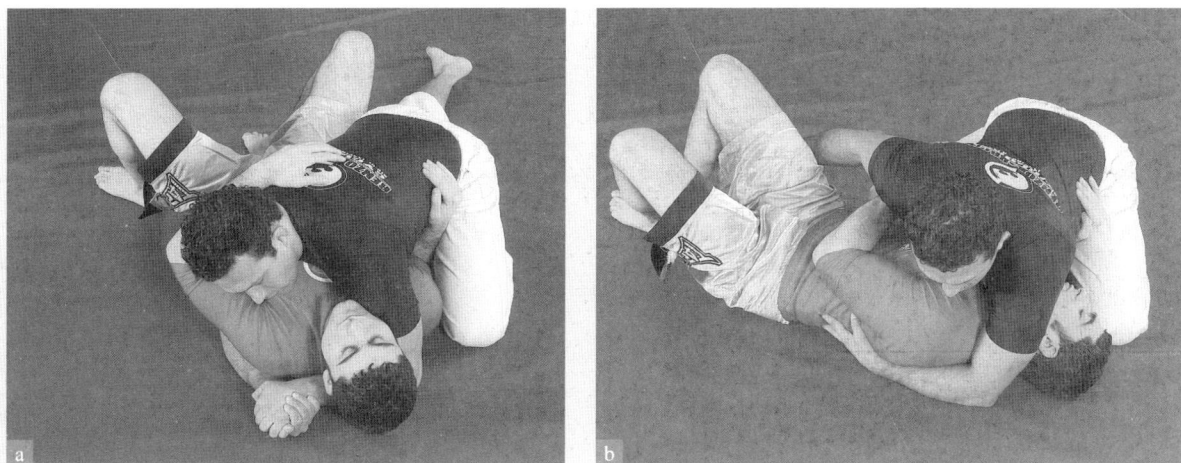

图6-4　侧面控制位置。腋下把（a），抱臂把（b）

消耗对手的耐力，一边用降服技术进行威胁，这样就能让对手在短时间内进入疲劳状态。

　　格斗者有许多方法来保持侧面控制位置，每一种方法都有其优缺点，下面是它们之间的共同要素。

- **始终保持胸口对胸口。** 确保你的胸部中心在对手的胸部中心之上，千万不要用胸口压住对手的腹部或其他地方。

- **把你的髋部压低，并扩大支撑面积。** 如果你髋的位置较高，对手就很容易通过大力起桥把你带到一个不好的位置。下压髋部可以更有效地利用你的体重，形成既令你的对手难受，又可以消耗其体力的压力。此外，还要确保你的支撑面积够大，也就是说，当你下沉髋部时，应该保持双腿分开，这样你的对手就很难把你翻过去了。

- **保持移动。** 不要简单地死死抓住你的对手，因为无论你把他抓得多紧，他最终都会挣脱。相反，要对他的动作做出反应。保持你的髋部下沉，胸口对胸口。如果他试图回到防守状态，迅速让自己的髋远离他的髋，甚至可以绕过他的头移动到他身体的另一侧（但始终放低你的髋）。你也可以在这个过程中部署降服技术以反击对手的动作。

　　侧面控制有一种重要且有趣的变种，即处于上位的人绕过对手的头，然后停下来。（图6-5）这一动作使他处于一种通常被称为"南北位置"的控制位置（因为他们身体朝向相反）。相比侧面控制，这种压制对上下两方的格斗者都略有不同。

对侧面控制和南北位置中处于下位的人来说，最优先的选择是逃到一个不这么糟糕的位置。最常见的逃脱方式是回到防守或起身跪地。虽然将上位选手翻过来，或者干脆降服上位选手也不是完全不可能，但如果你面对的是一名经验丰富的对手，这些方法都很难奏效。

龟防位置

龟防位置在地面格斗过程中经常出现。当一名格斗者手和膝盖着地，头朝下，紧紧地抱成一团时，他就处于龟防位置。此时对手要么保持在上位，用手臂圈住他的头和一只手臂（前头锁位置），要么处于侧位，伸出手臂圈住处于龟防位置的格斗者的腰（图6-6）。还有一种选择是，上位选手处于对手的正后方。

对下位选手来说，龟防是一个不利的位置。通过蜷缩自己的身体，下位选手可以使上位选手难以攻击自己。事实上，下位选手不仅能通过多种方式逃到更有利的位置，还可能通过降服技术来反击上位选手。当然，无论如何，在面

图6-5　南北位置

图6-6　龟防位置

对攻击欲望强烈的对手时，不应当在龟防位置停留太久，因为会受到重击。下位的人要么尽快逃到一个更好的位置，要么尝试降服对手。上位选手可以选择击打对手、转换到更好的位置，或者尝试降服对手。

防守位置

在地面格斗中，防守位置是被谈论得最多的。所谓防守位置，是指格斗者或躺或坐，将他的腿挡在他和对手之间。（图6-7）20世纪90年代初，当综合格斗在北美崭露头角时，大多数人都认为，如果一个格斗者躺倒在地，那他就有大麻烦了。毕竟，在西方传统中，如果一个人仰面朝天，他就会被压制而无力还击。如果要让普通人想象一下格斗中被打得毫无还手之力的画面，那肯定会是一个人躺倒在地，另一个人骑在他身上肆意地捶击。然而，令大多数人大跌眼镜的是，在这些综合格斗比赛中，巴西柔术选手经常躺在地上战斗，且能够取得胜利。

人们根本没有意识到，以真正的绝对优势位置将一个人压制在地面上，和只是被困在防守位置之间，这两者存在着天壤之别。前者必须越过对手的腿并有效地压制住他的上半身，而后者意味着下位选手可以用他的腿和髋部来控制

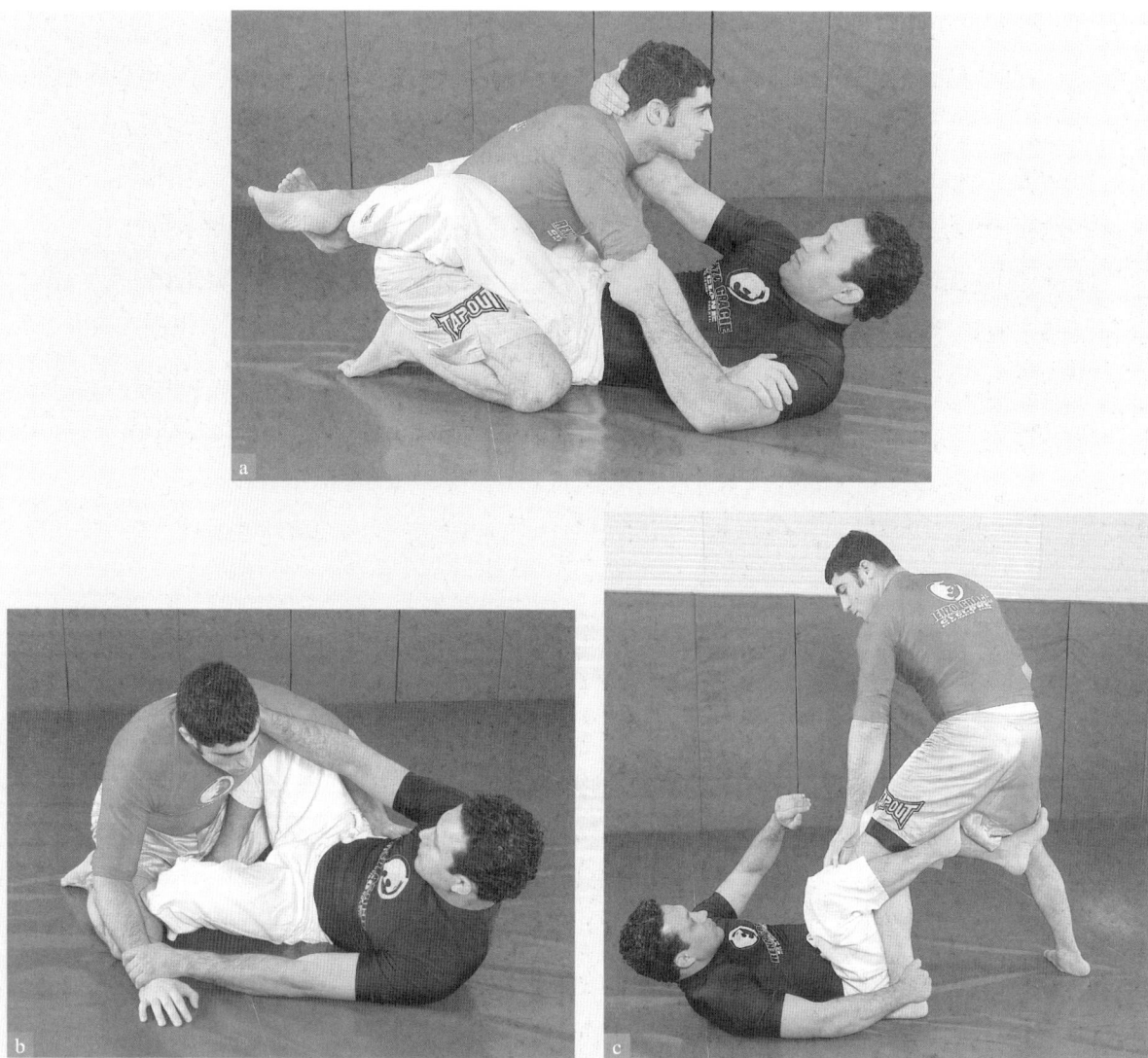

图6-7 防守位置。闭合式防守位置（a），开放式防守（蝶形）位置（b），开放式防守（对手站立）位置（c）

上位选手的动作，普通人很难想象这种控制有多强。越快理解这个关键区别，你在地面格斗中的进步就越快。

很多时候，一场战斗的胜负取决于下位选手能否将上位选手时刻控制在腿的前方（即将其控制在防守位置）。如果处于上位的你的对手越过了你的腿，形势就会对你非常不利，但只要你把对手控制在防守位置，你就可以有效地保护自己免受击打和针对你上半身的降服，同时还能够击打和降服你的对手。当你的对手越过你的腿部时，你就失去了控制的能力，随着你的对手不断取得更好的优势位置，你会逐渐暴露出更多弱点。

在第七章中，我们将详细研究防守，因为它对综合格斗中的下位选手非常重要。对上位选手来说，下位选手的防守造成了一些问题。在被对手困在防守位置的情况下，忽视防守，简单地猛击下位选手确实是有可能赢的，然而，正如许多地面捶击格斗者所发现的那样，这么打也很可能输掉比赛。更明智的战术是试图越过下位选手的腿和髋部，占据真正的优势上位，从而使下位选手难以自保。这种过腿（越过下位选手的腿）的战术深受成熟的缠斗者的青睐，也是比赛进入地面缠斗后的一种高胜率打法。另一种战术是用降服技术攻击下位选手的腿，如果成功，就可能获得一场快速的胜利，但如果没做好，就可能会失去上位。

半防守位置

在地面缠斗的过程中，尤其是处于防守位置时，你的对手常常会试图绕过你的防守（绕过你的腿）。这时候，你不得不用两条腿扣住对手的一条腿（而不是他的腰）。由于你只控制了对手的一条腿，也就意味着你的对手已经突破了你一半的防守——这个位置自然就叫作半防守位置（图6-8）。半防守也是一种优劣参半的中性位置，你可以在这个位置降服对方，对方也同样可能降服你。从击打的角度考虑，上位选手显然可以占到很大的便宜，但如果他过度滥用击打，他也可能会被扫到下位或被降服。这是个非常常见的位置，因此你必须对它了如指掌。

图6-8　半防守位置

位置的阶梯

现在我们可以提供一个关于位置的阶梯的指南。下面的位置阶梯是以上位选手的视角来制定的。记住，如果上位选手处于优势位置，下位选手就处于劣势，上位选手优势越大，则下位选手劣势就越大，因此，这个位置阶梯是双向的。我们先从上位选手的角度开始，来到中立位置（格斗双方都不占有明显的优势），再继续到达下位选手的劣势位置。

- 上位后背控制位置
- 下位后背控制位置
- 骑乘位置
- 浮固位置
- 侧面控制位置
- 龟防位置
- 半防守位置
- 防守位置
- 半防守位置
- 龟防位置
- 侧面控制位置
- 浮固位置
- 骑乘位置
- 下位后背控制位置
- 上位后背控制位置

在这些位置中，每一个都有多种不同的变化，在格斗中也存在着其他不那么常见的位置。除此之外，有一些特定的位置（比如头锁及其变种）在这里并没有提及。有人可能对位置的排序有着不同看法，毕竟，每个位置都有其各自的优劣势。无论如何，要想在地面缠斗中取得胜利，位置的阶梯是其中至关重要的一环，上述位置阶梯可以作为一个有用的指导。这里需要重点指出的是，战斗策略和目标会因格斗者所处的位置（处于上位还是下位）而截然不同。针对这种上下位的不对称性，我们在接下来的两章会把这两个部分分开讲解。

第七章

下位取胜

在过去的10年中，地面缠斗已经成为武术中最受关注的部分，与前几十年地面缠斗完全被无视的情况相比，形势发生了翻天覆地的变化。这种势头的转变无疑是受综合格斗的影响，综合格斗比赛证明了地面阶段才是决定胜负的关键阶段。地面缠斗之所以能获得无数武术家的格外关注，其中还存在着一些深层次的原因。

首先，在没有规则限制的格斗中，没有重量级的划分，上天让你跟谁打，你就得跟谁打。早期的综合格斗赛事也是如此。当双方的体型存在巨大差异时，小个子选手很容易被体型比他大的对手摔倒。

其次，就算忽略体型的差异，在真正的格斗中谁也不能完全避免被摔倒在地。这固然可能是由于你的对手有高超的摔投技巧，也可能仅仅是由于你自己犯了错。事实上，如果你的对手足够顽强，在格斗的过程中你被摔倒的可能性是很大的。

最后，格斗通常充斥着混乱，事情似乎永远不会按计划进行。就算你的对手没有受过训练，往往也会比想象的要难对付得多。在混乱的战斗中，任何事情都可能发生，例如，尽管你不想倒地，但你很可能被绊倒，并落入下位。

可能把下位技术练好的最重要的原因之一，是你会因此建立起强大的自信心。大多数人在真实格斗中最害怕的事情是被压在地上按着打，这种本能的恐惧使他们无法自信地战斗。如果一名格斗者害怕被摔倒，他就会束手束脚，毕竟在进行击打时有可能会被摔倒和捶击。然而，如果他知道自己可以在下位生存，甚至还能还击，那么他就不会害怕被摔倒，这样一来，他在站立位置上就能更为自信地进行击打。在真正的格斗中，被压制于地面并捶击是能想象出来的最糟糕的情况，而下位技术就是用来应对这种情况的。柔术可以使你应对最坏的情况，如果你连最坏的情况都能应付自如，那还有什么可担心的呢？

下位取胜的两条路线

要想从下位取得胜利，两条最常见的路线是：降服，扫和翻。降服技术是针对关节和颈部的锁技，一旦成功使用，除非对手认输，否则他就会受伤或失去意识。有很多有效的降服技术可以从对手的下位（尤其是在防守位置）部署。同样，也有大量的扫和翻技术使你能将对手掀翻在地，占据上位。一旦成功，你就可以用击打的方式取得胜利，或者继续扩大位置优势，然后从一个优势更大的位置降服对手。

　　然而，千万要记住，只用击打的方式从下位取胜是很难的。例外之一是，对手处于你开放式防守的上位，而你用脚后跟向上踢对手的下巴，这在综合格斗比赛中被证明确实是一种可以结束战斗的方式。事实上，这种从下位发起的击打，最著名的例子之一发生在真实武术超级格斗（MARS）赛事恩佐·格雷西对阵奥列格·塔克塔罗夫的比赛中。塔克塔罗夫是一名缠斗好手，在综合格斗比赛中有着不错的战绩。在把恩佐结结实实摔倒在地面上之后，他犯了一个错误——在恩佐的开放式防守中弯下腰来，试图控制恩佐的脚（可能是想要锁脚踝）。恩佐没有放过这次机会，用脚后跟向上踢出了一记有力的踢击，命中塔克塔罗夫的下巴，完成了一次漂亮的击倒获胜。

　　大多数从下位向上击打的力量都比对手自上而下的击打力量要弱，但这种劣势不应妨碍你试着在下位进行击打，其作用是干扰你的对手，使他更容易受到降服和扫技的攻击。

下位策略

　　大多数下位都是劣势位置，所以如果有选择，几乎所有人都会选择占据上位。然而，如果你的对手比你体格更大、更强壮（或是一个缠斗好手），你将不可避免地被压在下位。许多人声称，他们永远不会落入下位躺在地上战斗，因为这是一种愚蠢的战斗方式。的确，柔术选手更喜欢从上往下打，但事实是，在真实的格斗中，往往事不遂人愿。如果你面对一个难缠的对手，有的时候你不得不被压在下面，在下位战斗。

　　由于大多数下位都是劣势位置，所以一旦处于下位，重中之重就是要逃到一个更好的位置。只要处于下位，牢记以下策略：用高效和安全的方式摆脱对手的控制和压制，然后做以下应对。

- 逃脱到防守位置。

- 挣扎到用膝盖或者双脚支撑地面的姿势（然后回到一个中立位置）。
- 把对手翻过去。
- 尝试降服对手。

　　如果你试图把对手翻过去，要记得有些逃脱方法就能够让你达到目的，最后让你占据有绝对优势的上位。这往往很困难，也很消耗体力，还有一定的风险。如果翻转失败了，不仅浪费体力，可能还会使你落入比之前更糟糕的境地。然而，如果成功，就足以扭转一场战斗的局面。

　　如果你试图从下位使用降服技术，成功率会非常低。降服的威慑力也许会迫使对手稍稍后退，从而创造出一个空间，使你能够利用这个空间逃脱到防守位置，或者跪起来、站起来。

防守位置及适用技术

　　由于许多逃脱强力压制的方法最终都会使你进入防守位置，所以我们会多花费一些时间来讨论它。坐在或躺在你的对手下方，而对手在你腿的前面，这是防守位置最普遍的姿势。用防守位置控制对手的好处是，你的腿不仅可以限制对手的攻击，还可以用来控制他的动作，甚至能击打他或将其扫翻、降服。防守的形态多种多样，大致可以分为3个基本类别。

　　（1）封闭式防守。你位于对手的下方，腿在对手的腰部搭扣。大多数人会以为封闭式防守就是防守的全部，因为早期综合格斗比赛中封闭式防守是出现最多的防守形式。封闭式防守的优势在于它可以有效地削弱对手的击打攻击。非要类比的话，封闭式防守比较像一个在地面上可以牢牢限制住对手的缠抱，对手的手臂会被困住，从而很难用拳头做击打动作。

　　（2）开放式防守。这是一大类位置的统称，它们之间的共同点是你的腿挡在对手的面前。由于你的腿并没有完全把对手固定住，他可以随时站起来远离你——很多侧重站立位置的击打选手确实就喜欢这么干。所以，你的对手如果更愿意把战斗保持在地面阶段，正在向前压迫，试图用地面捶击或者过腿寻求更具优势的位置，开放式防守往往就更加有效。由于在开放式防守中，你的腿和髋部可以灵活移动，因此能够提供防守和进攻的绝佳组合。

（3）第三类防守位置是非常重要的一类，即所谓的半防守。在封闭式防守状态下，你的双腿在对手的腰部搭扣，即他的两条腿都在你的双腿中间。当你与你的搭档进行实战训练时，他将会试图过你的腿。当他就快要成功过腿的时候，你必须用你的两条腿在他的一条腿上搭扣，防止他完全绕过你的腿而进入优势巨大的侧面控制位置。由于你只控制了他的一条腿，所以我们称其为"半防守"。

防守位置的中立性

我们一直在强调，地面格斗者需要不断寻求更好的位置。那么有个问题便值得一问了：当一名格斗者处于对手的下方时，他还能不能获得绝对优势的位置？在早期的综合格斗赛事中，有许多柔术选手能够利用防守位置击败对缠斗一无所知的对手，以至于许多人得出结论，防守位置是绝对优势位置。

事实上，情况并非如此。在两个能力大致相当的柔术选手之间，防守位置是一个中立的位置，无论是对上位选手还是对下位选手来说，防守位置都不具有显著的优势。由于下位选手可以利用腿和髋部的移动来进行对抗，因此上位选手无法牢牢地压制下位选手；下位选手在这样的位置上不太容易受到击打，还能够比较容易地进入部署降服技术的位置。显而易见，下位选手没有被完全控制，即未被压制。当然，另一方面，上位选手也可以比较容易地尝试降服（主要是锁腿），由于他的动作并没有受到下位选手的严密控制，所以一旦防守被打开，他就可以自由地站起来走开。很明显，他并不算处于劣势非常大的位置。

在两个技术相当的柔术选手的战斗中，从防守位置发起的攻击往往更多地依靠巧妙、隐蔽、时机和欺骗，而非控制和压制。虽然在早期的综合格斗比赛中，防守位置似乎优势很大，但从上述角度看，防守位置可以被看成一个中立的位置，而不是一个绝对的优势位置。

因此，可以确定的是，在地面缠斗中，你要尽可能地处于上位，尽可能地控制对手。然而，如果你发现自己处于下位，最好还是把对手放在自己的防守位置里。虽然它不能像上位一样提供那么强的控制力和绝对优势，但它确实能防止对手完全压制你。更何况，从下位取胜也并非不可能。了解防守位置是至关重要的，当你躺在地上时，就是使用防守位置的时候。此外，当一个熟练的地面缠斗者躺在地上时，你也得有办法应对他的防守技术。

案例研究

防守位置的运用：霍伊斯·格雷西

当综合格斗比赛第一次在北美崭露头角时，只要提起一个人的名字，人们马上就会联想到综合格斗，这个人就是霍伊斯·格雷西。霍伊斯在早期综合格斗比赛中的成功，很大程度上是源于他对防守位置的出色运用。事实上，正是霍伊斯·格雷西让综合格斗爱好者和观众真正知道了防守位置。在霍伊斯获得成功之前，大多数人都认为只要格斗者后背着地躺在地面，他就离失败不远了。霍伊斯证明了一个身材和力量都处于劣势的格斗者，不仅可以利用防守位置使一个比自己更强壮、更有攻击性的对手无法发挥出攻击力，还能从下位发起进攻并最终赢得比赛。

这个概念是革命性的，当年，缠斗和柔术之所以会掀起一阵流行的浪潮，霍伊斯最初取得的一连串出色胜利功不可没。霍伊斯的成功来源于他在防守位置时所使用的精湛技术。拥有这样的技术，就算他处于对手的巨大压力之下，也能充满耐心地等待对手犯错。防守位置也让霍伊斯得以施展很多防御性的技能，以至于当他处于防守位置时，很少有人能够对他进行有效击打。除此之外，他还能直接从下位降服对手。以上这些技能加在一起，很少有对手能够抵挡。

防守位置的防御

大多数人认为防守位置只是一种用来防御上位击打的防御性姿态。在下一节中，我们将尽力消除这种偏见，让大家明白防守位置并不仅仅是用来防御的。然而，不得不承认的是，当你面对一个更强壮、更具攻击性的对手时，运用得当的防守姿态确实可以起到很好的保护作用。

当把防守位置视作一面盾牌的时候，你有两种方式可以选择。一种是在封闭式防守中尽力紧紧抱住你的对手，一侧手臂从上方环抱住对手的手臂，另一侧手臂抱住对手的头部，使其无法抬头，这样可以使你与对手紧紧抱在一起，令对手无法有效地对你进行击打。如果你能将髋向抱臂侧移动一点并侧身就更好了。

当你使用开放式防守时，可以选另一种方式。通常来说，开放式防守的作用是让对手与你保持一定距离，以避开对手竭尽全力的击打。把你的脚踩在对手的髋上，用力向远处推，使自己的头部远离对手的击打范围。为了更好地保持距离，你也可以把一只脚踩在对手的胸部、肩膀或者大臂处。当然，在混乱的真实打斗中，还有很多其他的缠斗技术也能有效地减少你受到的攻击，但上述两种方式无疑是简单又轻松的。

防守位置的进攻

在柔术中，千万不要把防守视为一种拖延时间的被动防御。固然，进入防守位置可以拖延时间，但这种方式并不可取。你必须将防守位置看作一种能够赢得战斗的位置，但请记住，没有人能只把对手抱住就赢得战斗。

因此，在防守位置必须拥有主动出击的能力，使对手受到攻击的威胁。接下来，我们将介绍一系列扫技和降服技术的组合，无论你使用开放式防守还是封闭式防守，无论对手是站姿还是跪姿，这些组合都能让你有能力攻击对手。这些技术无论在综合格斗还是缠斗比赛中都有很高的成功率。除此之外，我们还将看一下那些曾经在比赛中有较高成功率的技术。

我们经常用一条经验法则来衡量防守位置的好坏——尽量不要完全躺平，始终试图向对手的侧面移动，你可以坐起身、侧身、向一侧虾行。这些身体位置的变化虽然微小，却能极大地增强你在防守位置的攻击力。如果只是平躺，那就几乎无法进攻，只能被动地消磨时间。除非你实在是累了，想要休息一会儿，否则平躺不是一个好的选择。

当对手为跪姿时，从封闭式防守发起的攻击

坐起扫

当对手跪坐于你的封闭式防守内时，坐起扫是最合适的技术之一。这是一个低风险的技术，在所有级别的综合格斗比赛中都能见到。如果做得好，可以在瞬间逆转比赛的风向。将双脚打开并踩在地上，同时把一侧的手按在身后的地上。这里要注意，你用哪一侧的手撑地，接下来就要把对手向哪一侧扫过去。用另一只手抓住同侧的对手手臂的肘部。把自己的髋抬高，顶向对手，让自己的髋高于对手的髋。转头看向身后，将转身方向的一侧膝盖落地。最后，用连贯的动作把髋转向一侧。这样可以很容易地把对手扫倒。记得要把髋转向侧面而不是往对手身上顶。该扫技完成后，会结束于骑乘位置。（图7-1）

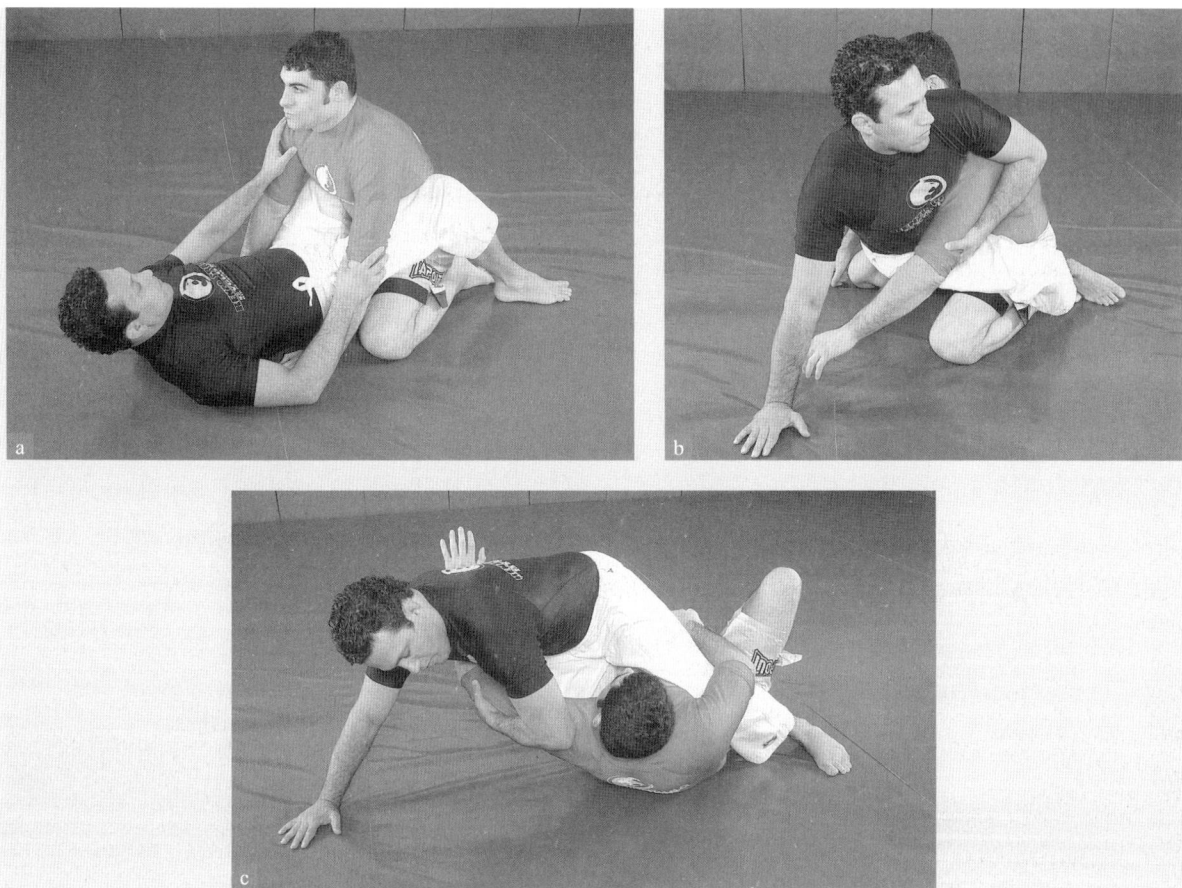

图7-1　坐起扫

断头台

　　断头台是综合格斗中最常见和最有效的降服方式之一。它可以从许多位置发起，但从防守位置部署的断头台能够使用身体的大部分力量来对付对手脆弱的颈部，因此是特别有效的。断头台也可以与坐起扫相互配合补充。如果两者之一失败，可以马上换到另一个。断头台最好的使用情景是对手跪在你的防守位置中。和坐起扫一样，将双脚踩在地上，坐起身并向侧面移动。（图7-2a）把一只手撑在你身后的地面上，另一只手环绕对手的脖子（我们称这只手臂为绞杀手。图7-2b）。如果你觉得用手臂圈住对手的脖子有困难，可以试着把自己的髋稍微挪远一些。最后，用你撑地的那只手抓住绞杀手的手腕（图7-2c），将绞杀手拉到你的胸骨附近，躺下并向侧面移动髋部，把对手关在你的封闭式防守中，发力挤压对手的颈部，形成绞杀（图7-2d）。

图7-2 断头台

折颈翻

这个技术的精妙之处在于，它可以使对手陷入两难境地，要么被降服，要么被扫倒。它的起始动作与坐起扫、断头台相同，因此这3个技术可以互相转换。当你的对手跪在你的封闭式防守中时，双脚踩地，坐起身并向侧面移动。和断头台一样，一只手放在身后的地面上，另一只手绕过对手的脖子。（图7-3a）将绕过对手脖子的手臂伸到他的腋下，然后再向上提，手到他的上背部。此时你的手掌方向应当朝向你自己，且对手的头被卡在你的腋下。将你的双手握在一起，拉向对手后背的另一侧，这样就能扭转对手的颈部。（图7-3b、c）很多时候这样就可以降服对手了，如果没能降服，就继续施加压力，直到他被翻过来，后背着地，此时你就拿到了骑乘位置。（图7-3d）

图7-3　折颈翻

三角绞

迄今为止，三角绞仍然是最流行和最成功的降服技术之一。三角绞形态众多，我们在这里讨论的形态最好的发动条件是对手跪在你的封闭式防守之中。当对手处于这种状态时，抓住他的两只手腕，把其中一只手腕用力向后推向他的胸骨。（图7-4a）此时你可以把腿从这只被困住的手臂上甩过去，绕过对手的脖子（这将是你的绞杀腿），这样就可以把你对手的头和一只手臂锁在你的双腿中间。（图7-4b）试着用你的绞杀腿的脚去碰对手的肩部后侧，以便为绞杀创造一个最佳的角度（你可能需要用手将你的脚拉到这个位置）。将你的髋部向外侧移动，以利于对对手的颈部施加压力，一般来说这样做可以起到不错的效果。接下来，双腿成"4"字形锁住对手的头部和手臂，记得要把绞杀腿的脚拉到另一条腿的膝盖后侧（不要只是交叉双脚）。将膝盖向内挤压并向下拉对手的头部，形成绞杀。（图7-4c）

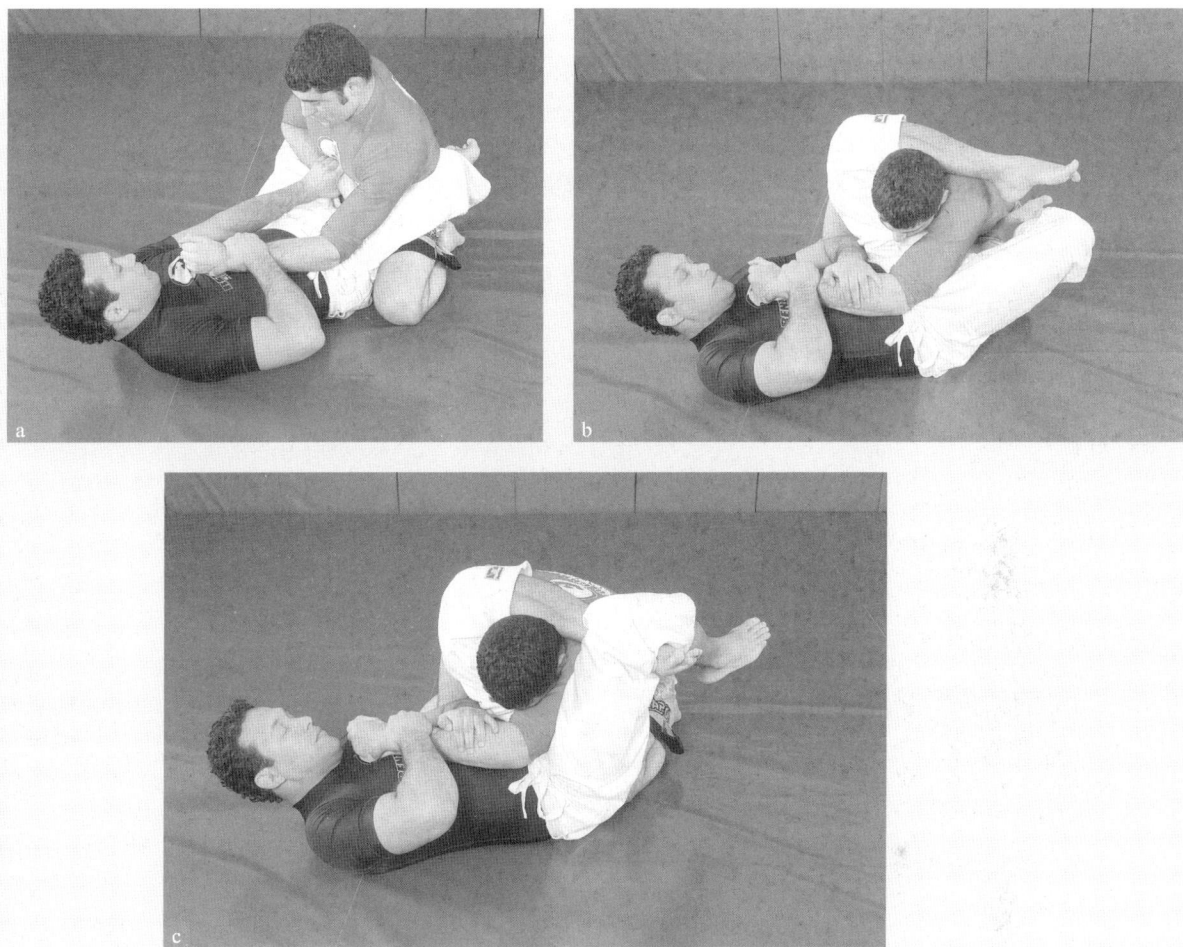

图7-4　三角绞

当对手站立时，从封闭式防守发动的攻击

十字固（腕挫十字固）

这是一种灵活的降服技术，能在很多不同的位置使用。在此处，我们把它用于对付在封闭式防守中站起来的对手。用你的手抓住你要锁的手臂的手腕，并将其固定在你的胸前。（图7-5a）用你的另一只手伸到对手的腿内侧靠近脚踝的地方，把你的头拉向你所抓住的脚踝。（图7-5b）这样做是为了使你的身体与对手形成大致垂直的角度，以便完成后续的降服动作。然后，双腿交替在对手的背上爬高，不要让你的髋落地，否则会大大降低锁住其手臂的成功率。下一步需要将你的腿从对手的头上甩过去，以确保锁住对手。（图7-5c）尽量

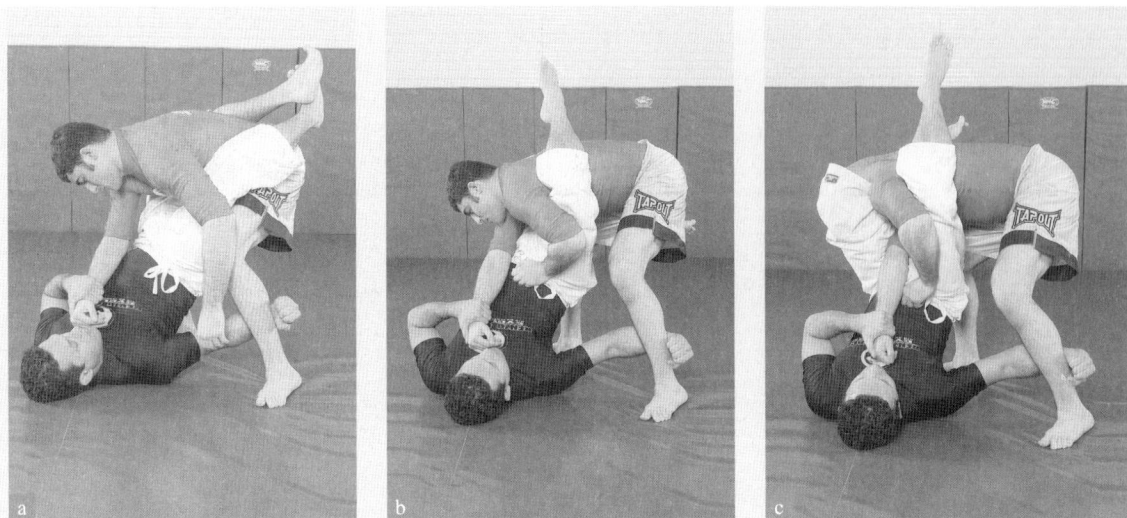

图7-5　十字固

将你的髋向上挺，直到能碰到你要锁的手臂的腋下，这样做可以大大增强降服的力度。最后，向中间并拢你的膝盖，脚向下踩向地面的方向，继续挺髋，把锁住的手臂的手腕往下拉，给对手的手臂施加破坏性的压力。

膝十字固（腕挫膝固）

膝十字固也是一种可以在很多位置上使用的降服技术。当对手在封闭式防守中站起来时，膝十字固能起到绝佳的效果。膝十字固可以与刚才我们说到的十字固[1]形成很好的搭配，因为起始动作是一样的。如果十字固攻击失败，那么膝十字固就能立即成为后续的攻击手段。当你的对手在封闭式防守中站立时，和十字固一样，把手臂伸到对手的腿内侧（图7-6a），钩住对手的腿并把你自己拉过去，使头靠近对手的脚。打开封闭式防守，髋顺势落地，过程中不要让你的脚离开对手同侧的髋。（图7-6b）有一个关键的细节是，这条腿的膝盖应该始终保持在对手膝盖的内侧。将你的另一条腿抡一个大弧线，直到你的脚甩过来碰到对手的臀部。记住，一定要把你的髋抬高，且高于你所攻击的那条腿的膝盖。（图7-6c）如果你没有做到这一点，整个降服就不成立了。向内夹住膝盖以控制对手的腿（图7-6d）。用你的手臂固定住对手的脚踝，起桥，髋部前顶，对对手的膝关节施加足以使其断裂的压力。（图7-6e）

---

[1]　译者注：前面没有定语的"十字固"通常指针对手臂的十字固。

图7-6　膝十字固

当对手为跪姿时，从开放式防守发起的攻击

基础电梯扫（隅返）

如果你的对手跪在你的开放式蝴蝶防守中（两只脚钩在对手的大腿下方），这个著名技术就有了用武之地。首先，坐起身，用你的手臂固定住对手的大臂（抱臂），用你的另一只手固定对手的肘或手腕。（图7-7a）然后，你抓住哪侧的肘或手腕，就直接向哪个方向倒下。（图7-7b）倒下的同时，扫倒方向对侧的脚向上抬，另一只脚踩地，将髋推离地面。（图7-7c）这一系列动作的组合将会把你的对手掀翻在地。继续用脚蹬地向前推，直到形成骑乘或侧面控制。（图7-7d）

图7-7　基础电梯扫

直臂锁（腕挫腕固）

直臂锁是速度最快、最容易成型的降服技术之一。如果你的对手跪在你的开放式防守中，直臂锁就是你最好的攻击方式之一。当对手在你的开放式防守中伸直手臂时，他就容易受到直臂锁的攻击。将你的髋向一侧挪动（此时你应当处于侧身状态），用你的手臂环抱对手的肘部，把你想要锁住的手臂的手腕夹在你的脖子和肩膀之间。（图7-8a）用膝盖夹住你要攻击的那只手臂的肩膀，夹紧，这样对手就很难逃脱了。把双臂交叠压在对手手臂的肘部，并向你的胸部挤压，使对手的肘关节过度伸展。（图7-8b）

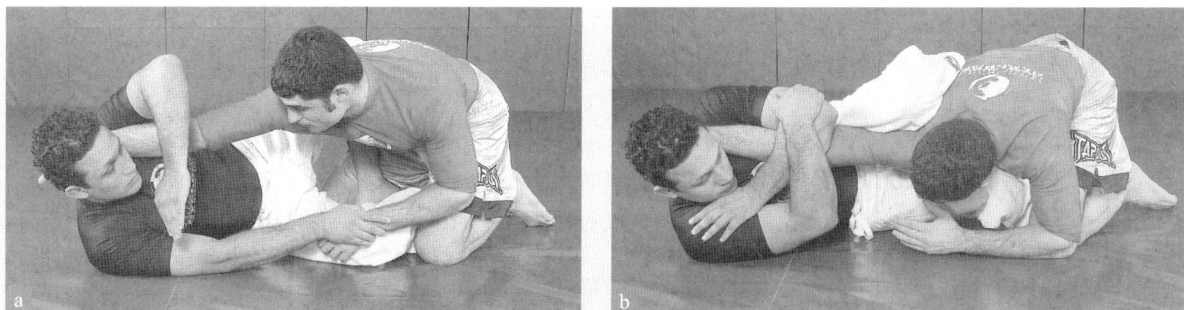

图7-8　直臂锁

案例研究

在开放式防守位置发起降服："大牛头人"安东尼奥·罗德里戈·诺盖拉

在当代综合格斗选手中，可以说没有人能像巴西柔术专家——"大牛头人"安东尼奥·罗德里戈·诺盖拉一样出色地使用防守位置。在一场又一场的比赛中，诺盖拉将世界上最好的格斗家束缚在他的防守之中，并使他们一个接一个地认输投降。这些对手往往比诺盖拉体格大得多，但体格再大也救不了他们，诺盖拉在防守位置连续不断地发起的降服技术令他们无所适从。诺盖拉的比赛策略与大多数格斗家不同，他连绵不绝的进攻主要是从下位发起的，而其他大多数格斗家使用防守位置的目的仅仅是防御。另外，诺盖拉不断用三角绞、木村锁和肩胛固的组合攻击来尝试降服对手，他的对手从一个锁中拼尽全力地挣脱出来，却沮丧地发现自己又落入了另一个降服技术中。面对这样精确

的攻击组合，他们只能坚持这么久，然后被完美的降服动作打败。诺盖拉之所以成为如此难缠的格斗选手，部分原因在于他的站立技术。他的拳击和摔跤水平很高，因此，对手如果试图站起来逃脱他的防守，就会面临更多的威胁，这样的威胁使诺盖拉的大多数对手宁可留在他的防守中而不站起来。这样一来，他们就陷入了两难境地：如果站起来，有可能被击倒或被压在下位；如果待在防守中，就会被降服。每个人都知道在诺盖拉的防守下会发生什么，他的降服技术就是最基础的那些，没有什么秘密可言。不同的是，诺盖拉的降服拥有极高的精确性和极强的实用性（通常是连续的组合）。面对来自下位的持续压力，很少有选手能够在诺盖拉的防守中发起任何有效的进攻。

当对手站立时，从开放式防守发起的攻击

双胫骨扫

如果你想攻击站在你开放式防守中的对手，这个技术非常有效，而且不会让你暴露在任何麻烦的脚踝锁或膝盖锁的危险之中（不像许多其他的开放式防守扫技）。当你的对手站起来时，把你的双脚放在他的双腿内侧靠近膝盖处，你的小腿下部压在他的膝盖内侧。（图7-9a）双手从外侧抓住他的两个脚踝往回拉（图7-9b），同时把你的髋部向上顶起，双膝外展（图7-9c），这样你的对手就会直接向后摔倒在地，你就可以从上位控制他，也可以接一个直腿锁。

足跟勾

当对手站在你的开放式防守中时，足跟勾是个极好的攻击技术。先将双脚搭在对手的膝部内侧，然后迅速抓住最靠近你的那只脚的脚跟。（图7-10a）将你的身体往那只脚的方向拉，尽量接近，然后把你的脚向后踢，再从外侧绕过来，直到你的脚踩在你要攻击的那条腿一侧的髋部，你的另一只脚则须藏在你要攻击的腿的后侧。要想控制得更紧密一点，需尽量将膝盖并拢在一起。然后

图7-9　双胫骨扫

将你要攻击的那只脚的脚趾拉到你的腋下。接下来，用你的手腕钩住那只脚的脚跟，双手相互搭扣。最后，将对手的脚跟向你的胸部旋转，这样可以给他的脚踝和膝盖施加巨大的破坏力。（图7-10b、c）使用这种技术时要小心，因为可能会造成伤害。在训练时，要给你的搭档足够的时间来让他做出认输的决定。

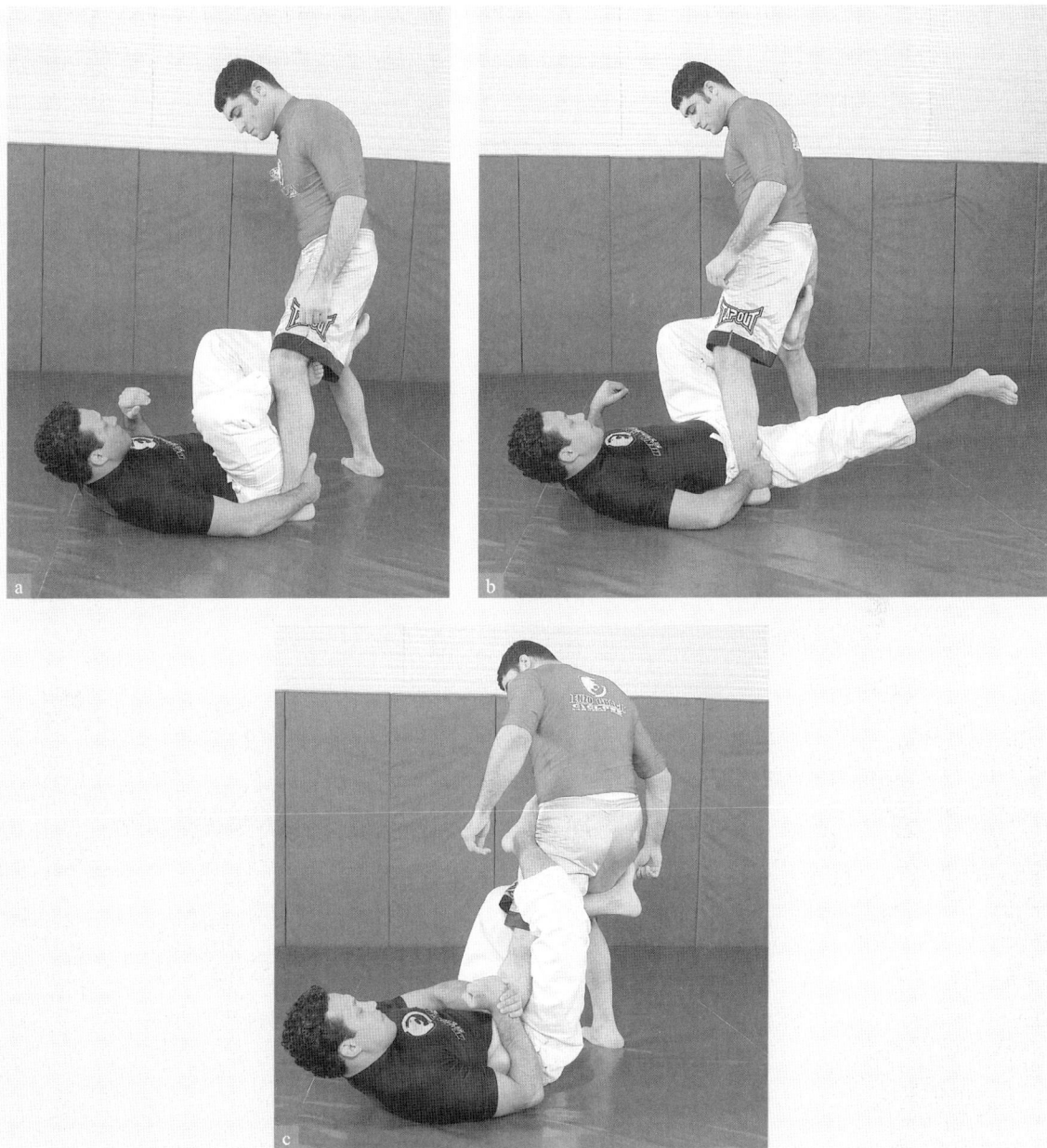

图7-10　足跟勾

下位的逃脱和反击

现在，我们要从下位的角度来审视地面缠斗中的各个常见位置。我们之前曾经提到过，下位选手最重要的事情是逃到更好的位置，然而，我们还有另外一种选择：尝试从下位部署降服技术。如果成功地降服了对手，那就大大地赚到了；就算降服失败了，至少也会迫使你的对手由攻转守，你就能借机逃到更有利于你的位置。无论哪种情况，结果都对你有利。现在，让我们来看看在综合格斗中那些更加危险的压制。

逃脱后背控制

后背控制是真实格斗中最危险的位置之一。如果你的对手占据了上位，他可以对你的后脑和颈部进行猛烈的击打，而你却几乎无力反击。此外，他还可以用各种降服技术攻击你的脖子和手臂。因此，有效的逃脱方法是必不可少的。接下来，我们学习如何逃脱后背控制的两种主要形式——上位后背控制和下位后背控制。

逃脱上位后背控制

你的对手骑在你的背后，把你压在地面上，并用他的双腿钩住你的髋部，他就处于上位后背控制位置，我们称之为背后骑乘位置。在这个位置，他可以强力拉伸你的躯干，给你带来巨大的压力。要想从这种位置逃脱，肘部逃脱是一种成功率较高的方式。

肘部逃脱是柔术中迄今为止最有用和最重要的逃脱方式。就算你的对手比你体型更大，它也可以让你相对轻松地逃脱对手的控制。一般情况下，成功的肘部逃脱会迫使你的对手重新回到防守位置。人们通常认为肘部逃脱是从普通骑乘位置逃脱的方法，但它其实有许多变形，其中就包括从背后骑乘位置逃脱。这个技术可能看起来有点复杂，但是只要进行一些练习，你就能够快速高效地完成它。当你的对手已经完全骑在你背上的时候（图7-11a），最重要的是移除他的"钩"——他的脚卡在你的髋部，这使得对手可以牢牢地控制你。要想移除这些"钩"，你需要将一条腿向后踢，将其平放在对手双腿之间的地面上。（图7-11b）

这样就摆脱了一侧的"钩"。把你刚刚踢出去的那条腿的膝盖滑过去，从

图7-11　用肘部逃脱摆脱上位后背控制

对手另一个"钩"下面穿过。（图7-11c）尽量让那条腿的膝盖碰到你对侧的肘部，这样可以防止对手把"钩"放回原位。要摆脱剩下的那个"钩"，把你另一条腿（对手还在钩着的那条）向后踢。现在两个"钩"都摆脱了。（图7-11d）起身变为跪姿，保持你的膝盖和肘紧贴，防止对手再次钩你的腿。（图7-11e）伸手抓住他的手臂（图7-11f），把他从你的肩膀上翻过去（图7-11g）。由于他没有钩住你，这很容易就能做到。当他从你的背上掉下来时，你要依然保持跪姿，这样你就可以占据上位压制位置。

逃脱下位后背控制

当你的对手在你的背后钩住你，而且还位于你的下方时，他就处于下位后背控制位置。在这个位置上，虽然他的击打力量比上位后背控制要小一些，但他仍然可以攻击你的脖子和手臂。同样，如果想避免对手的攻击，你就需要一个可靠的逃脱方法，例如滑出法，它可以让你保护自己免受对手常用的绞技和臂锁攻击，还能让你摆脱危险的境地，转换到一个更好的位置。

在下位后背控制位置，对手可以对你形成很大的绞技威胁。（图7-12a）他的两只脚钩在你的大腿内侧，他的"钩子"会使你陷入被动。要想脱身，需要向上起桥，同时用手腕和肘部下拉对手的绞杀手，并向着对手绞杀手指向的方向滑出去。将下巴转向其绞杀手的肱二头肌。一直向外滑，直到你的肩膀触地。（图7-12b）让背和肩膀着地至关重要，一旦做到了，你的对手就无法对你进行绞杀。然后尽可能侧身面对对手（图7-12c），你的对手无法在这种姿态下完成绞技。现在的危险是，对手会起身来到骑乘位。为了避免这种情况发生，将你上方的脚钩在对手上方的膝盖下面，并向上提起。用手臂圈住同一条腿并向上提，借此阻止对手站起来。（图7-12d）向后踢腿并落到侧面控制，这样就可以压制住对手了。（图7-12e）

逃脱骑乘位置

有很多综合格斗比赛结束于骑乘位。这个位置使得上位选手可以几乎不受限制地击打对手，如果下位选手没有有效的逃脱方法，那他几乎无力回天。因此，肘部逃脱至关重要。

肘部逃脱是所有逃脱技巧中最为重要的一项。它不仅需要的力量较小，而

图7-12 用滑出法逃脱下位后背控制

且对于体型较大的对手也很有效。此外，在实施这项技术时，使用者也不太会使自己陷入危险。下面我们来介绍它的一个变体——直腿锁，直腿锁可以以攻击性的动作收尾。当对手骑在你身上时，先将你的双手放在对手的髋部（图7-13a），构建出一个防御框架。接着起桥，让髋离开地面，双手向着脚的方向推（不要向上推）并向一侧转身。在你的髋落地的同时，向后虾行挪髋，并让你下面那条腿的膝盖穿过对手的两腿之间，此时你的膝盖应该收到胸前。（图7-13b）把另一条腿环绕在你想攻击的那条腿上，并把脚踩在对手同侧的髋上。用手臂圈住对手的脚踝，手腕的桡骨正好卡在跟腱上。（图7-13c）另一只手抓住自己的手腕，双手一起向上往胸部拉。顶髋起桥，后背拱起，这样就能对对手的踝关节施加巨大的压力。做这个技术的时候尽量侧身，而不要躺平。

逃脱浮固位置

浮固比骑乘位略微危险一些，和被骑乘相似的是，下位选手很可能面临被击打、施以关节技和绞杀的危险。

当你被困在浮固位置（图7-14a），一个很好的逃脱方法是使你的对手失衡前倾。具体做法是，用你的膝盖顶向对手的臂部，使他重心前移。（图7-14b）这样你的对手就需要用手撑地以避免倒下。然后，朝着对手的方向转身，伸出远离对手的一侧的手臂，抱住对手原本压在你肚子上的那条腿的膝盖。（图7-14c）交错双腿，迅速跪起身，抱住对手的双腿，将其放倒在地上。（图7-14d）

逃脱侧面控制

与前面提到的位置相比，侧面控制的潜在威胁并没有那么大，但它是到达那些更为危险的位置的必经之路。在侧面控制中，上位选手也能通过击打造成相当大的伤害，而且有很多降服技术都可以在这个位置施展出来，因此一个靠得住的逃脱方法是必不可少的。从侧面控制位置逃脱的方法通常取决于对手压制你的方式。接下来，我们会探讨从侧面控制逃脱至跪姿和逃脱至臂锁的方法。

图7-13 用肘部逃脱摆脱骑乘

图7-14 逃脱浮固位置

逃脱至跪姿

　　如果对手压制你时抱住了你的肩膀但没有控制你的腋下，一个很好的逃脱方法是逃至跪姿。如果压制你的对手决心坚定且技术高超，你想要完成这个动作就需要仔细遵循以下要点。将你的手臂摆放到如图7-15a所示的良好位置——一只手放在对手的髋部，肘贴住对手腰部，另一只手臂从对手的手臂下方穿过，抓住他的上背部。然后起桥，向对手转身，使髋部远离对手。（图7-15b）用放在对手上背部的手臂圈住对手的腿。当你翻到脸朝下时，将双手在

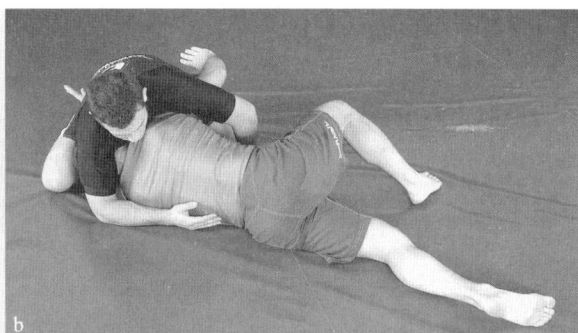

图7-15　逃脱至跪姿

对手的膝盖处搭扣。（图7-15c）向对手靠近，跪地站起并靠近你抓住的那条腿（图7-15d），向对手推挤过去，同时伸手抓住他的另一条腿，将他摔倒（图7-15e）。

逃脱至臂锁

这种方法适用于对付抄腋下的侧面控制。你的对手此时已经在侧面控制中拿到了你的腋下控制。要应付这种情况，先要建立防御性框架，将双手放在你的胸口，手肘紧贴胸部。（图7-16a）起桥并用双肘将对手推向你头顶的方向（不是向正上方。图7-16b），这样会为你创造足够的空间使双腿同时上摆，将靠近对手的那条腿从他的手臂下方穿过，让你的脚触到他肩膀后部，另一条腿则越过他的头部，脚向地面压，同时用力夹紧你的膝盖。（图7-16c）用双腿将对手向下、向远处推开，使他失去平衡倒在地上。抬高髋部，用双手向下拉对手的手腕，完成臂锁。（图7-16d）

图7-16 逃脱至臂锁

龟防位置的逃脱

如果把各种位置按照危险程度排个序的话，龟防位置排第几是个难题。在综合格斗比赛中，在龟防位置有时候确实能防御住对手的攻击，然而，还有一些时候它却容易使格斗者陷入困境，尤其是我们在前文提到的前头锁位置。通常情况下，处于上位的格斗者能够在对手处于龟防位置时，用力向对手头部大力膝击，从而击倒并严重伤害对手。事实上，毫不夸张地说，在某些情况下，处于龟防位置的格斗者甚至比处于骑乘下位的格斗者面临的危险更大。

当你处于龟防位置的时候，圈臂翻滚法是一种有效的逃脱手段。对手在你的上位压制你时，需要将手臂搭在你的背上，这样就可以将你压制住并夹住你的肘部。抓住对手搭在你背上的手腕（图7-17a）。在翻滚之前，最好让自己的身体与对手垂直。将髋靠近对手并塞在对手身体下方。身体从下侧转向对手，肩膀着地做前滚翻。（图7-17b）你需要将身体旋转到对手下方，这样就能将对手的体重架在肩膀上，并使其后背着地。跟着对手一起翻滚，面向他的腿，这一点很重要。如果你转向错误的方向，对手将占据优势位置。只要你正确地滚向对手腿的方向，就可以干净利落地拿到侧面控制位置。（图7-17c）

下位的基本动作练习

许多有用的训练方法可以大幅提升柔术选手的下位技术，我们现在来介绍其中最好的一些训练方法。在此之前，让我们简述你的搭档在开始每个练习前的准备步骤。

要想提高从劣势位置逃脱的技术，最好的办法或许就是每次都让你的搭档从优势位置开始，而你试着从劣势位置逃脱。现在，我们就从以下位置进行逃脱练习。

后背控制的逃脱练习

让你的搭档从后背控制位置开始（上位和下位的控制都需要尝试）。他要

图7-17 圈臂翻滚法逃脱龟防位置

努力降服你，而你则试图逃脱。一旦你们中的任何一方达到目标，立即交换位置重新开始。

骑乘逃脱练习

你的搭档从骑乘位开始。他试图保持骑乘位置并进行降服，而你则努力逃到防守位置或尝试起桥将他翻过去。当你们中的任何一方成功时，交换位置并重新开始。

骑乘逃脱练习也可以在浮固和侧面控制位置进行。只不过在这样的情况下，上位者不仅要努力降服下位者，还要试图通过进入骑乘位置来扩大自己的位置优势。下位者则必须通过逃到防守位置、跪起身或者奋力挣扎摆脱对手的压制。

龟防练习

上位者试图控制并压制做出紧凑龟防姿势的下位者。下位者可以通过进入防守位置、站起来或将搭档翻过去来逃脱。新的上位者接下来需要努力压制住下位者，使用降服技术或压垮对方来获得更优越的位置。

不用手臂的防守位置练习

要想练出强悍的防守能力，最实用的训练就是不用手臂的防守练习。这个训练的重点是，让你的搭档站在你的开放式防守姿势前方，他试图突破你的防守，而你要试图用你的双腿和脚来控制他。这个训练的要领是，你不能用手臂辅助，必须完全依靠双腿来调整髋和整个身体的位置，以便将搭档留在防守范围内。开始的时候，你的防守会很快被突破，这会非常令人有挫败感。然而，只要你坚持下去，你的腿部动作就会大大改善，防守也会变得更加牢固。要提高腿部动作、柔韧性和防守姿势的控制能力，没有什么练习比不用手臂的防守练习更有效了。

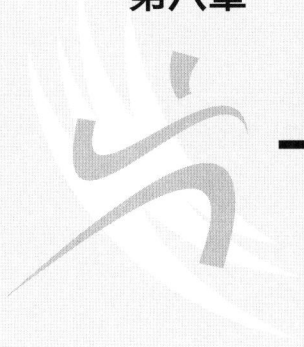

第八章

上位取胜

谈到上位，最重要的特点就是控制。这种控制不仅仅是在你压制对手时控制对手身体的移动，还包括控制战斗的走向。上位有一个巨大的优势，那就是它让你能够决定战斗的性质。处于上位时，你既可以选择让战斗保持在地面，也可以选择回到站立。因此，比赛进入哪个阶段是由处于上位的格斗者来决定的。

上位的另一个优势是，你可以给对手施加巨大且持续的压力，因为他需要承受你的体重，这会让处于下位的格斗者感到疲惫和挫败，同时，从下位进行击打和降服也比从上位更为困难。上位还大大有利于做地面捶击，因为从上位进行击打要比从下位容易得多，这种压力经常会导致下位者犯错，从而为上位者的降服创造机会。

地面缠斗中上位取胜的两种方式

在各种上位战斗中，我们已经看到有两种基本方法可以获取胜利，这两种方法在综合格斗比赛中都被证明是非常有效的。第一种方法是所谓的地面捶击策略，这种策略执行起来既可以简单粗暴，也可以复杂精确。有些格斗者只要拿到上位，就尽可能快速和猛烈地击打对手，哪怕自己是在对手的防守位置之内。当然，如果你比对手体型更大、更强壮，这种战术可能确实会取得一定效果。然而，在很多情况下，下位的格斗者往往能借此抓到牢固的降服，这样打的结果往往是以上位者拍地认输而告终。

如今，几乎所有顶尖格斗者都采用了一种更为成功的战术，即在击打时更为谨慎，丝毫不给对手使用常见的降服技术或扫技的机会，上位者只要保持稳定的站姿，避免过度伸展手臂或过于专注击打，就能在对手的防守位置成功击打对手。运用这种战术不容易被对手降服，而且经常能获得裁判的判定胜利。更好的做法是尝试越过对手的防守，进入真正的优势位置，上位者就可以无所顾忌地猛烈击打。这种做法常常能够直接令对手认输或使裁判叫停，这是地面捶击打法中的最高境界。

第二种方法特别受柔术选手的青睐——使用关节锁和绞技。这是降服获胜最常见的方式。这些技术的优雅和巧妙给许多早期综合格斗赛事的观众留下了深刻的印象，它们似乎体现了武术家们内心深处对于胜利的梦想：利落、高效、优雅地战胜比自己更强大的对手。别忘了，上述两种方法是可以结合在一起使用的，这可能是在真实战斗中通过上位战胜对手最明智的方法了。

不过，当你占据上位时，最大的挑战是如何应对对手的防守。防守位置在所有的下位中格外独特，因为就算你处于下位，防守位置也能让你避免被对手完全控制。因此，学习如何成功应对防守位置变得至关重要，这需要你能够绕过对手的双腿和髋部，在不被扫倒或降服的前提下进入侧面控制。这种绕过对手的腿，从而成功进入绝对优势压制位置的战斗被称为"过腿"，这是柔术中获取真正优势位置的关键，也是地面缠斗中上位必备的技能之一。

上位战术

从上文的讲述中，你可以轻而易举地推断出巴西柔术选手的上位指导策略：不断地尝试越过对手的双腿（过腿）。大多数情况下，过腿了就意味着到达了侧面控制位置，当然，过腿后也可以进入浮固或骑乘位。一旦到达这些位置，要设法阻止对手重新建立防守，不让其重新获得控制。随后，不断向更加优势的位置前进。最后，随着位置优势的增加，伺机用击打或降服技术击败对手。

一些巴西柔术选手防过腿能力相当强悍，当你试图越过他们的防守时，会遇到很强的阻挠。在无法绕过对手双腿的情况下，你可以放弃过腿，改为直接锁腿降服，这是一种有效的策略。总的来说，柔术更倾向于过腿策略，因为这会使你取得对手的上半身的控制，从而获得稳定的优势位置。这种上半身的强力控制让你可以在优势位置上击打对手或者进行降服（击打往往是为降服铺路的）。但当你选择锁腿，就意味着你放弃了对对手上半身的控制，这并不是说锁腿降服不是一个好选择。锁腿是好的，但务必确保它不是你唯一的选择。

要控制住一个激烈抵抗的对手，过腿是最好的方法之一。这种方法体现了柔术中经过验证的战术原则——不断争取更好的位置，同时也让你在与对手战斗时有很大的灵活性。你可以获得某个绝对优势的上半身控制位置，将对手压制住，然后进行猛烈击打或者使用降服技术。

从站立位置到地面上位的转换

如果将对手摔倒在地，你肯定希望占据上位。然而，柔术选手会更进一步，与其满足于取得的任何上位，不如在落地的瞬间就尽可能争取更为优势的上位。不要满足于落入对手的封闭式防守，而要尽力落在对手的侧面或者骑乘位置，这样就可以不必为了绕过对手的腿而陷入苦战。

在从站立姿势到地面的转换中，很少有人能头脑清醒地让自己落到一个好的位置上，大多数人在失衡摔倒时大脑一片空白。因此，在摔向地面时，你可以充分利用这一点，在落地的一瞬间就立刻越过对手的双腿，进入一个好的位置。用这种方法可以在落地之后省去很多不必要的挣扎。

所以，在从站立到地面转换的关键时刻，要保持头脑清醒，在摔倒时主动落到一个有优势的位置，能直接接上一个降服技就更好了。在摔倒对手时，利用对手的思维空白和混乱时刻，直接从有优势的上位开始你的进攻。

压制的新理念

大多数缠斗技术的理念都是基于压制，即将对手的肩膀和背部压在地上。之所以产生这样的理念，是因为将对手压在地上是一种优势和控制的象征。事实上，在擅长地面技术的缠斗流派中，压制常常是赢得胜利的主要途径之一，在西方摔跤的传统中，压制甚至被认为是赢得胜利的终极手段。将压制等同于胜利可能是因为在古代战争中，一旦被压制在地，就很容易受到压制者或其同伴的匕首刺杀。然而，这个论点并不足以令人信服，因为要想用利刃进行刺杀，使对方后背着地躺在地上并不是唯一的选择，令对方跪在地上或者趴在地上也同样可以。更有可能的一种解释是，压制展示出了对对手的极大控制力，这种程度的控制意味着，如果这是一场真正的战斗，只要你愿意，你就随时可以对对手造成巨大的伤害。

然而，现代柔术中的压制理念发生了根本性的变化。毫不夸张地说，这改变了当代缠斗选手在地面战斗中评判控制和优势的方式。在巴西柔术的引领之下，现代柔术的缠斗形式在3个主要方面摒弃了传统的压制理念。

（1）现代柔术有别于其他流派的地方在于，它并不认为压制是结束战斗的手段。这可能是因为现代柔术已经摆脱了起源于战场的传统柔术的风格。实际上，压制本身并不能伤害对手，它只是为你提供了用击打、降服或匕首刺击之类的方式真正伤害对手的机会。在现代柔术中，压制被赋予了与其他流派截然不同的含义。压制的作用仅在于它能为那些能够终结战斗的动作提供先决条件。

（2）在现代柔术中，压制是有优劣之分的，并非所有的压制在击打或降服对手方面都同样高效。在大多数地面缠斗流派中，压制就是压制。如果你让对手后背着地并压制他一定的时间，无论使用的是何种压制，比赛都会宣告结束。然而在柔术中，某些类型的压制分数会比其他类型更高。压制对击打和降服（从上位终结战斗的两种主要方式）的帮助越大，得分就越多。在现代柔术比赛中，压制从来都不是终结比赛的手段，人们只会根据它对击打和降服的帮助程度来计算得分。此外，柔术并不将防守位置视为压制，因为即使下位选手背部贴地，他仍然有可能从该位置获得胜利。柔道也同样如此。

（3）柔术的独特之处在于，它认同在某些压制中，被压制者并不需要仰面躺在地上。在柔术竞技比赛中，得分最高的压制之一是背后骑乘，它与骑乘位置的分数相等。在这个位置的被压制者通常是趴在地上的。显然，在其他缠斗流派中，面朝下的压制并不常见。事实上，在大多数缠斗流派中，背后骑乘根本不计分，而且对处于下位的选手来说，这是一个安全的位置。然而，在真实的战斗中，背后骑乘可能是一个非常具有破坏力的位置，因为你可以在对手无法还击的情况下，对其后脑和后颈进行击打，同时发起降服技术，因此在现代柔术中，背后骑乘得分很高。

可以这么说，巴西人将细腻和适用于实战的技术引入了压制的理念中，这在传统的缠斗流派中是没有的，这也是他们在综合格斗比赛中取得空前成功的主要原因之一。

过腿

正如我们所知道的，在真实战斗中，位置控制的基础是具有越过对手双腿的能力，从而进入一个真正具有优势的压制位置。在前面的章节里，我们从下位选手的视角审视防守位置，发现存在两种类型。

（1）封闭式防守。在这种情况下，你的对手仰面躺着，双腿环绕在你的腰部，双脚交叉。当你试图打开封闭式防守时，面临的问题是如何打开对手搭扣的双脚。在此之前，你是无法过腿的。

（2）开放式防守。在这种情况下，你的对手要么仰面躺着，要么坐着，双腿挡在你面前。这时你并不需要打开对手的搭扣，核心问题是如何绕过对手的双腿。

过封闭式防守

我们先来看看封闭式防守。在一场比赛中，选手需要一个可靠的方式打开对手的防守，以便绕过对手的双腿。然而，当选手试图打开对手的防守时，他容易遭受击打和扫技、降服技术的攻击。所以要记住，在训练或比赛中，当你试图过对手的腿时，他并不会袖手旁观，相反，他会尽全力阻止你的动作。下面我们将介绍一种非常有效且不容易受到对手攻击的方法来打开防守。首先，我们来讨论在封闭式防守中如何站起来。

站立姿势具有许多优势。站立姿势让对手难以对你进行击打或使用上半身降服技。此外，站立使打开对手的防守更为简便。在对手的抵抗中站起来既需要精确的技术，也需要足够的练习。保持比较直的坐姿，一只手放在对手胸部。不要将身体重心放在这只手上，而是用它来阻止对手坐起来进攻。另一只手压在对手髋部。（图8-1a）同侧的腿向前迈步，将脚贴近对手肋骨以便在站起时保持稳定。（图8-1b）接下来，扩大支撑面以防止被对手扫倒。将另一只脚向后、向外侧转，膝盖仍保持接触地面（图8-1c），这将大大增加双脚间的距离，从而扩大支撑面。现在你已经处于一个稳定的位置，可以完成站立动作。站起来的同时远离前侧的腿，朝对手旋转。（图8-1d）这种有力的旋转动作会给对手双腿施加巨大压力（通常这一动作就足以打开对手的防守）。最后，前腿呈一定角度与对手相对。现在你站在一个相对安全的位置，准备打开对手的防守并过腿。

如果对手的腿部力量强大，即使你站起来，他仍会保持封闭式防守。为了打开这个防守，你需要把之前放在对手髋部的手向后挪动，直到你的手肘卡进对手膝盖内侧或稍低的位置（图8-2a），然后直接用手肘向下压，分开他的双腿（图8-2b）。尽管确实存在一些压迫对手薄弱位置使其疼痛的方法来打开对手的防守，但这个技术并非如此。对手的双腿之所以被打开，仅仅是因为你运

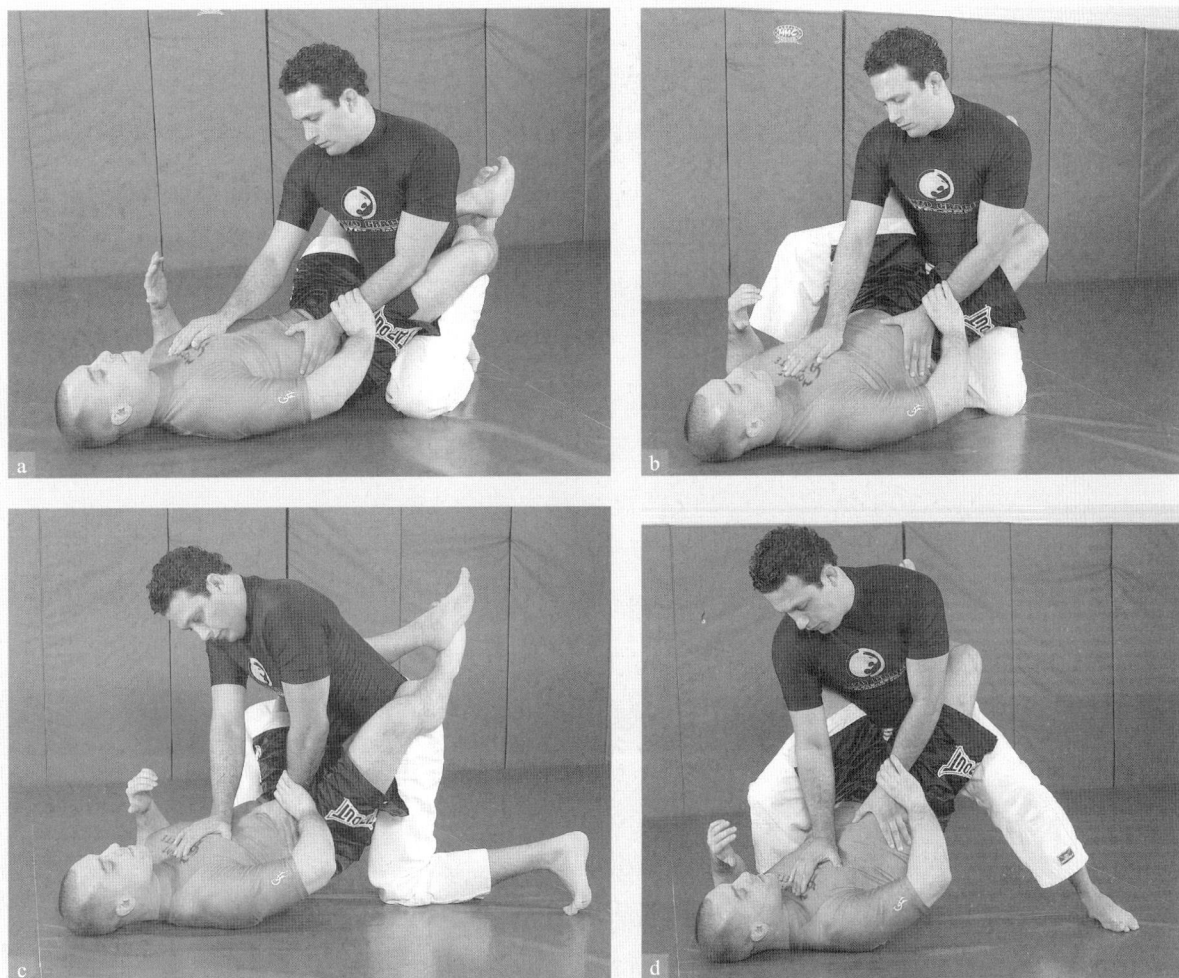

图8-1　在封闭式防守中站起来

图8-2　打开封闭式防守

用了杠杆原理。现在你站立姿态稳定，对手的防守被打开，接下来的任务就是越过对手的双腿，进入强有力的侧面控制位置。为了实现这个目标，你需要运用一种非常有效的限制对手活动的方法，它叫作控制位置。

控制位置的一大优点是，它让你在过腿时能立即改变方向。无论何时，只要你感觉对手在某一侧试图阻止你过腿，你可以迅速切换到另一侧。这让对手难以抵挡你的过腿，同时，这也使得对手的大部分攻击性降服技和扫技难以起效。

要进入控制位置，需要在抬起对手一条腿的同时，压低对手另一条腿的膝盖。（图8-3a）然后手滑到你正在压低的膝盖上，将它压在地板上。将你抬起的对手那条腿抬高至你的肩部。（图8-3b）现在，你已经将对手控制在一个强有力的位置上，他很难移动，也无法用击打或降服技对你发起攻击。控制位置的美妙之处在于，它为你提供了一个极其有效且安全的平台，使你可以从两个不同的方向过腿。

在这种控制位置，我们可以发起两种不同的过腿：折叠过腿和钉腿过腿。

折叠过腿

无论何时，只要你能将对手的髋部和腿抬起，使他的肩膀贴着地面，你就将他置于了极度不利的位置，使他几乎无法利用自己的防守做出有意义的反应。一旦对手处于被紧紧折叠的状态，他就失去了攻击你或通过移动来恢复防守的能力和位置优势。而你从这个位置进入侧面控制将会非常容易。

在控制位置，手臂绕过对手的髋，抓住他的腿并向前方推挤，把他的膝盖朝他的下巴方向推，把他"折叠"起来。（图8-4a）用你的髋和躯干持续向前推对手的腿，并保持背部挺直以增加压力。然后，边推边开始绕过你正在推的腿。用你的另一只手绕过对手同一条腿的膝盖内侧并抓住（图8-4b），把这条腿从你面前拉过去，就能进入强劲有力的侧面控制位置。把手从对手的脖子下方穿过去，进一步控制他的动作。过腿时不要急躁，一般情况下，缓慢而磨人的节奏，加上体重和杠杆的力量来对付对手的腿，会有更好的效果。完成过腿时你与对手形成胸贴胸的状态。（图8-4c）很多时候，你的对手会用被叠住的那条腿用力往回推来阻止你完成过腿。当你在折叠过腿的过程中遇到困难时，切换到钉腿过腿。

图8-3　进入控制位置

图8-4　折叠过腿

钉腿过腿

将对手的一条腿压在地面上，你就可以越过这条腿到达侧面控制位置。由于他的腿被控制（于是他的髋部也被控制了），他很难用降服技或扫技攻击。

把对手那个被你压在地面上的膝盖继续向下压，并将你的膝盖从他大腿内侧靠近膝盖的地方滑过去，直到你的脚钩住对手的膝盖内侧。（图8-5a）保持这个"钩子"的同时，上身向前倾斜并抓住对手的脖子。（图8-5b）此时，你的一只脚还在对手的两腿之间，将那只脚迈向你身后的一侧，以避开对手的腿，钩住对手膝盖内侧的那只脚保持不动。（图8-5c）现在，两条腿都从对手的腿间撤出，抬起膝盖，转到稳固的侧面控制位置，胸对胸压在对手身上。（图8-5d）

将折叠过腿与钉腿过腿结合起来，在尝试任何一种过腿的时候遇到困难了就马上切换到另一种。

图8-5   钉腿过腿

过开放式防守

在开放式防守中，由于对手的双腿本就没有搭扣，所以你也就不需要费力打开对手的搭扣了。在这种情况下，你面临的最大问题是对手灵活的双腿。通过灵活移动的双腿，对手不仅可以阻止你越过他的腿，还可以用令人眼花缭乱的扫技和降服技来攻击你。你需要用一种快速高效的方法将对手的腿扫向一侧，这样你就可以安全地进入侧面控制。侧步法就是一个这样的方法。

抓住对手的脚踝（图8-6a），以一个连贯流畅的动作将对手的腿推向一侧，同时跨一步到对侧，使你跨出去的脚正好落在对手的髋部旁边（图8-6b）。如果你将对手的腿推向你的右侧，那么你的右脚就落在他的右髋旁边，反之亦然。从这里开始，只需将你的膝盖压在对手的胃部，然后向前跨出你的另一条腿，完成一个完美的浮固。（图8-6c）做这个技术时，动作要流畅、连续，如行云流水一般。

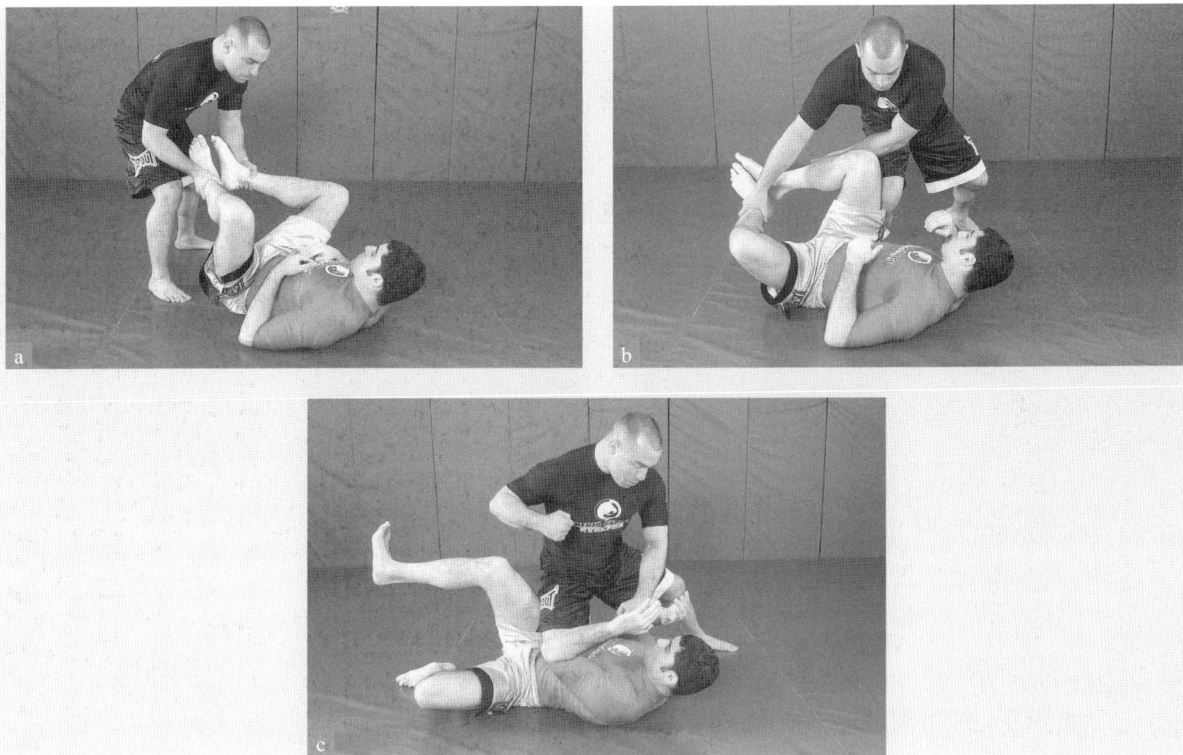

图8-6 侧步法

过半防守

不只是在过腿的时候，在缠斗的任意时刻，你都可能会陷入半防守的困境，这往往会让人感到沮丧。事实上，一些巴西柔术选手已经将半防守提升到了新的水平，他们的半防守攻击性极强，可以通过扫技和降服技术攻击对手。因此，如果你想在争夺优势位置的对抗中立于不败之地，一种强力且有效的破解半防守的方式是必不可少的。

格斗者们有许多有效的方法来破解半防守，但问题在于，这些方法大多数都需要一系列精确的先决条件才能起作用。例如，要想顺利过腿，对手的手和脚必须处于特定的位置。我们将要探讨的方法的优点在于，无论对手的手和脚处于何种位置，它都能奏效。这使得它成为破解半防守最通用的方法之一，也是最安全的方法之一，这就是所谓的转身坐姿法。

如果你在对手的半防守中，且你的一条腿被夹住了，就将你左手的肘部放在地板上，紧贴对手的左耳。（图8-7a）左髋着地，转身面向对手的腿，同时，将你的右手放在对手的左膝上，将你的髋部向他的头部移动，这就形成了我们说的转身坐姿。（图8-7b）将你的左膝往对手肚子的方向滑过去，使你的左小腿夹在他的大腿和髋部之间。用你的左小腿推开他的腿，并利用这个杠杆来摆脱被困的右脚。（图8-7c）在此过程中，将你的右脚向对手的臀部移动通常会起作用，这样可以更容易地摆脱被困的脚。最后，紧贴对手胸口，双膝着地，进入侧面控制位置。（图8-7d）

直腿锁

我们之前提到过，有时候直接攻击对手的腿可以成为过腿的替代手段。其中一种有效的方式就是使用直腿锁，如果做得好，就可以迅速结束比赛。

如果你觉得此时直接攻击对手的腿是一个可行的选择，你需要将一只脚踏入对手的双腿之间。让你打算攻击的那条腿滑过你的髋，并将你的手放在那条腿的膝盖上，别让它跑掉。（图8-8a）然后把你的手臂绕过那条腿的跟腱。将你踏入对手双腿之间的那只脚踩在你所要攻击的腿的臀部或者大腿下方。（图8-8b）有控制地倒下，并将你的外侧脚踩在对手的髋上，脚趾指向外侧。（图8-8c）接下来把你的膝盖并拢在一起，完成锁技。用你的另一只手抓住绕过对

图8-7 转身坐姿

图8-8 直腿锁

手脚踝的手腕，并向你的胸骨的方向拉。（图8-8d）侧身躺在地上，直到你的肩膀触地（不要后背着地平躺）。向前挺髋并用力地向后伸展你的背。这会对对手的脚踝造成巨大的压力，迅速完成降服。

过龟防

当你试图破解对手的防守时，他很有可能会滚翻起身进入龟防位置，这样就可以防止你过腿并拿到优势的侧控位置。对手还有可能在你试图发起折叠过腿时向后翻滚并进入龟防位置。因此，你必须随时做好准备，以便在对方进入龟防位置的时候继续过腿。

过龟防没有那么容易，没有正确的方法，挫败感就会随之而来。我们将介绍两种非常好的过龟防的方法：第一种是通过滚翻把对手带到裸绞位置，第二种则是尝试十字固。下面，我们详细说明这两种方法。

滚翻

移动到对手的侧面，一只手从对手肩膀靠脖子的地方搭下来，另一只手越过他的背并放在他的远端手臂下面，确保双手紧紧搭扣。（图8-9a）用肩膀压住对手的头部，使他的额头接触地面。双腿伸直，并让自己的身体垂直于对手。（图8-9b）记得让你的胸部紧贴在对手的上背部，然后用你压在对手后背的那个肩膀着地做一个前滚翻（图8-9c），此时你将会以一个比较伸展的姿势落在对手的头部前方，同时你的手依然保持搭扣不松开（图8-9d）。手臂用力往自己身上拉，把对手翻到你的身上。他会落在你两腿之间，以双腿为钩控制对手，并用裸绞进行攻击。（图8-9e）

控制手腕到十字固

你的对手处于龟防位置，你在他的上位，把手穿过他的腋下并紧握他的手腕前端。（图8-10a）把对手的手腕往回拉并将你的全部重量压在对手身上，开始环绕他的头部移动。（图8-10b）站起来并继续围绕对手的头部移动，同时控制其手腕，将其拉起并越过他的上背部（图8-10c），这将迫使他平躺在地面。坐到地上（坐下时向后挪动），就进入了十字固位置。一定要夹紧你的膝盖并保持控制对手的手腕，使其拇指朝上，这样就能更有效地施加力量。（图8-10d）

图8-9 滚翻

图8-10 用十字固攻击龟防位置

侧面控制

　　侧面控制位置是优势最大的压制位置之一，在你过腿后进入的第一个压制位置往往就是侧面控制位置。它不仅稳定，还是进行降服、击打对手或转向优势更大压制位置的绝佳位置。下面，我们一起看看侧面控制的两种进攻策略。

从侧面控制转换到骑乘

　　柔术包含很多转换技术，这些技术可以将一名格斗者从某个位置平稳、高效地转移到另一个位置。其中的核心思想是，你要在转换和流动的过程中不断争取更为优势的位置。在这个过程中，仅仅移动是不够的，在移动的同时，还必须时刻保持对对手的压制，不让其趁机逃脱。一种十分重要的位置转换是从侧面控制转换到骑乘。如果做得好，你会获得一个可以通过击打和降服给对手带来巨大压力的位置；否则，对手就有机会逃脱，你之前所取得的优势位置就

图8-11　从侧面控制转换到骑乘

浪费了。下面，我们来看一种最好的转换到骑乘的方法——转身坐姿。在侧面控制位置状态下，面向对手的腿转身坐下。（图8-11a）在保持胸对胸压制对手的同时，用髋支撑，将后侧腿远离，以防止对手起桥并翻转你。接下来，用一个快速、流畅的动作，将你的后腿甩过对手的腿，让脚落在他身体远侧的地上。（图8-11b）当你把身体压到对手身上时，以髋带动身体向前推进以稳定你的重心，防止对手逃脱，手臂尽可能打开，使支撑更为稳定。（图8-11c）

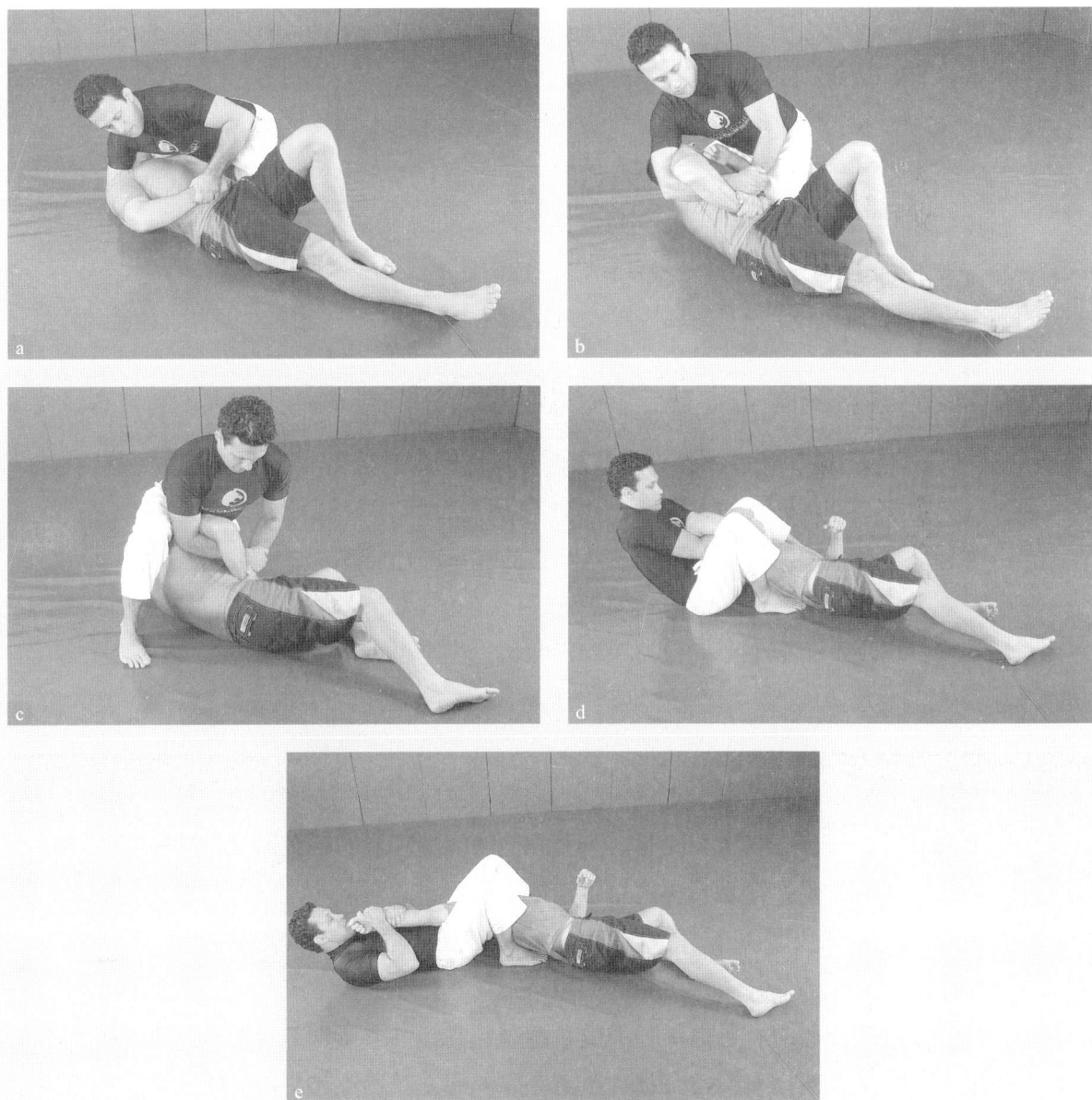

图8-12　从木村把发起的十字固

从木村把发起的十字固

很少有降服技能像十字固那样从多个不同的位置发起，应付各种各样的状况。这里，我们将学习一个侧面控制位置中特别有用的技术。抓住对手远侧的手腕（图8-12a），将你的另一只手绕过对手这只手的肘部，并抓住你的手腕（图8-12b）。这种抓握方式可以牢牢控制住对手的手臂，常被称为"木村把"。接下来，把你的腿迈过对手的头，脚贴近对手的上背部，这就来到了一个完美的十字固位置。夹紧膝盖以控制对手的手臂，将其手臂拉直，抓住手腕，向前挺髋，就让对手的手臂有折断的风险。（图8-12c～e）

骑乘位置的适用技术

当你坐到对手的胸上，你就来到了骑乘位置。在这个位置，你可以随意地向他的头部发动攻击，却几乎不会受到还击的威胁，这样的压力常常会迫使对手露出破绽，这使得骑乘位置成为地面缠斗中最受青睐的位置之一。

从骑乘位置转换到后背控制

我们已经强调过位置转换技术的重要性，这些技术能让你从一个位置转移到另一个位置，而位置的转换正是巴西柔术中至关重要的位置策略的运用，也是本书的重点。其中，从骑乘位置到后背控制的转换是极其关键的一步。当你骑乘在对手身上，对手试图转身逃脱时，做这个技术的机会就来了。你的对手之所以会转身，可能是因为急于逃脱你的骑乘，以至于动作幅度过大，也可能是无法承受在被骑乘位置连续受击打的压力。如果你想在不失去位置的情况下成功地绕到对手的背后，关键在于给他足够的空间让他顺利翻滚。如果你紧紧地用腿夹住对手，你很可能会被对手翻过去。当你的对手开始转身时，在他转身的方向放松你的腿部的控制，让他顺利翻滚。（图8-13a）保持你的双脚紧贴在对手外侧腿的膝盖上方。如果他试图站起来逃脱，将你的脚作为"钩子"滑过他的髋部，以稳定你的位置。（图8-13b）只有在你的"钩子"到位，稳固的位置建立后，才应该考虑下一步合理的动作——用后背裸绞攻击你的对手。

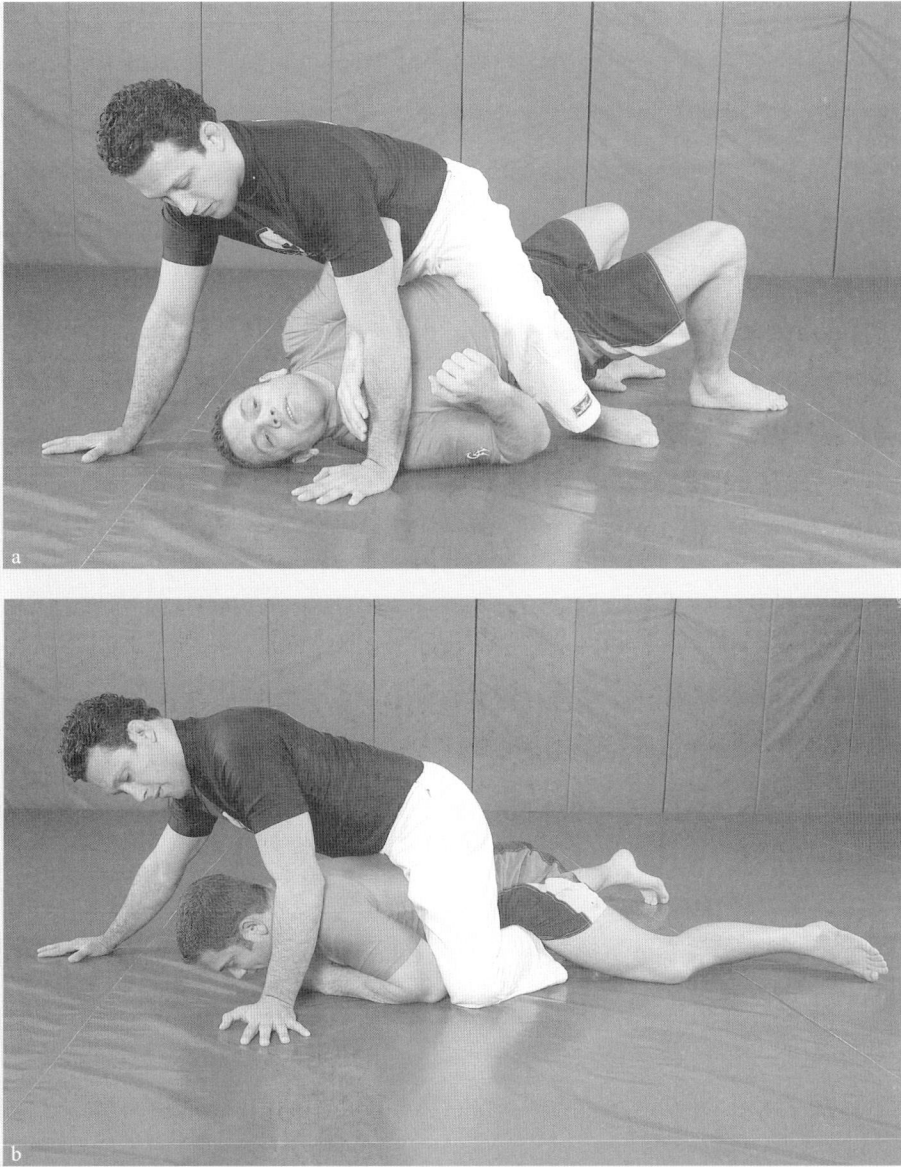

图8-13　从骑乘位置转换到后背控制

从骑乘位置发起的十字固

十字固再次成了我们的降服选择，只不过这次是从骑乘位置发起。在骑乘位置，钩住对手的后脑或脖子以帮助稳定你的位置。用另一只手抓住他靠近你那一侧的手肘（图8-14a）——你的左手抓对手的左臂，反之亦然。将手臂拉近你的身体加以控制。贴着地面滑动你的膝盖，移至对手靠近你的那一侧的耳朵处。（图8-14b）将你压在对手身上的那条腿立起来，靠近对手的对侧肋骨，直到你处在侧面坐着的位置。此时，你的手还在他的脖子下，继续紧紧拉住他。另一只手将他的手臂拉过来，固定到你的胸部。要完成十字固，将在他脖子下的手臂滑过他的脸，撑在他的远侧肩膀上。身体向前倾，越过你的对手，向着对手被攻击的那只手臂指向的方向转动你的身体。（图8-14c）把你放在对手耳朵旁边的脚提起来，并跨到他头的远侧。向你对手的腿部倾斜上半身就更容易做到这个动作。坐下去，躺下来，夹紧膝盖以固定他的手臂。（图8-14d）此时，如果你挺髋，就足以令对手的手臂折断。

图8-14　从骑乘位置发起的十字固

手臂三角绞

在柔术中，最安全、最有效的降服技之一就是手臂三角绞。它可以在许多位置上以不同的方式部署。现在，我们来看一种从骑乘位置发起的手臂三角绞。如果你的对手伸手推你的胸部（这是在骑乘位置受到被击打压力的常见反应），你可以坐起来并将他的一只手臂推到你的身体一侧，当你将一只手臂绕过他的脖子时，让你的脸滑到刚刚推开的手臂的后侧。（图8-15a、b）当你重心降低，到达胸贴胸位置时，对手的手臂就会很精准地压在他的脖子上（图8-15c），这会使他的三角肌挤压他的一侧颈动脉，与此同时，你的肱二头肌压迫了他另一侧的颈动脉。将你绕过对手脖子的手放在你另一只手臂的肱二头肌上，另一只手放在对手的前额上。（图8-15d）最后，将你的两肘向中间挤压，对手就会感受到强烈的绞杀力量。

图8-15　从骑乘位置发起的手臂三角绞

后背控制

后背控制位置可以说是真正格斗中的王者位置。如果拿到这个位置，你就可以毫无顾忌地攻击那些缺乏格斗技能的对手。就算是老练的对手，也很难从这个控制中毫发无伤地挣脱出来。

后背裸绞（Hadaka Jime）

在所有的降服技中，后背裸绞是最值得学习的一个技术。如果能很好地贯彻位置策略，你就有机会拿到对手的后背。而一旦拿到后背，就可以随时使用这一技术。只要裸绞成型，无论对手的体型、力量和爆发力如何，比赛都将结束于此。把你的脚当作"钩子"放在对手的大腿内侧来控制对手（图8-16），无论对手如何疯狂地试图逃脱，这对"钩子"都将把你牢牢地固定在对手的身上。用一只手环绕对手的脖子，绞杀手的肘刚好位于对手的下巴下面。然后，将绞杀手的手搭在你另一只手的肱二头肌上，另一只手放在对手的脖子或头的后面。最后，将你的头紧紧地靠在对手的头后面，用力将你的两个手肘向中间挤压。如果对手不主动认输，他就会失去意识。因此，在练习的时候一定要注意安全，一旦对手示意认输，立即松开对手。

十字固

后背裸绞的一个问题是对手可以抓住你的绞杀手并低头来防御，这会使完成绞技变得困难。在这种情况下，更好的选择往往是切换到十字固。用你的绞杀手抓住对手的手腕，然后另一只手从你刚刚抓住的对手手臂下面穿过并抓住你自己的手腕。（图8-17a）这是木村把的变形，极大地强化了你对对手手臂的控制能力。把对手被固定手臂对侧的你的那只脚松开，放在地上。（图8-17b）滑动你的绞杀手绕过对手的头，将他的头推开，目标是让你的身体尽可能与对手的身体垂直。将你放在地上的腿迈过对手的头部，身体倒向地面，进入十字固位置。（图8-17c）夹紧膝盖，然后挺髋以施加压力，完成十字固。（图8-17d）

图8-16 后背裸绞

图8-17 后背控制位置的十字固

上位的演练

无论从哪个角度说，演练都是提高格斗技术和能力的最佳途径。

位置演练

在前一章中，我们研究了一系列位置演练，你和你的搭档从基本的地面缠斗位置开始练习。同样的演练也可以从上位的角度进行。可以从已经学习过的任何优势压制位置开始。当处于上位的时候，要么努力维持并进一步转换到更好的位置，要么在你的搭档试图逃脱的时候降服他。一旦达成这两个目标中的一个，就停止并重新开始演练。

重复过腿演练

开始时你处于搭档的封闭式防守中。你尝试过腿，进入侧面控制、浮固或骑乘位置。你的搭档则试图对你发起降服技术、扫技，或起身、跪下。一旦达成了任意一个目标，就立刻停下并重新开始这个练习。

第九章

训练和比赛

大多数人会将武术看作技术的集合，他们会将特定的格斗流派与其最独特的技术联系起来。由于大多数流派都强调技术是武术的基础，所以这种看法似乎是十分合理的，但这是一种相当遗憾的现象。事实上，技术本身没什么价值，而技术能发挥出多大作用完全取决于在真正的格斗中它能被格斗者使用的程度。如果用不出来，那么任何技术都一文不值。大多数格斗流派缺失的是足够好的、可以让学生在战斗的情况下成功地掌握技术的训练方法（这在综合格斗的擂台上展露无遗）。

正如我们之前看到的，柔道创始人嘉纳治五郎是最早以优秀训练方法作为其流派根基的人。令人着迷的是，嘉纳治五郎所教的技术数量相对较少，其中也很少有原创的，但他的学生在19世纪80年代完全统治了缠斗比赛，使柔道在日本迅速占据绝对的主导地位。他成功的基础是采用实战训练作为柔道训练的基础。通过实战训练，讲道馆的学生能比对手更有效地运用所学的技术。

嘉纳治五郎意识到技术的理论知识和实践之间存在着巨大的鸿沟。换句话说，知道如何去做这个技术并将其运用在不抵抗的训练伙伴身上，与在实战条件下将其用在全力对抗的对手身上，两者大相径庭。反复的演练和套路练习可以让学生在训练中达到极高的水平，但并不能保证他在实践中的运用水平。嘉纳治五郎正是利用这种理论和实践之间的差距，击败了他的竞争对手。

"武术竞技化"是否削弱了武术

在格斗运动中，某些技术的危险性往往是实战训练的一大难题。传统武术中通常会包含一些可能致残甚至致命的技术。一般而言，由于假想中的对手是危险的敌人，而我们正在与其进行没有规则限制的战斗，因此这些技术并不需要考虑对手的安全。很多这样的技术都是针对要害部位（如下体、头发或眼睛）的攻击，咬、抓、挠，甚至关节技、绞技以及对脆弱部位的强力击打等许多其他可能的危险手段也通常会被使用。这些"致残技术"直接引发了一个有关武术训练的基本问题：任何形式的体育活动都需要通过练习来提高技术水平，但在武术中，这些技术一旦使用就会给对手带来严重的伤害，那么该如何练习它们呢？这确实成了一个难题，也是所有武术面临的困境，而解决这个问题的方式，就成了这门武术的决定性特征。对于这个问题，通常有两种基本的解决方法。

第一种是训练所有的技术，当然也包括最危险的那些，但只练"型"——在配合的训练伙伴身上练习预先设计好的技术动作序列。换句话说，这些技术的动作模式被抽象为安全的"型"，而从未在有对抗的对手身上练习。这种策略确保了学生的安全，因为抓裆、插眼等动作从来就没有真正地被用出来过。然而，问题是它只是被表演出来，没有任何真实的对抗。从这个意义上说，学生学习的是这一技术的理论，即某种特定的攻击发生的时候应该做什么。

第二种是由柔道创始人嘉纳治五郎发明的广为人知的方法，即去掉那些危险技术，使剩下的相对安全的技巧可以在全力对抗的体育竞技中使用。通过剔除那些不适合在日常训练中使用的技术（比如踢裆、插眼、咬人等），我们可以构建出一套能在开放式比赛中对抗会反抗的对手时全力施展的技巧。使用这种方法的一个前提是降服规则，参与比赛的双方共同认可：当其中一名选手使用了某种可能造成伤害的技术时，对手可以给出停止比赛的认输信号。在柔术中，这个信号是通过快速拍打对手的身体或垫子来发出的。技术的限制和降服规则使得竞技和训练的安全性有了保证。实际上，这种限制技术的系统在西方的其他格斗运动中也很常见。例如，摔跤有很明显的技术限制，所以双方在全力对抗时能保证其安全性，拳击也是如此，它对拳击手的攻击部位和攻击方式进行了限制，例如，禁止攻击低于腰带的部位、只允许用戴手套的拳头击打等。

针对武术训练的基本问题，这两种完全不同的方法之间有着深深的鸿沟。这个问题在那些自称为"纯粹"的武术流派（他们没有体育竞技化，因为太危险）和那些体育竞技化的流派之间形成了分歧。实际上，"纯粹"的武术流派长期以来一直对武术竞技化的"堕落"表示谴责。他们认为，这使武术中混入了不好的东西，武术变得不再纯粹，比如武术练习者会痴迷胜利，会变得傲慢，技术会被削弱（这或许是最重要的）。他们认为，只保留那些"安全"的技术，是采取了第二种方法的武术流派最大的错误。他们经常将竞技化的武术贬低为"仅仅是"运动而非真正的格斗术，真正的格斗术必须注重那些致命而危险的技术。

也许，这两种方法在武术界引发分歧的部分原因在于人们对于"安全技术"含义的误解。当人们想到"安全"的技术时，他们常常会联想到"无害"的技术，这显然是对其含义的误读。实际上，现代柔术以及其他格斗运动中许多所谓安全的技术，只有在双方参与者事先达成共识，在技术施展到位时停手，才能称得上"安全"。如果没有这种共识，结果可能会导致关节严重受伤、失去意识，甚至可能造成死亡。这些缠斗术中暗藏残酷的关节技和绞技，绝对不能被视为无害。

我们来看看那些竞技化的击打类武术。泰拳和西方拳击都有严格的规定，限制可以攻击的部位以及攻击方式。此外，手套、护裆和护齿等防护装备都是必需的。这些规则让它们看起来可能比传统的击打流派的危险性要小。传统击打流派会教授针对眼睛、腹股沟和膝盖等部位的攻击，还有许多其他不能在运动项目中使用危险的技术。然而，在综合格斗比赛中使用的与现代柔术相结合的击打技术，更像是来自西方拳击和泰拳，而非传统柔术流派，因此，它似乎也容易受到同样的批评。

在武术中，关于哪种训练方式更胜一筹这个问题，似乎有一种共识。对大多数人来说，哪种武术会教人学习致命技术，哪种武术就更厉害。他们觉得在真正的战斗中，这种武术会摧毁那些仅限于练习"安全"技术的武术。毕竟，相较而言，这些所谓更正统的武术不仅包含了所有竞技武术中的安全技术，还包括那些竞技武术中没有的危险技术。

然而事实却是，那些充满致命和恐怖技术的纯武术，在综合格斗比赛中却遭受了某种重大不利因素的严重影响，使得它们的威力大打折扣，而综合格斗比赛是我们能找到的最接近实战效果的证据了。由于不让学生在实战环境中使用他们所谓的致命技术，传统武术从未让学生感受到在真实情况下运用技术的压力和感觉。面对一个配合的训练伙伴，与在现实中应对一个竭尽全力抵抗并试图使用自身技术反击的对手，完全是两回事。

技术、理念和属性

很少有习武之人能深刻认识到技术、理念和属性之间的根本区别，然而，理解这些区别对于我们理解综合格斗比赛中，为何竞技化武术能在与纯粹的传统武术的较量中占据优势至关重要。下面，我们将探讨技术、理念和属性之间的差异。

技术是设计出来的一系列身体动作，旨在达成某种预期的结果。例如，后背裸绞就是一种技术，其最终结果是让对手认输或失去知觉。而**理念**则是指导技术应用的一般规则。举个例子，"在防守位置永远不要把你的脚暴露在易被攻击的位置"，显然这不是一项具体的技术，而是你进行格斗时的一种行动指南。**属性**是指格斗者具备的能力或特征，这些能力或特征使其能够从事某项任务。比如，一个格斗者可能有超凡的身体素质，这就是一个帮助他施展技术的身体属性。

记住，一个出色的格斗者拥有众多技术、理念和属性的结合。重要的是要明白，如果没有理念和属性，技术就失去了价值。格斗者属性使他能在真实的战斗中应用技术。

花时间探究这个问题是值得的。要在实战中运用一项技术，你必须具备一些属性，比如良好的时机掌握能力、足够的力量、体能和灵活性，以及（在某些情况下）速度和控制力。如果没有这些属性，即使你了解技术也毫无用处。

想一想基础的刺拳。这个技术本身非常简单，即使是新手也能在短时间内掌握得相当好。然而，实际应用这个技术却是另一回事。在这一点上，你需要做的不仅仅是执行技术本身，还必须调动所有能让你在战斗条件下运用这个技术的属性。例如，你必须正确地掌握击打的时机，并且精确地挥出拳头，如果做不到这些，你就打不中目标；此外，你必须以极快的速度挥拳，否则对手将很容易躲避；还有，如果缺乏体能，你很快就会感到疲劳，这会破坏你正确执行技术的能力。因此，你可以清楚地看到，一个技术的实际应用涉及的远远不止与其相关的物理运动，而熟练的执行不仅涉及技术本身，还有一系列能成功使用该技术的属性。

这就揭示了只通过"型"来训练的武术的巨大弱点。因为他们所教的技术在搏击比赛或体育竞技中无法安全地执行，只能通过在配合的训练伙伴身上反复练习来掌握。这样的训练不可能培养出与技术配套的必要属性，而这些属性这是格斗者在实战条件下想要成功运用技术所必需的。换句话说，"型"仅仅构建了技术，却不能构建属性。这是传统武术的巨大失败，这种失败已经被综合格斗所证明。而实战训练让学生可以全力以赴地运用他们安全的技术，从而大大提升了成功使用技术所必需的核心属性。这个逻辑解释了为什么局限于安全技术的武术常常可以击败那些充满危险或致命技术的武术。一旦清楚地阐明了技术、理念和属性之间的区别，嘉纳的训练方法的智慧就显而易见了。

现代柔术的形式，也都采取了类似的方式，尤其是巴西柔术。这些现代柔术的形式把技术局限于可以安全运动的范围之内（虽然设定的限制比嘉纳少得多），在至关重要的训练方法方面，它们已经从传统的流派中脱颖而出。现代柔术的击打技术也有这种趋势。现代柔术的击打技术基于西方拳击和泰拳，它们都利用了将技术限制在安全运动的范围之内的理念。因为拳击手和现代柔术格斗者都可以按照他们实际格斗的方式进行训练，现代柔术的习练者和拳击手比传统的武术家更能有效地提升所需的属性。

事实上，武术训练中有一个每个人都应该知道的真理：你的训练方式决定了你的战斗方式。你在日常训练和比赛中竭尽全力使用的技巧，在真正的战斗中，你几乎能够以完全相同的方式继续使用。这种一致性为技术的训练和它在现实中的应用创造了巨大的相似度。

道馆外的训练

在道馆内学习和演练策略、技能、理念和属性是你学习巴西柔术的日常。然而，如果仅限于练习这些元素，那就错了。许多有益的训练可以在道馆外进行，从而让你的整体技术得到显著的提升，其中最适合在道馆外进行的是体能训练和交叉训练。

体能训练

在街头斗殴中，体能并不总是起着至关重要的作用。很多时候，街头打斗在很短的时间内就结束了，通常是由于使用了危险的攻击手段、偷袭或有旁观者干预；因此，出色的体能并不总是打赢的先决条件。然而，在综合格斗比赛中，两名选手在规定的时间内进行比赛，体能在最终结果中起着巨大的作用。无论你的技术有多么精湛和熟练，如果你筋疲力尽，这些技术便无法完全施展。因此，如果你想将技术发挥到最好，你需要持续训练，以使你的体能、灵活性和力量能够满足你为自己设定的目标。

显然，如果你正在为一场职业比赛做准备，那么你所需要的体能水平远高于为本地缠斗比赛新手组做准备的人。不要自欺欺人，力量和体能在比赛中起着决定性的作用。很多人认为赢得一场比赛不需要力量，技术才是更重要的。这种说法确实很有道理，你应该尽一切可能提升你的技术，训练时，应鼓励技术优于力量。然而，这并不意味着力量和体能就无关紧要，你也应该花大量时间来提高这些属性。通常，力量和体能的提升可以作为一项独立的训练计划在道场之外进行，但对于哪种训练计划最适合综合格斗选手，人们的意见并不统一（似乎每个格斗者都有自己的理论）。对综合格斗选手的需求进行理性分析，很快我们就能揭示出一些关键点。

耐力

耐力是最重要的身体素质，其重要性超过体型、力量和柔韧性（尽管这些也同样重要）。理由很简单，当两名训练有素的格斗者相遇，短时间内就能分出胜负的情况并不常见，大多数时候，比赛会持续较长时间，因为他们都能防御对方的攻击。每一位格斗者都需要有足够的耐力来支撑整个战斗，因此，耐力是格斗运动员最需要的特质。

体能训练主要训练两种耐力。第一种是心肺耐力，它关乎你的心脏和肺部的力量。最佳的锻炼方法是有氧运动，例如跑步、骑行，使用有氧运动器械（如阶梯机）以及实战对抗。第二种是肌肉耐力，也就是你在缠斗的情况下持久施力的能力。最佳的锻炼方法是进行自重训练，例如俯卧撑、仰卧起坐、引体向上和臂屈撑等，另外，摔跤实战、瑜伽和某些种类的举重训练（如循环训练）也同样有效。

身体需求

每个战斗阶段都有一套特定的身体需求，你必须能够应对所有的这些需求。比如，在站立阶段，你可能需要自由移动，此时你需要具备速度、爆发力和有氧运动的能力。当你在擒抱中抱住对手，你需要平衡感、握力和推动力。在地面缠斗阶段，你需要的是无氧运动能力、力量、柔韧性以及持久的缠斗能力。

很常见的一种情况是，一位格斗者在他熟悉的某个战斗阶段中能够长时间舒适地应对，但当被带入他不熟悉的另一个战斗阶段时，他可能会迅速感到疲惫。这是因为他缺乏在这种陌生环境中高效移动所需的技术知识，因此他不得不借助（并因此浪费）大量的力量来弥补。然而，这也是因为每个战斗阶段对格斗者的身体需求都有所不同。

体重的移动

综合格斗比赛的最大特点在于，你需要在一系列不同的身体状态中移动你自身的体重，而且往往还要操控对手的体重。在比赛中，你会不断地用全身力量来执行各种动作。如何运用并控制你自己以及对手的体重也预示着对于提升综合格斗选手的体能水平，哪类运动训练最为关键。

所以，对综合格斗选手来说，将以自身体重为主的运动视为最重要的训练方式是非常有道理的。因此，在过去的实践中，自重训练一直被证明是对柔术格斗者来说最重要的训练方式。永远要记住，如果你体重增加，那么在比赛过程中，你就要承受这额外的负担，而这将导致你更快地感到疲劳。

交叉训练

另一种在综合格斗选手中越来越受欢迎的训练是交叉训练。我们所说的交叉训练，是指选择几种不同的格斗流派的技术进行训练，每一种流派都专门针对战斗的某一阶段。交叉训练的设计目标是培养一名真正全面的格斗选手，精通战斗的3个阶段。举例来说，一名选手可能会训练泰拳，以获取在自由移动阶段的专项技能；训练古典式摔跤，以应对缠抱阶段；训练巴西柔术，以应对地面阶段。这名选手希望能通过这样的训练来应对真实战斗中的所有可能因素。这种方法具有许多值得称道之处，它训练出的格斗选手能够游刃有余地应对战斗过程中几乎所有可能出现的情况。

然而，交叉训练也存在一些问题。这些不同的流派最初是作为完整和独立的武术类型而存在的。因此，它们有自己的规则和理念，其中一些就会与选手练习的其他武术产生冲突。例如，拳击的规则禁止使用除手部以外的任何攻击方式，所以，一些拳击的技术和理念遵循了这一点，而这些技术和理念在综合格斗比赛中就可能带来麻烦。

思考一下拳击中常见的闪身和侧身动作，这是使用身体动作防御的方式。通过在对手出拳时低头躲闪，你可以避免受伤，同时保持在进攻的有效范围内。在拳击比赛中，这是绝佳的技术。然而，综合格斗比赛对膝击和肘击并无任何限制。通过抓住对手的脖子进行缠抱，一名格斗者可以对闪身和侧身的对手发动破坏性极强的膝击和肘击。这只是众多情况之一，某种对一种格斗流派有益的技术在综合格斗比赛中使用可能引发灾难性的后果。因此，格斗者必须确保只掌握那些适用于综合格斗比赛的技术。

从交叉训练中可以获得的最有用的知识之一是，它让你了解各种战斗流派在比赛中和街头打斗中的优势和劣势。熟悉某种流派的战略和技术后，你在战斗中应对该流派时会更加自如。此外，大多数格斗者都学习过一种或两种战斗流派的技术，因此，他们倾向于按照该特定流派的规则进行战斗。如果你了解该流派的优势和劣势，你就有可能很好地化解对手的攻击，并迫使其离开舒适区。因此，对其他格斗流派技术的认真学习是取得战斗胜利的关键。

除了了解一种格斗流派的优缺点之外，你还必须能够判断每位格斗者的优缺点。当与他对抗时，要观察他对你进攻的反应，并在心中做出评估。这就是所谓的摸清对手。通过观察对手的反应，你可以快速了解他所倚赖的技能。了解他的短板（或各种短板）之后，你往往就知道该把比赛带往哪个方向了。当然，如果他的弱点与你的弱点相同，那么这样做也许并不明智。

伤病

现代柔术是一项竞技格斗运动，因此，受伤的风险总是存在的，如关节技可能会施加得过快，摔技可能变成砸摔，击打可能过于猛烈。即使与负责任的训练伙伴一起训练，也有可能会不小心出错，从而导致受伤。受伤的程度各有不同，随着经验的积累，你将能够判断哪些受伤严重到足以阻止你训练，哪些只是稍有困扰，你依然可以继续训练。

针对不同类型的比赛而训练

很多学习柔术的人都希望在具有竞争性的赛场上测试自己的技艺，这种心态是自然而健康的。在当代柔术训练者中，有3种受到巴西柔术影响的竞技活动颇受欢迎，分别是巴西柔术比赛、降服式摔跤以及综合格斗比赛。

巴西柔术比赛

　　标准的巴西柔术比赛的规则及记分制度是由格雷西家族设计的，旨在反映真实格斗的特点。根据控制对手的程度，不同位置可以获得相应的分数。被摔倒的人更容易被控制，因此将对手摔倒能获得2分。成功越过对手的双腿，获得真正的控制位置可获得3分；而位于下方的选手若在对手越过其双腿前扫倒对手，则可获得2分；达到最佳击打位置——浮固和骑乘位置，分别可以获得2分①和4分；拿到最受青睐的后背控制位置可获得4分。然而，无论比分如何，只要有任何一方令对手认输，比赛就会自动结束。

　　根据这一记分制度，格斗者将根据他们在战斗中达到的位置、控制和降服程度得到相应的奖励。因此，巴西柔术会让格斗者在训练中养成与实战相同的习惯。此外，比赛必须穿着道服，因此，学会如何利用道服进行摔投、控制和降服至关重要。毫不夸张地说，使用道服的柔术比赛与不使用道服的格斗感觉完全不同。格斗者如果习惯了其中一种，那他在这种规则下的表现通常会比另一种规则下好得多。

降服式摔跤

　　许多不同的规则体系可应用于降服式摔跤。可以这么说，近年来在全球范围内占据主导地位的降服式摔跤规则是阿布扎比世界降服式摔跤锦标赛中所使用的。从某种意义上说，它就是不穿道服的标准巴西柔术。毕竟，这两者的得分机制几乎相同，所以这种说法颇具道理。

　　然而，两项运动之间也存在一些重要的不同之处。降服式摔跤对降服技术的限制较少，各种扭转腿部关节的技术都是允许的。一个简单但相当准确的说法是，巴西柔术更像柔道比赛（这并不令人惊讶，因为两者都使用相似的道服），而降服式摔跤则与奥运摔跤相似。因此，巴西柔术与降服式摔跤在外观、感觉和动态方面截然不同。

　　在降服式摔跤比赛中，由于选手并不穿道服，因此摔法有其独特之处。道

---

　　①　译者注：英文版原文此处为"3分"，应为笔误。根据国际巴西柔术联盟（IBJJF）和其他大多数采取记分制的柔术比赛的规则，取得浮固位置可获得2分。

服对巴西柔术比赛选手产生了明显的减速效果，这是因为道服提供了许多抓握和操控方式，可以用来阻止对手的进攻。正因如此，比赛中常常出现长时间的僵局，导致双方陷入相对静止的状态。而在降服式摔跤比赛中，由于摩擦力减小（选手的衣服很快被汗水浸湿），相对来说缺乏抓握和操控方法来控制对手和减慢其动作，动作就显得更加快速。

综合格斗比赛

毫无疑问，综合格斗赛事在电视观众和武术爱好者中广受欢迎。正如我们之前发现的，赛事的根本目的是通过几乎没有规则限制的格斗比赛，让各种不同流派的格斗者对抗，比拼他们在实战中的战斗力。这种格斗形式是大众所允许的最接近真实格斗的体验。因此，它验证了某种格斗流派的技术的有效性。

综合格斗是最能检验武术家实战能力的竞技测试，这已经被反复论证了。这项运动包含了武术的全方位技能，包括拳腿击打、摔跤、缠抱与地面缠斗。显然，选手需要充分准备才能参加综合格斗比赛，以免受到严重的伤害。高超的技术显然是必不可少的，除此之外，还必须具备极佳的体能。准备不足的人根本无法承受那种不间断的冲击、纠缠和移动。

请注意，目前综合格斗比赛尚未实行标准化。每个组织都有自己的一套规则。在报名参加比赛之前，请务必了解这些规则。地方性锦标赛通常会遵循确保参赛者安全的规则。例如，他们可能会限制攻击方式，禁止肘击和握拳击打。

可以这么说，你应该按照本书的介绍顺序参加这3种类型的比赛。首先是巴西柔术比赛，然后是降服式摔跤，最后，如果你有兴趣，可以尝试综合格斗比赛。在参加综合格斗比赛之前，你必须学会承受击打，所以在没有定期进行实战训练（显然要配备防护器械）之前，请勿尝试。此外，在你刚开始参加比赛时，和与自己技能水平、体型相近的对手对抗也非常重要。所以，你应该加入一个负责任的组织，并且确保组织者高度重视格斗者的安全。

第十章

防身自卫：
巴西柔术街头应用

人们学习武术的原因有很多，为了身体健康、加强自律、实现心灵成长和建立社交纽带等都是常见原因。然而，所有这些动机都只是一些吸引人的附加因素，学习格斗技术的核心动力是防御攻击。其他常见的好处都可以从其他类型的体育活动中轻易获得，而自我保护能力只能通过认真学习格斗技术来习得。因此，武术训练最吸引人的地方就是它能带给你自信——确信自己有能力克服外界对自己生命健康的威胁。

武术是一种有效的防卫手段

正如前文所说，人们学习武术是为了增强自信，相信自己在面临攻击时能够保护自己，但一个很好的问题是，真的能做到吗？换句话说，学习武术真的可以让你在攻击之下安全无虞？我们常常可以听到某个武术名家在现实的格斗中被打得落花流水的故事。因此，许多人担心武术家们拥有一种危险的虚假自信，而这种自信并非基于真正的格斗技能。此外，询问武术家他们的格斗流派是否真的能打从来都不是寻找这个问题的答案的可靠方法，因为大多数武术家都认为自己的流派比其他任何流派更厉害。确实，很少有人类活动比武术格斗更容易毫无根据地夸夸其谈了。

要回答这个问题，唯一的方法是寻找一些无偏的经验性证据，这些证据要能反映武术在真实格斗中的效果。事实上，举行综合格斗比赛的初衷正是进行这样的探究，通过让各种格斗流派在只有很少规则限制的情况下相互竞技，更准确地了解当不同的格斗流派相遇时，到底谁的战斗力更强。

通过激烈的公开比赛，观众可以很容易地得出这样的结论：那些最传统的武术在实战效果上未能通过检验。我们发现，传统格斗流派的练习者在实际比赛中往往无法遵循其流派的主要原则和思想。一旦战斗开始，他们很快就会陷入他们曾经宣称要避免的境地。例如，大多数传统武术练习者在真正的格斗中都不想被摔倒，然而在实际比赛中，他们几乎无一例外地会陷入地面缠斗，而他们对此一窍不通。

实际上，所有的传统武术都无法在比赛中将其战斗风格付诸实践。拳击手和踢拳手都不能在比赛中保持他们喜欢的自由移动阶段，空手道选手完全无法实践"一击必杀"的理论，而咏春拳选手则无力把战斗保持在截击距离。没有通过考验的流派名单很长，长到可能在武术界产生一种挫败的氛围。甚至，许多知名武术流派的大家还输给了那些仅接受过少量正规训练的格斗者，很多人不仅输了，而且输得很惨。大部分时候，那些自称技艺高超的武术家在地面上挣扎得毫无章法，看上去并不比没接受过训练的格斗者强。

不过，武术界的荣誉还是被各个缠斗流派的出色表现挽回了一些。缠斗家是唯一一种在实战中始终能展示出武术的核心的格斗者，那就是让体型较小、力量较弱的格斗者以最小的代价（最低限度的暴力和流血）战胜体型较大、力量较强的对手。

从公开资料中获得证据，使得柔术格斗家们可以理直气壮地宣称，他们具备出色的格斗水平。这样的宣称并非毫无根据的虚张声势，他们的格斗技术确实有效，这一点已在众多综合格斗比赛中得到证实，成千上万持怀疑态度的观众亲眼见证了这一点。正因为如此，现代柔术的练习者对自己所学武术的有效性充满了信心，这种独特的信心建立在大量的实践证据之上，这些证据表明，柔术在应对体型更大、更强壮的对手时表现尤为出色。

尽管有如此多的证据可以证明现代柔术在真实的格斗中非常有效，但从事这项运动的人绝不认为自己无懈可击。包括柔术在内的每一种格斗流派都有其局限性，而这些局限性往往只是人类自身的局限。作为人类，无论参加了何种训练，你都有一定的能力边界，有些事情你能做到，有些事情你做不到。

然而奇怪的是，在武术领域，这些显而易见的局限有时会被忽视。我们时常听闻那些与现实世界脱轨的神奇武功和超人壮举。更奇怪的是，许多武术家（他们在其他方面是聪明人）竟然愿意把这些神话故事当作事实。造成这种奇怪现象的原因在于，很多从事武术训练的人满足于对武侠幻想而非对真实格斗的追求，对超人般的格斗能力很容易产生着迷。

因此，在自我防卫领域，人们应始终牢记自己作为人类的局限性。你永远不能防弹、防刀，也不可能毫不费力地击败10个强大的对手。相反，一方面你应该尽最大努力提升自己的技能，另一方面你也要谦逊地评估自己保护生命和身体的能力。如果你卷入了一场打斗，有时会事与愿违，就算你打赢了，也会流一些血。在刀枪棍棒和一大群铁了心要伤害你的人面前，你的技术并不能使你毫发无伤。

你可以期望的实际情况是，巴西柔术训练可以大大降低你在压制和控制一名徒手攻击者时受到严重伤害的概率。如果情况比这更严峻，安全渡过冲突的概率就会迅速降低。如果你是个柔术练习者，就算你的对手的体型和力量远胜于你，只要他是个没有经过训练的人，那么在一对一的徒手战斗中，你的柔术技术也能为你提供可观的优势。但你不要因这个事实变得自大或傲慢，在真实的战斗中，任何事情都有可能发生，过度自信可能会成为你的致命弱点。

攻击与防御的动机

在日常环境中，通常有以下几种情况可能需要你进行自我防卫。它们没有特定顺序，分别是挑衅、抢劫、强奸，以及介入暴力冲突。

挑衅

毫无疑问，挑衅是人与人之间发生身体冲突的主要原因。我们都有对自我的认知，也就是自尊，这种认知经常会受到他人或群体的行为和言辞的挑战。人们为了保护自我认知而常常做出不理性的行为（实际上，大多数因挑衅而起的冲突中都展现出了双方的非理性行为）。我们的自豪感、自我形象、公众形象、虚荣心，以及许多其他方面都是我们自尊的一部分，其中任何一个都可能让我们卷入冲突。

当自尊受到挑战时，我们通常会被激发情绪，驱使我们进行某种形式的报复。这种反应也会对对方产生类似的效果，于是事态开始升级。片刻之间，双方都倍感屈辱，以至于谁也不愿意退让。冲突的激烈程度则取决于双方的心理和身体承受力，以及他们准备走到什么地步。大多数情况下，开始时的激烈程度相对较低，但很快会升到更高的级别，高到足以引发打斗，甚至进一步升级为严重的袭击或杀害。

多数情况下，那些为了自尊而战的人一开始并无意与他人发生肢体冲突。事实上，如果一方被冒犯，他会觉得应该回以同等的，甚至加倍的冒犯。我们觉得如果在争执中让对方说了最后一句话，就好像在某种程度上贬低了自己，这是我们的自尊心无法容忍的。由此，侮辱和威胁的程度开始呈螺旋式地上升，如果双方都没有主动退让，或者没有外部力量的干预，那些越来越激烈的嘲讽、示威和挑衅的循环将不会被打破，这种对峙几乎总会转变为肢体冲突。

冲突中的肢体对抗也有不同的程度。通常会从双方企图恐吓对方而逐渐贴近身体开始，然后发展为推搡，最后演变为全面的肉搏。每次冲突升级，当事双方都会因为新的侮辱或动作而变得更难以退出。具有讽刺意味的是，大部分因为自尊心问题而起的争斗，其引发原因往往小到双方都不愿意为之战斗。然而事情往往是这样发展的：当矛盾开始升级，最初的争执原因已经完全被遗忘了。随着矛盾升级，双方都感到自己被困其中，无法退出。他们觉得退出会给他们的自我形象造成损害，这让他们无法接受。当你理解这个过程如何发展时，你就会发现想要避免这种冲突有多么容易。只需从这场互相攀比的游戏中退出，你就能让你的对手扬扬自得地离开，这种感觉几乎总能让他满足自尊心，从而选择离开。

抢劫

遭遇抢劫时，对方的威胁或暴力行为都具有明确的目标——夺取你的钱财或物品。往往，抢劫者并不想伤害你的身体，他只想得到财物。你可以利用这一点避免身体伤害——只需放弃财物即可。如果你觉得这种做法令你不快，问问自己，你想要保护的财物真的值得你可能会付出的代价吗？当然，你可能有一些绝对不愿意放弃的财物，在这种情况下，坚决防御就是必要的。

抢劫者通常只对财物有兴趣，而激烈的抵抗可能超出了他为获得你的财物所愿承担的风险。就像自尊心引发的冲突，抢劫事件也有不同的暴力程度。有的抢劫者可能是临时起意，这些抢劫本身不太可能导致严重伤害；而有些时候，抢劫是精心策划的，可能涉及武器，并且真的可能导致重伤或死亡。显然，你的反应应当基于你对正在发生的抢劫形势的认知。不过，当你决定进行反抗时，千万要三思而后行。暴力程度可能会迅速升级，带来意外且糟糕的结果。

强奸

性侵犯事件令人不安却相对常见。像大多数形式的人身攻击一样，性侵的攻击烈度不一。有时，攻击者可能是陌生人，会进行猛烈的攻击；而另一些情况下，被侵犯者与侵犯者可能彼此认识，攻击可能相对较轻。然而，无论哪种情况，强奸犯都试图以某种方式控制受害者的身体，以便实施性行为。这种强制行为几乎总是通过某种形式的压制将受害者带到地面。这使得侧重于地面缠斗技术的现代柔术（尤其是巴西柔术）成为女性自卫的最佳方式之一。

再次强调，**性侵几乎总是发生在地面上，而柔术在地面上最为有效**。这个事实应当受到所有希望抵御性侵的人的重视。对于希望能够防御性侵的女性来说，很少有哪种武术比柔术更适合。用于自我防御的技术对侵犯者的伤害程度可以根据被攻击的程度来选择。

介入暴力冲突

最后一种情况是以中立第三方身份介入正在进行的打斗。在这种情况下，第三方通常是专门处理这类冲突的人，例如警察、保安、专业保镖等，他们都必须在不涉及个人利益关系的情况下专业地化解暴力行为。

有时这种情况也会发生在非专业人士身上。人们常常介入街头斗殴以阻止事态进一步发展，尤其是当有人受到严重伤害的时候。这实际上并非真正的自我防御，因为你并不是在保护自己，而是在保护他人。你并未直接参与其中，因此你必须以一种冷静的态度，尽量在情感上与打斗保持距离。如果你让自己在情感上卷入冲突，你很快就会发现自己被困在一场为了维护自尊而进行的打斗中。

这种冲突的一个显著特点是需要非暴力的控制技术。作为希望以当事双方都满意的方式结束争执的第三方，你不能去击打和踢打当事人。巴西柔术就非常适合这种情况，因为它强调控制和约束，让你能够在不给当事双方造成严重身体伤害的情况下高度控制他们。

以上并不是包含所有可能涉及自卫场景的详尽内容，但它确实涵盖了大部分情况。

我们已经看到，每个类别的攻击烈度都不相同，你的反应显然应当根据攻击烈度的不同而不同。然而，现在我们要考虑的一个问题是：在街头打斗中怎样才算胜利？我们之前看到，街头打斗中胜利的定义往往与综合格斗比赛中的定义不同，我们需要描述这种差异，并探讨其对自卫的影响。

街头打斗中的胜利

在格斗比赛中，参赛双方都会在赛事规则内寻求胜利。竞技格斗是一场零和游戏，一个人胜出就意味着另一个人落败。然而，在街头打斗中，目标通常不是打败对手，而是生存下来。因此，如果一个人向持枪的抢劫犯交出钱包，并且只承受了小额的经济损失而身体完好无损，那么在某种意义上，他实际上是胜利的，因为他显然以可接受的状态生存下来了。

再举一个例子，假设你被一个体型是你的2倍的人攻击，他将你推倒在地，然后压在你身上。你迅速将他控制在一个牢固的防守位置，然后一直抱住他，直到有人来帮你，把你们分开。结果，你在这次遭遇中完好无损地走出来。这也算是在街头打斗中取得了胜利。

假设你在街头拐角处被一群流氓恶语相向。尽管你怒火中烧，但你还是选择走开，因为你知道，如果真的打起来，击败这群暴徒的概率非常渺茫。当你转身离去时，你的身体完全没有受到任何伤害，只留下了一个烦人的回忆。即使没有发生肢体冲突，你也取得了胜利。因此，在自卫情况下，不一定要击败对手，你的胜利也并不一定意味着对手的失败。这表明，一个人的行为方式有很多种，不仅仅局限于综合格斗中展示的那些方式，简单地避免战斗并使你的身体免受伤害就是一种胜利。所以，当你在街头自卫情况下，不要认为每次都必须击败对手、取得胜利。通常情况并非如此。在街头打斗中，请记得胜利的定义是生存，而不是让对手失败。你会发现，自卫远不止于用肉体来格斗。如果你在街头冲突中存活下来，那么你就胜利了。

战斗开始的不同方式

在正规的武术训练中，一个重要且常被忽视的问题是，街头打斗的发生方式与体育竞技格斗有很大的区别，认识到这个区别十分重要。由于大多数街头打斗时间相对较短，因此打斗的开始阶段非常重要。在街头打斗中，尤其是在双方都未经过训练的情况下，谁能迅速占据有利位置，谁就能够走向胜利。在综合格斗比赛中，两名格斗者会跨进擂台（或笼子）并摆出战斗姿势，简单直接，没有铺垫，一旦裁判正式宣布比赛开始，他们就必须在规则内击败对方。

在街头打斗中，打斗开始的情景却有很大不同。想象一下一场由自尊心引发的争斗。这类争斗几乎总是从言语冲突和恐吓开始，既是试图实现社会优势地位，也是试图伤害对方。换句话说，这是一种社会现象，而不仅仅是肢体的对抗。自尊心争斗几乎总是从两位主角之间的某种社会互动开始，如侮辱、谩骂、挑衅和威胁。典型的模式是激烈的言语交锋随着时间的推移逐渐升级。在自尊心争斗的初级阶段，一个主要问题是打斗双方的动机不明确，双方都不确定到底是否真的要打起来。事实上，人们往往在没有打算真打的情况下展示对抗行为。这个动机问题使得街头打斗与综合格斗的开始有很大不同，因为在综合格斗中，两位格斗者都是带着明确的打斗意图来的。

在街头打斗中存在一个阶段，即双方都设法判断对方是否真的想打架的阶段。在这个阶段，双方通常会靠得很近，恶语相向或者用社会地位向对方施压。言语歧义、社会地位、肢体语言、口头炫耀以及彼此的身体接触之间复杂的相互作用使得在这个阶段双方可能使用各种诡计——偷袭、击打下三路、使用头槌等。由于双方站得很近，所以这些招数很容易用。实际上，双方之间的距离如此之近，以至于战斗几乎总是从面对面开始。在这种情况下，战斗实际上开始于缠抱，因此，几乎没有缩短距离的过程。这是一个非常重要的点，展示了街头打斗与综合格斗的一个重大区别，毕竟，这一过程在综合格斗中必不可少。

一个很好的问题是：街头打斗的开始方式与综合格斗大多数情况下有所不同，这是否需要我们改变战术呢？答案是显而易见的。虽然一旦打斗开始，你就应该以类似于综合格斗的方式进行战斗，但在打斗爆发前的一段时间里，确实需要你根据现场情况改变战术。你需要适应这两种情况之间的主要差异。在街头打斗中，以下因素会对你的判断造成干扰：①双方距离很近；②意图不明确；③社交因素，试图在社交方面占据优势；④会向法律机构报告你行为的目击者。

这些因素使得你在决定如何应对时变得更加困难。例如，你必须自问：对方真的打算打架吗，还是在虚张声势？你还要时刻警惕，过于激进可能导致冲突升级；而如果你过于保守，则可能面临受攻击的危险。另外，如果你在冲突中表现得过于好斗，而且有目击者在场，这可能会让你在法律面前处于不利地位。

然而，通过采用一种特殊的姿势，你可以在很大程度上缓解矛盾。这种姿势几乎总是作为自尊心较量的前奏出现，即所谓的祈祷姿势。

祈祷姿势

采用祈祷姿势是处理肢体暴力的棘手前奏的有效方法。这种站姿在综合格斗比赛中可能没有用武之地，但在酒吧、俱乐部、街头、公路等场合爆发的打斗的言语前奏阶段却颇为有效。这种站姿的主要优点是它既不具有威胁性，又能确保安全。换句话说，它不会导致事态升级，同时在对方认为你是弱者并决定欺负你时，也能保护你的安全。此外，它还能给潜在的目击者留下你在争执中处于被动一方的印象，同时让你有时间清楚地判断对方到底是真的要打架，还是仅仅在虚张声势。为了帮助你在潜在的危险情况下取得最好的结果，祈祷姿势结合了身体语言和正确的站位，前者有助于缓解局势，给人一种被动的印象，后者则确保你处于防护位置并能随时进入进攻状态。

祈祷姿势具体的做法是，站在对手面前，将一条腿稍微向前伸出，放在对手双腿之间。这个姿势有助于保护你的裆部免受意外攻击。保持双腿弯曲，后脚跟离地——这是一个重要的细节。如果你的双脚平放在地面上，你很容易被向后推动。当你的后脚跟抬起，身体重量落在前脚掌时，会有一定的缓冲作用，让你在承受猛烈的推动时身体更稳定。此外，如果局势需要你迅速移动，这一站姿也会更有利。你的双手合拢在一起，像一个正在祈祷的人那样。手指尖的位置在接近下巴的高度。（图10-1）

这种姿势的优势在于它显得你很顺从。面对双手合十仿佛在祈祷的你，对方不会感到受到威胁。这确实让你具有很大的优势，它使对方觉得没有必要用身体动作与你抗衡并试图压制你。许多人在争执中都犯了一个错误，他们要么带着明显的敌意指着对方，要么把手放在对方身上，要么采取一种挑衅的姿态，要么做出某种让争执升级的身体动作。

祈祷姿势不仅是一种平息紧张局势的好方法，而且当争吵变成打斗时，它还会给你带来极大的实际优势。当你的双手像祈祷一样合拢在一起时，你就拥有了关键的内侧控制优势，此时你会更容易控制对方的上半身，并迅速进入优势缠抱或摔投的位置。（图10-2）此外，这种姿势还能让你阻挡对方的拳击，或用力把他往后推。因此，祈祷姿势不仅是一种缓解冲突升级的方法，而且在你与对方发生冲突时，它是增加胜算的绝佳方式。

这个姿势中的另一个细节是头部的位置。下巴要收紧，目光要集中在对手的胸部。千万不要犯常见的错误——抬起下巴，居高临下地睥睨对手，这样会

图10-1　祈祷姿势

图10-2　内侧控制

让你很容易被击中，要么被对手猛击，要么挨一记毁灭性的头槌。将目光集中在对手的胸部，意味着你没有直接与对方对视，而对视通常会导致冲突升级。这样的姿势给人的印象是，我并非找碴的人，但在必要时可以有力地出击。

让我们简要回顾一下祈祷姿势在街头打斗初期阶段的主要优势。

（1）提供安全的防御姿势，所有主要的攻击目标（下巴、裆部、太阳神经丛）都得到了保护。

（2）允许快速转换为进攻动作。

（3）手的位置与眼神传达出一种温和的肢体语言，不会导致冲突升级。

（4）让你从一开始就具备关键的内侧控制优势。

祈祷姿势非常有用，因为它可以让使用者避免展现出咄咄逼人的姿态。有时候危险的出现就是因为表现得过于激进，从而使状况升级为你根本不想发生的打斗。咄咄逼人的格斗者最常见的举动之一是紧紧贴着与他们争执的人，所以才会有"蹬鼻子上脸"的说法。在这种距离下，侵犯者通过对话、肢体语言和姿态进行恐吓。这个距离是如此之近，使得你潜在的敌人变得非常危险。许多人在街头打斗中之所以失败，就是因为让对方靠得太近了，以至于对方发动攻击时他们无法防御。作为非侵犯者，在对方进行侵犯时，你有两个选择。

（1）开始战斗。如果你认为战斗避无可避，那么干脆跳过整个事态升级的过程，直接开始战斗。这种做法有很多好处，它可以确保你绝对不会被偷袭。通过首先发起攻击，你几乎总能在战斗开始时掌握主动，这在街头打斗中非常重要。然而，这种方法也存在一定问题。有时候你可能并不想战斗，这种情况下，需要采取一种适度的降级方式来处理冲突。此外，如果战斗发生在众目睽睽之下，你会因为先动手而陷入法律纠纷。如果你从事安全相关工作，比如警察或保镖，那么先动手更不适合你，你的首要任务是化解冲突而非引发冲突。

（2）尽量避免发生冲突。你可以与对方展开对话，尝试控制局势。这种做法的一个大问题是，当对方靠得非常近时，如果他突然发动肢体攻击，你将很难进行反击。这就是祈祷姿势的作用所在。它保护了你，同时避免让你显得有威胁。

回顾一下：站在对方面前，下巴回收，双手置于胸前，目光盯着对方的胸膛。当观察其他人的动作时，特别是在观察对方的同伴时，只需转动眼球就行了。如果对方试图将手放在你身上，或者以威胁的方式举起双手，那么你务必将手移至对方手的内侧。这个动作即使是初学者也很容易掌握，因为你的双手一开始就在身体中央，这自然而然地让你实现了内侧控制。一定要迅速做到这一点，以便能够让你占据对方手臂的内侧，如果对方想要推搡你或击打你，这尤为重要。事实上，通过从内侧控制对方的手臂，不仅能够控制他的手臂动作，还能顺势展开自己的一系列攻击（尤其是肘击和头槌），占据主动的缠抱位置或进行摔投。

当你做出祈祷姿势后，可以选择与对方展开对话，用语言安抚他，同时不让自己暴露在他的攻击之下。如果你感觉到争执即将升级为肉搏，可以通过内侧控制，采取以下两种方式。你可以利用内侧控制去打开对方的双臂，然后直接发起肘击、头槌、缠抱或摔投的动作；你还可以运用内侧控制推开对方，创造出足够的空间以进行击打和踢击，避免与对方发生缠斗。

祈祷姿势的攻击技术

一旦对抗变得激烈，你必须能够迅速而有效地从祈祷姿势转换为能尽快结束对抗的进攻动作，并根据实际情况使用适当的力量。如果你已决定要与对方进行打斗，那么就需要靠近对方并采用适当的技术。靠近对方有两种主要方法。一种是内侧步，如其名所示，你需要将前侧的脚迈到对方的脚内侧；另一种是外侧步，这时你的前侧脚落在对方的脚外侧。这两种方法都非常实用。

内侧步打入双腋下缠抱

很多时候，冲突并不那么严重。争执和分歧可能会变成推搡，这种情况一般不太可能升级到更严重的程度。这时你需要的不是造成严重伤害的技巧，而是简单的控制。双腋下缠抱是一种很好的控制对方的方法，并能在不造成实质性伤害的情况下化解纠纷。降低重心，向对方的双脚后侧迈步。将双手穿过对方的手臂，并在他的腰部下方锁住，两手掌相贴。将头紧贴在对方的胸部，并向他施压。为了控制他，将你的髋紧贴在他的髋下方。用头向前推，同时拉紧他的髋和腰。（图10-3）通过这种方法，你可以完全控制他的移动并引导他走到你想要他去的位置。如果情况需要，你也可以轻松地用本书之前演示的小外挂将他摔倒。

外侧步发起肘击

在一些危急时刻，你可能需要使用一招制胜的快速攻击技巧。为了达到这种目的，水平肘击是最佳选择之一。采用外侧步进一步靠近对方，并用后侧手的肘部猛击对方的下巴、鼻子或眉骨，同时另一只手高举以便进行防护，就像掩护格挡（见图4-12）一样保护自己。（图10-4）如有必要，请做好随时跟进攻击的准备。

内侧步发起膝击

和肘击一样，膝击也是一种非常有效的击打方式，但通常伤害性更低。用内侧步向前迈进，用后侧腿的膝盖击打对方的裆部、胃部、肝脏、胸骨或下巴。（图 10-5）最好用双手抓住对方的肱二头肌或肩膀，或用箍颈缠抱将对方向前拉向你的膝盖。此外，还要做好跟进攻击的准备。膝击后，最好的跟进技术是断头台，因为膝击往往会让对方的头低下来，这样就很容易进行断头台攻击。

图10-3　内侧步打入双腋下缠抱　　　图10-4　外侧步发起肘击　　　图10-5　内侧步发起膝击

图10-6　安全带缠抱过渡至后背缠抱

安全带缠抱过渡至后背缠抱——甩肘

　　在实战中，能够做到的最好事情之一就是抵挡住对方的攻击并控制住他。
一旦成功地控制住对方的后背，他就很难用通常的徒手攻击方式来攻击你。

此时，你可以用柔术中最有效的终结技（如后背裸绞）来攻击他，或者随意控制他。为了达到这个目的，你需要用快速可靠的方式在防守状态下迅速来到对方身后。这种方法被称为甩肘。外侧步进入安全带缠抱，目的是用一只手从对方手臂下方环绕其腰部（就像安全带一样），另一只手则控制对方远侧手臂的肘。将头部紧靠着对方的胸腔。你的双脚必须分开，站得宽一点，将你的髋紧贴在对方的髋部下方。记得，此时你不是在他前面，而是在他侧面。（图10-6a）安全带缠抱是街头打斗中非常安全且易于控制的缠抱方式。你可以在控制对方的同时进行位置转换、摔投、肘击和膝击。为了转换到后背缠抱，用环绕对方腰部的手臂抓住他的前臂。现在，你可以用两只手的力量控制对方的前臂。（图10-6b）保持髋部紧贴对方，将身体移到对方背后。爆发性地低头并将环绕对方腰部的手臂的肩膀向前甩出。这将让你完全掌控对方的腰部和一只手臂，完全处于对方身后。在这个位置上，对方很难对你造成伤害，而你则可以随心所欲地攻击他。（图10-6c）

街头打斗中常用的徒手攻击方式

街头打斗的场面通常是疯狂、混乱的。然而，有趣的是，确实有一些行为模式会反复出现，这些行为模式通常反映出攻击者缺乏经验和训练。请记住，大多数成年人一生中只打过几次架，所以他们的攻击不太可能以高效的方式进行。事实上，许多人在打架时情绪激昂，这并不会提高他们的技术熟练度。有时，攻击方式反映了攻击者心中的阴暗面或残忍性，这些懦夫通常会使用"脏拳"，就是从后面或在毫无预警的情况下袭击别人，他们获胜靠的是出其不意和欺骗，而不是真正的技巧。

在其他情况下，一大群人会攻击一个人或一小群人，试图利用数量优势战胜对手。这通常是犯罪团伙和那些经常进行"打斗"（伏击）的暴力倾向者的行为方式。他们并非真正想赢得一场斗争，而是要伤害一个人。为了实现这个目的，伏击是一种有效（但卑鄙）的战术。因此，缺乏经验和技术的狂怒、冷酷无情的欺诈是大多数街头打斗背后的两种主要心态。偶尔，我们也会看到尊严之战，两个人正面对抗，就像在综合格斗比赛中一样，他们的打斗甚至更像一场拳击比赛。然而，抛开这些尊严之战，让我们来分析一下常见的无武器攻击形式。

推搡

在街头打斗中，最常见的侵略性行为可能就是简单的用手掌推搡对方的胸部或脸部。这种行为通常出现在争吵由口头冲突逐渐升级为肢体冲突的过程中。随着争吵愈演愈烈，其中一方决定将其升级为肢体冲突，推搡对方试探反应，并希望通过这一行为衍生出更具破坏力的动作，比如将对方推向墙壁，或干脆将他推倒在地。推搡本身并不危险，真正危险的是随之而来的跟进动作。

如果对方的推搡导致你失去平衡、摔倒或因恐惧而僵住（这在很多人身上是一种常见的反应），那么它将使你在面对更高强度的第二次攻击时变得更加脆弱。推搡的最佳应对方式是控制对方的手臂内侧，这样可以大大减小对方推你的力量。你还可以借助对方向前的动势，用一个强力的下拉动作反击，让对方失去平衡，从而变得容易受到攻击。第五章中的相扑训练内容为你对抗以及化解推搡提供了很好的练习。

偷袭

街头打斗中常用的技巧之一就是偷袭。所谓偷袭其实不拘泥于任何形式的攻击（并不仅仅是拳击），其特点是让对方措手不及，例如，从对方的背后或侧面袭击，或者通过某种形式的诡计先让对方分心。偷袭就是在不给对手任何防御或反击机会的情况下，先发制人地给对方猛烈一击。

这种方法有很多优势。首先，攻击者几乎不用担心反击，因为对方根本无法预见这次攻击。其次，由于对方没有做好应对这一击的准备，往往会造成毁灭性的后果。因此，突然袭击通常会导致击倒，或者至少是对对方造成严重的晕眩效果。

这类攻击技巧简单到任何人都可以轻松运用并取得显著效果。要一拳打晕对方，所需的唯一技巧是布局。经验丰富的街头打斗者擅长悄无声息地在受害者身后或侧面布局。有些人做出虚弱、友善或恐惧的样子，然后在对方完全没有防备的时候猛击对方。没有对策能够用来应对偷袭，原因很简单，你根本无法预见它的发生。显然，你无法防御看不到的攻击。

要避免被偷袭，关键不在于技巧，而在于保持一种随时警觉的状态。你可以采用一些技巧来增加对方攻击你的难度。比如，要防止被人从背后袭击，尽量将背靠在墙上（如果可能的话）；让对方和你始终保持一定的距离，警告他如果再靠近，就要开打了。这个威胁必须说到做到，千万不能虚张声势，因为如果你不兑现你的警告，你的气势就会更弱。如果你不想发起战斗，那就不要口头威胁，而是采取祈祷姿势。与直接站在对方面前争论相比，这种姿势让你在面对突然袭击时显得更加从容不迫。

王八拳

大多数人在格斗技术方面没有受过专业训练，仅参与过少量的实战格斗。因此，当他们真正遭遇街头打斗时，技艺匮乏也就不足为奇了。实际上，在街头打斗中，大多数人会选择拳击而非其他技巧，因为拳击是众所周知的伤人方式。然而，这些拳击往往是向外挥出的狂野大摆拳，打起来全是感情，可以说是一点技巧也没有。

幸运的是，这些狂野的大摆拳很容易躲避。如果你在自由移动阶段练习正确的击打和防御方式，并按照第四章所述进行对练，你会发现可以轻松地躲避这些拙劣的击打并做出有力的反击。要挡住拳头，你只需采用任何标准的防御技术。当然，更好的反应是完全放弃防御，相反，利用对方松散的、缓慢的、大幅度的动作，迅速地给对方的下巴一记直拳，此时你可以确定一件事，那就是你的直拳会比他又慢又远的拳头更快击中目标。还有一种选择是在对方挥拳的时候拉近距离，进行缠抱或将对方摔倒，于是，你就可以在缠抱中或地面上展开攻势。

冲抱

在街头打斗中，常见的攻击方式之一是冲抱。从表面上看，这好像跟抱双腿摔或者熊抱挺像的，然而，由于使用者未经训练，实际执行得往往非常糟糕，更像是美式足球的冲抱拦截而不是真正的摔法。通常，街头打斗者的平衡感比较糟糕，低着头，弯着腰，伸着脖子，张开双臂——不得不说，这真是烂到家的摔法。这样笨手笨脚的冲抱很容易被阻止，尤其是如果你按照第四章所示的内容来练习你的防摔技术，那就更容易了。你可以简单地通过将手按在对方的头部或前臂上来阻止冲抱，然后你就可以膝击其头部作为反击。还有一个稳固的选择是下压防摔，打入前头锁。最好的反击也许是紧紧把对方控制在断头台位置并立即降服对方，结束战斗。

踢裆

许多人认为踢裆（或膝击裆部）是街头打斗的神奇招式。他们相信一记狠狠的踢裆即可轻而易举地结束任何战斗。实际上，情况并非如此简单。要想达到预期效果，必须精准击中目标。很多时候，即使在被猛击睾丸之后，一位意志坚定的格斗者依然能够继续战斗。尽管如此，人们仍然坚信踢裆是所有技巧中的王者。如果你卷入一场打斗，别人很可能会使用它，因此你必须准备好进行防守。要阻挡踢裆，只需抬起前腿，脚后跟向臀部收回，然后将其横向扫过身前，就能有效地保护裆部。（图10-7）这个动作与本书前面介绍的防御扫踢的动作类似。

图10-7 格挡踢裆

头槌

头槌是一种极其有效的技巧，如果善加利用，对对方的打击将是毁灭性的。攻击者迈步靠近对方，用额头撞击对方的鼻子或嘴巴，其间无须通过收回头部来蓄力。有时，攻击者会抓住对方的头部将其固定，从而发动一次真正毁灭性的头槌。

防止被头槌攻击的关键在于距离。通过与对方保持一定的距离，你就可以让他无法用头槌攻击到你。但在缠抱或地面缠斗时，头槌就变成了一个真正的麻烦。你可以抢到优势的缠抱位置获得内侧控制，从而抵御头槌攻击。在地面缠斗中，当对方处于你的防守中时，他就很可能用头槌攻击你。为了防止这种情况，你可以把手掌张开放在他的额头上，或者把他的头紧紧抱在你的胸前。这些位置可以控制他的头部移动，有效地防止他使用头槌。

社会断头台

在街头打斗中，最受普通人喜欢的技巧之一是社会断头台。我们之所以使用"社会断头台"这个词，是为了区分街头打斗中未经训练的人所使用的粗糙头锁与经过训练的格斗者所使用的强力头锁。所有头锁的基本理念都是相同的，当你控制住对方的头部，你就控制住了他的整个身体，因为脊柱从头部一直延伸到身体中部。当经过训练的格斗者使用各种形式的头锁时，会形成强有力的控制，可以有效地固定、控制或摔倒对方。未经训练的格斗者则会试图尽力抓住对方的头部并试图控制它。遗憾的是，他们通常做得不太好。

他们想做的是用一只手抓住对方的头部，而空出另一只手来击打其面部和头部侧面。有时，他们试图拉低对方的头部并将其拖倒在地。这些常见的头锁攻击的问题在于，他们通常无法获得足够的头部和上半身控制，因此，具有足够技术的人可以相对容易地从粗糙的头锁中挣脱出来，并迅速移动到对方的背后，这样就可以发动攻击了。

群殴

生活中的一个悲哀事实是，许多人没有勇气单独对抗他人，他们常常纠集一群人进行攻击，利用数量上的优势来轻松地（懦弱地）取得胜利。在所有徒手自卫情况中，这种情况是最难应对的。人们对如何应对这种情况提出了各种建议。很多人声称，灵活性是关键，如果你不断移动并进行击打，你可以在你和攻击者之间创造有利于你的角度，然后逐个击败他们。还有人说，你应该严重地伤害其中一个攻击者以吓跑其他人（他们似乎从未想过这可能引发强烈的复仇）。所有这些听起来都很不错，而且在好莱坞电影中看起来都很刺激。不幸的是，现实常常粉碎这些愉快的幻想。真正的攻击者不会轮流攻击，他们会一起冲上来，有的攻击你的上半身，有的攻击你的下半身，几秒钟内，你就会发现自己置身于一连串的击打、拉扯和擒抱之中。接下来的阶段，毫无疑问，你会倒在地上，而最终的画面通常是你在惊恐中被攻击者圈踢和踩踏。

面对这类攻击，最佳的反制手段是依靠你的爆发力狂奔逃离现场。然而，这种策略并不能保证一定奏效，因为对方可能比你跑得更快，这样一来，你会在疲惫不堪的状态下挨打。有时候，逃跑可能根本不可能，你可能正陪伴着你的亲人或者身处狭小空间。

一个有效的反击方式是使用武器。武器可以很好地平衡双方的实力。如果你携带了一种危险的武器，甚至能够威慑一群攻击者。当然如果他们也掏出武器作为回应，那你可就真的陷入了困境。请记住，你并不是必须随身携带武器，很多时候武器随手可得。我们身边随处可见的物品都可以临时作为武器，如扫帚、瓶子、台球、椅子、皮带，还有许多其他日常物品。如果你面对一群人的威胁，这些都能帮助你扳回一局。因此，一个很好的思路是，在被攻击之前快速环顾四周，寻找某种临时武器。但这种做法也存在风险，它通常会激发你的攻击者也拿起他们发现的临时武器，让你受到的殴打升级。不过如果这样都不能成功，那么当一群攻击者铁了心要揍你时，你能做的事情就不多了。

在面对某些群体时，你可以口头挑战他们，要求进行一对一的打斗，斥责他们的胆怯并呼唤他们的自尊或正义感；还有一些时候，你也可以乞求怜悯。但无论是哪种，都不可能每次奏效，那些残忍到选择群殴的人通常不会被这样的只言片语所打动。有时，你只能接受命运，承认你即将遭受一顿痛打，那么，记得在倒下之前尽可能地多输出点伤害。

说起这些现实中的群殴，往往会让许多人感到失望。他们以为即使面对一大群人的攻击，获胜也不是不可能，但当有人告诉他们打赢的可能性微乎其微时，他们就会像孩子得知圣诞老人并不存在时一样失望。然而，了解这个令人不愉快的事实总是好的，至少这可以让人知道，除非完全无法避免，否则不要愚蠢地试图单挑一群人。至于那些声称有能力击败一群人的武术家，请让他们在一群真的想攻击和打败他们的人面前公开展示这种能力，只有这样，他们的论点才会有一点可信度。

巴西柔术在防卫中的特点

巴西柔术为自我防卫提供了一种与其他主流武术截然不同的方式。如果把巴西柔术看作一种防卫武术，它具有自己的特点。

大部分的打斗并不会按照预定计划进行，人们总是喜欢讨论他们希望打斗是如何展开的，却忘记了对方通常并不会顺从人们的想法。打斗常常带有一种狂野和不可预测的性质，因此，你必须能够在打斗的3个主要阶段中的任意阶段展现出良好的战斗能力，因为你并不能确定打斗会进入哪个阶段。如果你希望在面对猛烈的徒手攻击时有自卫的能力，那么在3个阶段都有足够的能力是必需的。

大多数打斗并不会以一招制敌结束，反而通常很快进入扭打状态。换句话说，打斗首先在站立状态进行，然后转移到地面。因此，无论站立还是在地面，掌握摔跤技能对自卫来说都至关重要。几乎所有打斗都会进入摔跤阶段的原因其实很简单。当打斗开始时，两名参与者必然会用拳腿对打，在任何一个阶段，总会有一方占据上风，而另一方通常会试图抓住对方，使其无法继续攻击，从而让自己得到喘息。这种自然的过程几乎在每一场徒手的街头打斗中都会重复出现。

巴西柔术提供了应对攻击的不同方式，可以根据不同的情况进行调整。人们常常认为所有的打斗都是生死存亡的斗争，只有一个人能够存活下来。在某些情况下，确实如此，但绝不是全部。往往，攻击行为的级别远低于这个程度。将所有攻击行为都视作生死相搏是过度反应，这种想法很可能会把你送进监狱。巴西柔术的技术基于控制，这种控制能让你根据情况的严重程度来决定对对方的反应。在低级别的冲突中，可能仅仅让对方动弹不得就可以了。在更危险的情况下，可能需要伤害对方的关节，或用绞技使其失去意识，或从控制位置施加猛烈的击打。关键在于，你要是把自己置于一个能够控制对手的位置，就可以根据情况的严重程度调整你的反应程度。

适度防卫

　　我们在研究柔术历史的章节中了解到，这门武术是起源于日本武士阶层的战场辅助技术。随着时间的推移，它逐渐演变为平民阶层的自卫术。现代柔术的缠斗技术也属于这一类别。这些技术为习练者提供了强大的技术阵列，从温和的约束，到致人瘫痪的关节技，到甚至可能致命的绞技。在可能面临的各种自卫情景中，这些技术将各自有其适用的场景。如果使用得当，它们不仅能使你有能力在被羞辱、受殴打还是充满自信地打回去之间做出选择，在某些更严重的情况下，它们还能决定你的生死存亡。然而，一定要牢记人类的脆弱性，不要让你的训练成为病态的傲慢的源头。在决定涉身打斗时，一定要记住一点：在真正的战斗中，没有人是常胜将军。遇到冲突的时候，最好持谨慎的态度，不要轻易地参与打斗，其后果有时可能比你预想的要严重。让你的柔术训练成为自豪和自信的源泉，当你需要保护自己的时候，你的训练将不会辜负你。

译后记

身为柔术训练者，能成为这本书的中文版译者我感到无比荣幸。在翻译的过程中，我被这本书的内容深深吸引，更是希望通过这本书中文版的出版，能够把柔术的精髓和智慧传递给更多读者。

如果你曾经阅读过关于巴西柔术的其他图书，可能会发现它们当中的大多数，会把内容重点放在具体柔术技术的罗列和展示上。然而，巴西柔术的技术更新迅速，单纯的技术教学时效性很强，有些曾经流行的技术在短短几年内就可能趋于淘汰，或出现更高效的版本。如果仅仅从柔术技术的传播和更新效率的角度考虑，现今流行的视频教学无疑具备天然的优势，是纸质图书无法比拟的。

这本书的独特之处就在于，它并不仅仅关注单纯的技术教学，还从历史和发展的角度探索了一个由来已久但很少有人能够直接回答的问题：武术/格斗技术的实战能力到底取决于什么？作者恩佐·格雷西和约翰·丹纳赫围绕这个问题，深入剖析了巴西柔术的历史，明确了其强大战斗力的来源，并构建了一套从训练到实战的理论，使得这本书的价值超越了时空，即使在20余年后的今天，这本书仍具有强烈的启示性和高度的指导意义。

值得一提的是，这本书的作者之一约翰·丹纳赫，已经成为近几年来最炙手可热的柔术教练。他不仅带出了最伟大的综合格斗选手之一、UFC名人堂成员乔治·圣·皮埃尔（George St. Pierre），他后来的学生如戈登·莱恩（Gordon Ryan）、加里·托能（Garry Tonon）等，也被公认为最强的柔术缠斗选手。

与此同时，不可忽视的是，约翰·丹纳赫拥有的哲学学术背景使得他的论述具有深刻的哲学内涵。他并没有局限于对柔术本身的讲述，而是把目光放在了对武术的整体的思考和追问上。这样的思考和追问贯穿于全书，使其既是一本指导手册，也是一部充满启发的思考集。

也基于此，翻译这本书并非易事。最大的挑战来自书中武术历史中的人名、流派名和现在已经极少使用的技术名词。这不仅需要转换语言，还需要深入考据。我希望我的翻译可以在保证信息准确性的同时，将作者的原意尽可能完整地传递给读者。

当然，这本书也包括具体技术的教学。这些技术大多来自恩佐·格雷西和约翰·丹纳赫在多年的训练和教学过程中总结出来的、经实战检验过的有效技术。无论是初学者还是有经验的柔术训练者，都能从中受益。如今，这些技术依然在被广泛使用。在翻译的过程中，我也补足了一些以前忽视的技术细节，使自己的柔术实战水平得到了相应的提高。

最后，我想对约翰·丹纳赫表示深深的敬意和感谢。作为一个中国的柔术爱好者，多年以来，我从他的教学视频中获得了无数启发。他的视频教学使得我们这些生活在柔术起步相对较晚地区的人能及时接触到前沿技术，这是一项了不起的贡献。

在此，我衷心希望，这本书的中文版能为所有热爱包括巴西柔术在内的格斗术的中国读者带来启示和价值，帮助大家在武术的道路上更进一步。

周潇

人文武术精品书系

北京科学技术出版社

武学名家典籍丛书

杨澄甫武学辑注 《太极拳使用法》《太极拳体用全书》	杨澄甫 著 邵奇青 校注
孙禄堂武学集注 《形意拳学》《八卦拳学》《太极拳学》 《八卦剑学》《拳意述真》	孙禄堂 著 孙婉容 校注
陈微明武学辑注 《太极拳术》《太极剑》《太极答问》	陈微明 著 二水居士 校注
薛颠武学辑注 《形意拳术讲义上编》《形意拳术讲义下编》 《象形拳法真诠》《灵空禅师点穴秘诀》	薛 颠 著 王银辉 校注
陈氏太极拳图说（简体大字版）	陈 鑫 著　陈东山　点校
陈鑫陈氏太极拳图说（配光盘）	陈 鑫 著　陈东山　陈晓龙　陈向武　校注
李存义武学辑注 《岳氏意拳五行精义》 《岳氏意拳十二形精义》《三十六剑谱》	李存义 著 阎伯群　李洪钟　校注
董英杰太极拳释义	董英杰 著　杨志英　校注
刘殿琛形意拳术抉微	刘殿琛 著　王银辉　校注
李剑秋形意拳术	李剑秋 著　王银辉　校注
许禹生武学辑注 《太极拳势图解》 《陈氏太极拳第五路·少林十二式》	许禹生 著 唐才良 校注
张占魁形意武术教科书	张占魁 著　王银辉　吴占良　校注
王茂斋太极功	李培刚 辑校
太极拳正宗	杜元化 著　王海洲　点校
太极拳图谱（光绪戊申陈鑫抄本）	陈 鑫 著　王海洲　藏
陈金鳌传陈式太极拳暨手抄陈鑫老谱	陈金鳌 编著　陈凤英　收藏 吴颖锋　薛奇英　点校
黄元秀武学辑录 《太极要义》《武当剑法大要》 《武术丛谈续编》	黄元秀 编著 崔虎刚 点校

百家功夫丛书

张策传杨班侯太极拳108式（配光盘）	张喆 著 韩宝顺 整理
河南心意六合拳（配光盘）	李洳波 李建鹏 著
形意八卦拳	贾保寿 著 武大伟 整理
王映海传戴氏心意拳精要（配光盘）	王映海 口述 王喜成 主编
张鸿庆传形意拳练用法释秘	邵义会 著
华岳心意六合八法拳	张长信 著
戴氏心意拳功理秘技	王毅 编著
传统吴氏太极拳入门诀要（配光盘）	张全亮 著
吴式太极拳八法（配光盘）	张全亮 马永兰 著
拳疗百病——39式杨氏养生太极拳（配光盘）	戈金刚 戈美葳 著
非视觉太极——太极拳劲意图解	万周迎 著
轻敲太极门——太极拳理法与势法	万周迎 著
冯志强混元太极拳48式	冯志强 编著 冯秀芳 冯秀茜 助编
刘晚苍传内家功夫与手抄老谱	刘晚苍 刘光鼎 刘培俊 著
赵堡太极拳拳理拳法秘笈	王海洲 著
京东程式八卦掌	奎恩凤 著
功夫架——太极拳实用训练	朱利尧 著
道宗九宫八卦拳	杨树藩 著
三十七式太极拳劲意直指	张耀忠 张林 厉勇 著
说手——太极拳静思录（全四卷）	赵泽仁 张云 著
太极拳心法体用——验证与释秘	宋保年 杨光 编著
宋氏形意拳及内功四经精解	车润田 著 车铭君 车强 编著
陈式太极拳第二路——炮捶	顾留馨 著
孙式太极拳心解：三十年道功修习体悟	张大辉 著
王文魁传程氏八卦掌精要	王雪松 编著
吴式太极拳三十七式诠真	王培生 著
鞭杆拳技法与健身	毛明春 毛子木 著
龙形八卦掌	邵义会 著
太极功集粹	吴图南 章学楷 编著
梁氏形意拳	杨立德 著

民间武学藏本丛书

守洞尘技	崔虎刚 校注
通背拳	崔虎刚 校注
心一拳术	李泰慧 著 崔虎刚 校注
少林论郭氏八翻拳	崔虎刚 校注
拳谱志三	崔虎刚 点校
少林秘诀	崔虎刚 校注
拳法总论	崔虎刚 点校
少林拳法总论	崔虎刚 点校
母子拳	崔虎刚 点校
绘像罗汉短打	升霄道人 编著 崔虎刚 点校
六合拳谱	崔虎刚 点校
单打粗论	崔虎刚 点校

拳道薪传丛书

三爷刘晚苍——刘晚苍武功传习录	刘源正 季培刚 编著
乐传太极与行功	乐匋 原著 钟海明 马若愚 编著
慰苍先生金仁霖太极传心录	金仁霖 著
中道皇皇——梅墨生太极拳理念与心法	梅墨生 著
杨振基传太极拳内功心法	胡贯涛 著
卢式心意拳传习录	余江 编著
习练太极拳之见闻与体悟	陈惠良 著
廉让堂太极拳传谱精解	李志红等 编著
武当叶氏太极拳	叶绍东 何基洪 蔡光复 著
无极桩阐微	蔡光复 蔡昀 著
功夫上手——传统内功太极拳拳学笔记	陈耀庭 著 霍用灵 整理
会练会养得真功	邵义会 著
八极心法——传统八极拳，现代研修法	徐纪 著
犹忆武林人未远 ——民国武林忆旧及安慰武学遗录	安慰 著 阎子龙 田永涛 整理
推手践习录	王子鹏 著
刘纬祥形意拳雏释	马清藻 著 马道远 马彦彦 整理
大道太极：太极拳道修诀要	黄震寰 著
我跟芗老学站桩——六十年站桩养生之体悟	程岩 著

国术档案系列

太极往事	季培刚 著

功夫探索丛书

内家拳的正确打开方式	刘 杨 著
内家醍醐	刘 杨 著
借力——太极拳劲力图解	戴君强 著
武学内劲入门实操指导	刘永文 著
武术的科学：实战取胜的秘密	〔日〕吉福康郎 著 宋卓时 译
格斗技的科学：以弱胜强的秘密	〔日〕吉福康郎 著 宋卓时 译
借势：武术之秘	沈 诚 著
太极拳肌肉解剖图解	〔西〕伊莎贝尔·罗梅罗·阿 尔比奥尔等著 刘旭彩 胡志华 译
内家拳几何学：三维空间里的劲与意	庞 超 著
太极拳新解	〔美〕罗伯特·查克罗（Robert Chuckrow）著 解乒乓 丁保玉 译

格斗大师系列

伊米大师以色列格斗术	〔以〕伊米·利希滕费尔德，伊亚·雅尼洛夫 著 汤方勇 译
拳王格斗：爆炸式重拳与侵略性防守	〔美〕杰克·邓普西 著 史旭光 译
至柔之道：费登奎斯身心学之基石	〔以〕摩谢·费登奎斯 著 龚茂富 译
巴柔精进：格雷西柔术通识教科书	〔巴西〕恩佐·格雷西 〔美〕约翰·丹纳赫 著 周潇 译

格斗技图解系列

泰拳入门技术图解	〔德〕克里斯托夫·德尔普 著 滕达 译
巴西柔术技术图解	〔巴西〕亚历山大·派瓦 著 薄达 译
健身拳击训练指南	〔加拿大〕安迪·杜马斯，杰米·杜马斯 著 赵 彧 孙智典 译
武术格斗解剖学图谱	〔美〕诺曼·林克，莉莉·周 著 常一川 译
马伽术高级战训教本	〔美〕大卫·卡恩 著 汤方勇 译
短棍格斗术：从入门到精通	〔美〕乔·瓦拉迪 著 李永坤 译
山猫特卫术	高 飞 王 亮 陈纪元 著
穴位格斗：源自古传武术的封气与打穴	〔美〕兰德·卡德韦尔 著 常一川 译